美利坚刀锋

首度揭开无人机与世界尽头的战争

[美] 马克·马泽蒂（Mark Mazzetti）◎著

王祖宁　王凌凌　美　同　◎译

新世界出版社
NEW WORLD PRESS

图书在版编目（CIP）数据

美利坚刀锋：首度揭开无人机与世界尽头的战争 /（美）马泽蒂著；王祖宁，王凌凌，美同译．－北京：新世界出版社，2014.5

ISBN 978-7-5104-4952-9

Ⅰ．①美… Ⅱ．①马… ②王… ③王… ④美… Ⅲ．①对外战争－研究－美国 Ⅳ．①E712

中国版本图书馆 CIP 数据核字（2014）第 058038 号

北京版权保护中心引进书版权合同登记 01-2014-1269

美利坚刀锋：首度揭开无人机与世界尽头的战争

作　　者：（美）马克·马泽蒂
译　　者：王祖宁　王凌凌　美　同
策　　划：中资海派
执行策划：黄　河　桂　林
责任编辑：刘丽刚
特约编辑：梁桂芳
责任印制：李一鸣　李婉琳
出版发行：新世界出版社
社　　址：北京西城区百万庄大街24号（100037）
发 行 部：（010）6899 5968　（010）6899 8705（传真）
总 编 室：（010）6899 5424　（010）6832 6679（传真）
http：//www.nwp.cn
http：//www.newworld-press.com
版 权 部：+8610 6899 6306
版权部电子信箱：frank@nwp.com.cn
印　　刷：深圳市福圣印刷有限公司
经　　销：新华书店
开　　本：787mm × 1092mm　1/16
字　　数：283千　　**印　　张：**22
版　　次：2014年6月第1版　　2014年6月第1次印刷
书　　号：ISBN 978-7-5104-4952-9
定　　价：42.00 元

《华盛顿邮报》推荐序

THE WAY OF THE KNIFE
The untold story of USA's secret war

美国“军事—情报复合体”的血腥成长实录

彼得·伯根（Peter Bergen）
唯一采访过本·拉登的西方记者
《纽约时报》畅销书《刺杀本·拉登》作者
CNN 国家安全分析专家
纽约大学法律和安全中心研究员

2011 年 5 月 1 日，自“9·11”恐怖袭击以来美国最重要的一次军事行动正式启动：海豹突击六队将对位于巴基斯坦阿伯塔巴德的一个神秘院落发起突袭——美国怀疑奥萨马·本·拉登就藏身于此；中情局局长莱昂·帕内塔受命担任此次行动的总指挥。海豹突击队未获巴政府准许就偷偷潜入巴基斯坦，准备在这个盟国执行一个“不被允许的”秘密任务。美国法律明令禁止军方执行此类任务，所以海豹突击队实际上听从的是中情局的指挥。突击队员们就像帕内塔手下的间谍一样，伪装成了巴基斯坦平民进行活动。

但是，与完成暗杀任务相比，中情局的本职工作不是设法窃取其他国家的机密吗？

在本·拉登行动的几年之前，麦克里斯特尔中将担任当时美国联合特种作战司令部的总司令。那时他就已经将陆军的三角洲特种部队和海豹突击六队转变为投身于伊拉克和阿富汗战场的战斗机器。搜集情报的行动越来越多，麦克里斯特尔美其名曰：“为信息而战”。

原本应当由情报人员来执行的追捕或杀死恐怖分子的任务，却被强加给那些“破门者”，即执行突袭行动的军人去完成，原因何在？

自“9·11”恐怖袭击以来，美国已经对其军事和情报力量的部署方法进行了大刀阔斧的改革。马克·马泽蒂在其新书《美利坚刀锋》中引证了中情局的军事化进程，并指出：情报工作正迅速转变为特种行动部队的工作重心。马泽蒂透彻而清晰地描述道：“在过去 10 年中，中情局不再优先执行搜集外国情报的任务，而是跑去逮捕暗杀目标人物了。”

马泽蒂写道，在帕内塔任中情局局长期间，他那“具有侵略性或者说是鲁莽的谋杀行动”让他声名远播。据新美国基金会的统计，帕内塔所任命的 216 架中情局“雄蜂”无人机在巴基斯坦境内至少杀死了 1 196 个人，其中大部分人是武装分子，但也有一小部分是无辜的平民。帕内塔是一位虔诚的天主教徒，他也已经发现，自己“在过去两年里所说的‘万福玛利亚’比之前所说的总数还多”。2001 年末，中情局负责指挥驱逐阿富汗塔利班势力的地面作战，国防部长唐纳德·拉姆斯菲尔德对此恼怒不已。他得出的结论是：“唯一的答案是把五角大楼变得更像中情局。”

“军事—情报复合体”的出现被证实已经对“基地”组织及其成员造成了毁灭性的打击。中情局在巴基斯坦执行的无人机行动，已经消灭了恐怖分子网络中的大部分领导者，也对巴基斯坦恐怖组织的重要训练基地——部落地区进行了大规模的清洗。其结果就是，“基地”组织除了 2005 年在伦敦火车站中成功实施的一次自杀式袭击以外，至今还没能再次对西方造成重创。与此同时，美国联合特种作战司令部下的海豹突击六队不仅击毙了本·拉登，也消灭了很多“基地”组织伊拉克分支的邪恶领导人。直到最近，人们还对这段历史知之甚少。

由海豹突击队组成的美国联合特种作战司令部甚至尚未得到公开认可。麦克里斯特尔在他最近出版的权威自传《我的那份责任》（*My Share of the Task*）中已经大篇幅详述了美国军事行动发展史中的这个重要时期。

如果存在一种“奥巴马主义”，那么为了对抗“基地”组织及其同盟，它会安排武装力量对巴基斯坦和也门实施无人机袭击，并且在像索马里这样的陆地战场上执行少量的秘密特种行动。这种新的作战方式被称为“手术刀式打击”。“手术刀式”作战法能够避免承担“推翻政府并由美国占领数年这样混乱而昂贵的代价”。

这种作战方式优势很显著：很少有美国人需要涉险前往前线的战场，而且作战成本较低，适合在预算受限时使用。但正如马泽蒂所述，这种作战方式并不如其支持者的想象，和外科手术一样简单方便，因为它“在灭敌的同时也会树敌”；它还能“降低发动战争的条件，更方便于美国在世界上任何地方实施谋杀行动”。

中情局的无人机袭击是“手术刀式打击”作战法中的典型实例。巴基斯坦虽然只拥有1.97亿人口，但掌握了核武器制造技术。无人机袭击激怒了大部分巴基斯坦人，在未来，美国说不定得为此付出高昂的代价。仅仅是2010年一年，美国就对巴基斯坦实施了122次无人机袭击。受害者中很少发现有“基地”组织的首领，这意味着美国在决定战争策略时并没有对战略图景进行全面的思考。当初，中情局创建这种反暴动空中武装力量主要是为了杀死武装分子首领，但如今大部分丧生于无人机空袭下的都只是在巴基斯坦塔利班组织中地位较低的成员。搜捕本·拉登的行动清晰地表明，把军队和中情局的角色结合能为美国带来巨大收益。在帕内塔而非军队的统辖之下，中情局通过实施无人机空袭消灭了一批“基地”组织首领，其中就有阿提耶·阿布德·拉赫曼。据海豹突击队在拉登住所找到的文件显示，拉赫曼在“基地”组织中身居要位，而非最初认定的中层领袖。

《美利坚刀锋》详细记述了中情局这个军事—情报复合体在结构上的重要转变，介绍了很多在这个历史时期涌现的古怪人物，也阐明了本书的另一个重要主题：情报工作在传统上属于政府的基本功能之一，而如今却被私有化了。

在这种新形势下，野心勃勃的个人跃上了历史舞台。米歇尔·巴拉林是一位前共和党竞选国会议员的候选人，也是一位社交名媛，她居住在弗吉尼亚州的一片占地100英亩（1英亩约等于4 046平方米）的农场上。正当中情局和美国联合特种作战司令部越来越关注索马里极端组织青年党的兴起时，她也迷上了索马里。与此同时，青年党正在吸收多位美国公民加入该组织，多数是来自明尼苏达州的索马里侨民。

有一次，巴拉林参加了一个索马里侨民团体举办的聚会，从此迷上了索马里。在那之后，她会身穿古驰外套，手提路易威登皮包，定期去索马里旅行。索马里人见到她后惊叹不已，称呼她为“阿米拉”（阿拉伯语中意为“公主”）。不久以后，这位弗吉尼亚州的社交名媛卷入了和索马里海盗间的人质谈判事件中。那些海盗扣押了一艘运载着俄罗斯坦克秘密订单的货船，总价值数百万美元。巴拉林的名字也在国防部的发薪名册上，她会为国防部提供索马里诸多武装团体的情报信息。

杜安·“杜威”·克拉里奇是中情局的一位传奇人物。克拉里奇是“伊朗门”丑闻中的主角，他也适时抓住机会加入了“政府赞助私有情报搜集”的新世界。克拉里奇早已从中情局退休，他很看不起中情局，因为它不愿承担风险。2009 年时，77 岁的克拉里奇正在经营他的私人情报业务，主要调查阿富汗—巴基斯坦的国境沿线区域。

每天，克拉里奇在位于圣地亚哥城郊的家中进行电话监听工作，直到深夜。他管理着一个间谍网络，他们正潜伏在类似“哈卡尼网络”那样的塔利班组织里进行情报搜集工作。在洛克希德·马丁的监督下，克拉里奇与国防部签订了合作协议。根据合同约定，他的团队在完成任务后能得到 2 200 万美元的报酬。他们的工作内容是：“为身在阿富汗的美军指挥官提供数百份情报报告。”长久以来，中情局一直对克拉里奇私下经营情报业务的行为十分不满，2010 年国防部停止和他续签合同。对于他曾经的雇主“使他的间谍活动停摆”，克拉里奇恼怒不已。

马泽蒂是《纽约时报》的国家安全记者。他认为这场“反恐战争”已经严重阻碍了中情局对中东国家所取得的相当重要的政治进步进行正确的认识。正如奥巴马政府的一位高级官员特别提到的，中情局把工作重心转移到了无人机袭击和追捕击杀“基地”组织领导人上：“他们不关注突尼斯，不关注埃及，也不关注利比亚。”

特种作战越来越多地由“情报驱使”，这无疑能为美国国家安全增加纯收益。但相应地，由于这些武装行动是机密，所以相比传统军队，他们对议会和美国公众承担的责任要少得多，不过他们也更容易发生越轨行为。20 世纪初期，美国最高法院法官路易斯·布兰代斯就曾提醒过我们：“阳光是最好的消毒剂。”

约翰·布伦南是中情局的新一任局长，也是奥巴马总统的首席反恐顾问。他在其 4 年任期里监督着无人机项目，也能凭借其几十年的情报工作经验，提高中情局在其传统领域——情报调查方面的工作能力。例如，明确来说，当前叙利亚发生了什么事？中情局得有能力回答这种问题。因为在奥巴马当局思索要如何为失去了巴沙尔·阿萨德的叙利亚规划未来时，他们需要参考相应的情报信息才能决定实施何种政策。

科克斯推荐序

THE WAY OF THE KNIFE
The untold story of USA's secret war

CIA 的无人机秘密战争
是手术刀式精准打击还是屠杀?

普利策奖获得者、《纽约时报》国家安全事务记者马克·马泽蒂用极具说服力的细节和惊心动魄的描述，向我们阐释了美国新型作战模式。这一得到前总统乔治·W. 布什和现任总统奥巴马授权的作战模式，导致了极具争议的暗杀行动，而且反过来造成了新的恐怖袭击，严重威胁到美国公民的人身安全。作者将一系列线索串联在一起，包括从白宫、中情局和国防部采取的行动，尤其是他们在巴基斯坦、也门和索马里的所作所为，展示了中情局如何从一个传统的间谍机构演变成“一部杀戮机器和一个热衷于开展猎杀行动的秘密组织”。与此同时，习惯上负责武装行动的国防部，却开始承担数目众多的间谍活动。可想而知，整个事件涉及的人物、机构之庞杂，所以马泽蒂集中描述了 20 多名中情局人员，10 余位国防部高官，以及 2 位与白宫关系密切的人物，其中包括新任中情局局长约翰·布伦南。另外，还有 13 位巴基斯坦高官，6 位索马里官员及 4 位也门知情人士。

在《美利坚刀锋》中，马泽蒂利用巧妙的对话，生动地刻画了各个人物。例如，文章开篇描绘了一位名叫雷蒙德·戴维斯的美国间谍，在巴基斯坦城市拉合尔的一起致命马路袭击案后被捕的画面。戴维斯是中情局雇佣的一名私人军事承包商，打着外交官的旗号借机渗入巴基斯坦。美国官员包括奥巴马总统在内，都对戴维斯的任务秘而不宣，戴维斯被捕一事使得巴基斯坦大为震怒。马泽蒂运用为数不少的篇幅讲述了“9·11”事件的来龙去脉，以及美国对伊拉克和阿富汗的入侵，借此论证了美国新型的作战方式。然而，关于上述大事件早已有众多的长篇著述，因此马泽蒂独具匠心地选取了鲜有人知的战役，其范围主要集中在巴基斯坦、索马里和也门等地区。通过这本节奏紧凑的深入报告文学，读者可以了解到美国现代化的军事力量，以及在全球树敌的可怕后果。

《纽约时报》

在过去十多年间，无数作家付诸笔墨报道美国反恐行动，尤其是政府为之付出的努力，例如海豹突击队的连连出击、猎杀本·拉登行动以及其他“定点清除”和空中打击行动。马克·马泽蒂的新书《美利坚刀锋》，巧妙地将所有事件串联在一起，全面呈现了美国波澜壮阔的新型战争场景：自“9·11”事件以来，美国渐渐形成了一种新的作战模式，即彻底依赖中情局和五角大楼的秘密战争。

《纽约时报》书评

大概从20世纪70年代开始，中情局就不再插手暗杀行动。那么，它是如何转变成一部冷酷的杀戮机器，一个热衷于开展猎杀行动的秘密组织的呢？这就是马克·马泽蒂在《美利坚刀锋》中探讨的主题，本书情节紧凑、语言犀利，读此书真让人觉得悲喜交加。

《洛杉矶时报》

马克·马泽蒂利用挖掘到的新线索，追溯了士兵和间谍这两个传统角色之间发生的可怕混淆，“军事—情报复合体”的无限制膨胀，以及这一改变将会导致的不幸后果……《美利坚刀锋》揭露了美国在战区之外的地区进行杀戮行动的丑闻，具有重大的借鉴意义。

澳大利亚《时代报》

马克·马泽蒂将权威的调查内容与紧凑的小说形式融合在一起，构成了这本精彩异常的杰作。

巴基斯坦《黎明报》

《美利坚刀锋》是马克·马泽蒂苦心调查的结果。他将种种疑点串联在一起，揭示了战争中不为人知的故事……这是一部充满了秘密与阴谋的报告文学作品。

《印度教徒报》

马克·马泽蒂的《美利坚刀锋》绝对是大师之作。

《热点事件》

普利策新闻奖获得者马克·马泽蒂在所著的《美利坚刀锋》一书中，尖锐地批评了美国在全球众多地区秘密发动的“影子战争”……采用精确的新闻报道形式和犀利的语言，马泽蒂按照事件顺序将2001年“基地”组织恐怖袭击之后的所有事件娓娓道来。随后发生一系列血腥杀戮和无疾而终的入侵，明显暴露了美国在军事和情报方面的弱点。

《外交政策》

《美利坚刀锋》讲述了中情局历史上不可或缺的一部分。

《外交事务》

《美利坚刀锋》是一部杰出的作品。马克·马泽蒂用精彩的细节描写，记录了中情局和五角大楼之间的地盘争夺战、与巴基斯坦同盟的尴尬关系，以及对一群鱼龙混杂的私人军事承包商的依赖。

《周刊报道》

这本书绝对是惊天爆料！《纽约时报》国家安全事务记者马克·马泽蒂花了15个月的时间，创作了《美利坚刀锋》一书，揭示了中情局“定点清除”计划的演变过程，指出中情局这样一个历史悠久的情报机构，现在正沦为一个热衷于杀戮的野蛮“准军事组织”。

《新共和》杂志

《美利坚刀锋》一书是了解战争大背景的入门读物……诸多迹象表明：国内外对马克·马泽蒂在书中描述的中情局、五角大楼等“军事—情报复合体”的争议颇多。

《经济学人》

美国新型战争模式已经成型，但是对它的讨论才刚刚开始。在《美利坚刀锋》一书中，作者马克·马泽蒂作了很有价值的评述。

《旧金山纪事报》

《美利坚刀锋》一书中引人入胜的情节让专家和爱好者都拍手叫绝。马克·马泽蒂试图把官僚权力争斗的陈词滥调改头换面，用新的视角讲述了美国中情局的无人轰炸机、秘密监狱、“严刑逼供”和正在全球展开的杀戮行动等事件，让人耳目一新。

德克斯特·菲尔金斯（Dexter Filkins）
普利策奖获得者、《纽约时报》资深记者、《永恒的战争》（*The Forever War*）作者

《美利坚刀锋》如实还原了“中情局如何重操旧业，干起杀人买卖”的全过程，本书比间谍小说还要惊险，戏剧性极强，而唯一不同在于它讲述的是真实发生的事情。

简·迈尔（Jane Mayer）

《纽约客》杂志撰稿人、《黑暗面》（*The Dark Side*）作者

《美利坚刀锋》揭露了一个惊人的真相："9·11"事件后，中情局如何从一个情报机构转变成秘密杀戮机器。马泽蒂是美国最杰出的国家安全事务记者，他花了极大精力创作出这本扣人心弦的好书，你绝对不容错过。

托马斯·E. 里克斯（Thomas E. Ricks）

新美国安全中心资深研究员、中东问题专家、《大国与将军》（*The Generals*）作者

"9·11"袭击之后，美国打了三场战争：伊拉克战争、阿富汗战争以及新型秘密战争。第三场由中情局和美军特种部队在也门、东非以及巴基斯坦秘密进行的战争，至今尚未被美国官方承认。《美利坚刀锋》是首部全面介绍这场战争的开创性巨著。如果你想要全面了解自己身处的这个世界，那就必须读此书。

蕾妮·蒙塔涅（Renee Montagne）

美国国家公共广播电台（NPR）金牌主持人

《美利坚刀锋》一书精彩地阐释了中情局从间谍机构到杀戮机器的演变过程。1947年，中情局成立之初，主要负责监视世界各地发生的重大事件，收集别国政府的情报等间谍工作。但是，正如马克·马泽蒂在新书《美利坚刀锋》中所言，现在的中情局已经与其原本使命渐行渐远。

《纽约时报》国家完全事务记者马泽蒂在本书开头，引用了约翰·勒·卡雷在《锅匠，裁缝，士兵，间谍》一书中的一句话："总部经常宣扬，好的情报工作方式应当遵循循序渐进、温文尔雅的原则。而职业杀手却不遵循此原则，他们既不循序渐进，也不温文尔雅。"

勒·卡雷小说中提到的"职业杀手"就是负责"定点清除"计

划的机构。虽然勒·卡雷创作的是小说，但“职业杀手”并非子虚乌有。马泽蒂写过：不管是针对个人，还是空袭导致的大面积破坏，其中大部分杀戮都是中情局在后“9·11”时代的“杰作”。

诚然，中情局的杀戮行为并非史无前例，在20世纪五六十年代，该机构也曾密谋暗杀外国首脑，例如古巴领导人菲德尔·卡斯特罗。可是，在1975年弗兰克·丘奇参议员对中情局进行调查后，诸如此类的暗杀行动就被扼杀。然而，在双子塔倒塌之后，一切暗杀禁令条款都变成了空文。

中情局组织结构图

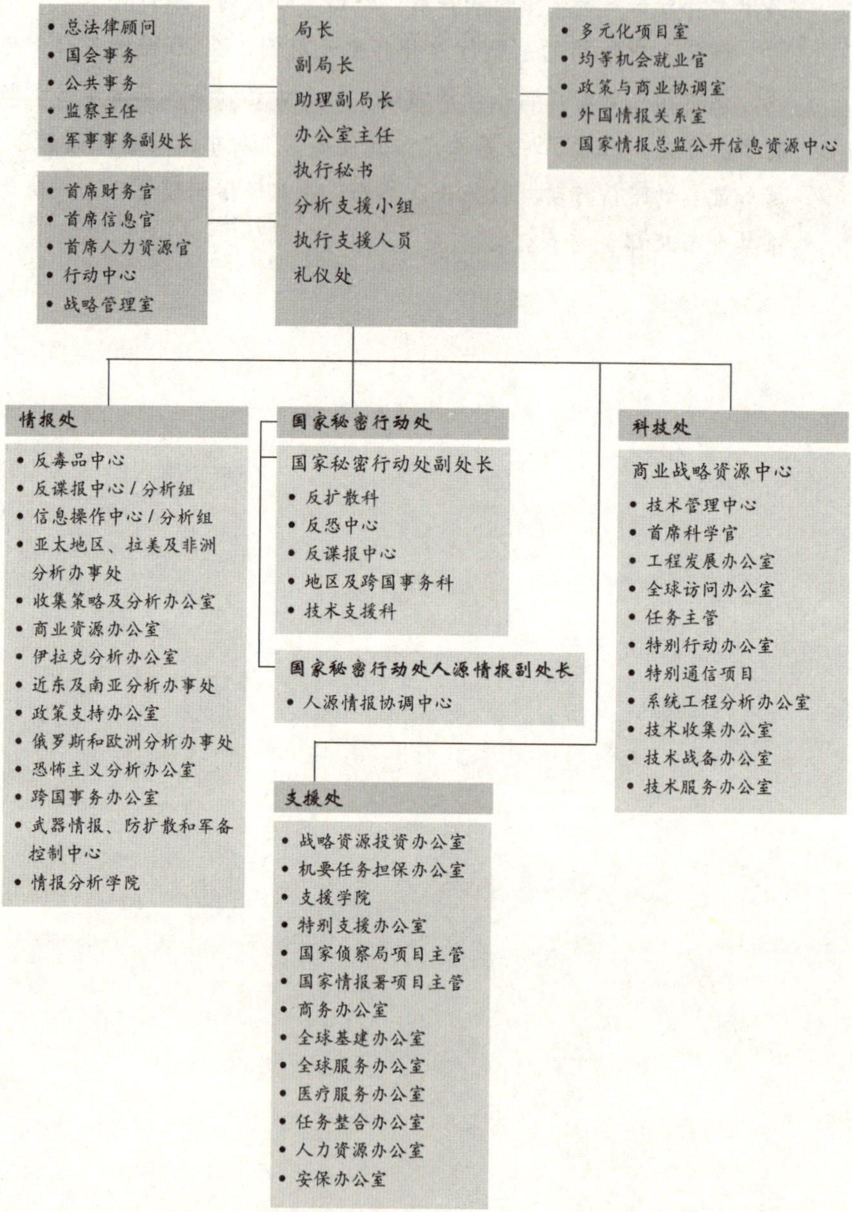
• 总法律顾问
• 国会事务
• 公共事务
• 监察主任
• 军事事务副处长
• 首席财务官
• 首席信息官
• 首席人力资源官
• 行动中心
• 战略管理室
局长
副局长
助理副局长
办公室主任
执行秘书
分析支援小组
执行支援人员
礼仪处
• 多元化项目室
• 均等机会就业官
• 政策与商业协调室
• 外国情报关系室
• 国家情报总监公开信息资源中心
情报处
• 反毒品中心
• 反谍报中心/分析组
• 信息操作中心/分析组
• 亚太地区、拉美及非洲分析办事处
• 收集策略及分析办公室
• 商业资源办公室
• 伊拉克分析办公室
• 近东及南亚分析办事处
• 政策支持办公室
• 俄罗斯和欧洲分析办事处
• 恐怖主义分析办公室
• 跨国事务办公室
• 武器情报、防扩散和军备控制中心
• 情报分析学院
国家秘密行动处
国家秘密行动处副处长
• 反扩散科
• 反恐中心
• 反谍报中心
• 地区及跨国事务科
• 技术支援科
国家秘密行动处人源情报副处长
• 人源情报协调中心
科技处
商业战略资源中心
• 技术管理中心
• 首席科学官
• 工程发展办公室
• 全球访问办公室
• 任务主管
• 特别行动办公室
• 特别通信项目
• 系统工程分析办公室
• 技术收集办公室
• 技术战备办公室
• 技术服务办公室
支援处
• 战略资源投资办公室
• 机要任务担保办公室
• 支援学院
• 特别支援办公室
• 国家侦察局项目主管
• 国家情报署项目主管
• 商务办公室
• 全球基建办公室
• 全球服务办公室
• 医疗服务办公室
• 任务整合办公室
• 人力资源办公室
• 安保办公室

主要人物简介

中情局

查尔斯 ·E. 艾伦

局长助理（1998 ~ 2005 年），分管情报搜集工作

科弗 · 布莱克

反恐中心主任（1999 ~ 2002 年）

丹尼斯 · 布莱尔

副局长(1995 ~ 1996 年),分管军事支援；国家情报总监(2009 ~ 2010 年)

理查德 · 布利

亚历克站站长（1999 ~ 2001 年），本 · 拉登猎杀小组负责人

威廉 · 凯西

局长（1981 ~ 1987 年）

杜安 · 克拉里奇

反恐中心的创始人和行动人员，后经营“影子中情局”

雷蒙德 · 戴维斯

中情局外聘人员，2011 年在拉合尔被捕

波特 · 戈斯

局长（2004 ~ 2006 年）

罗伯特 · 格雷尼尔

伊斯兰堡站长（1999 ~ 2002 年）；反恐中心主任（2004 ~ 2006 年）

迈克尔·海登

局长（2006 ~ 2009 年）

史蒂芬·卡佩斯

副局长（2006 ~ 2010 年）

阿特·凯勒

巴基斯坦行动人员（2006 年）

迈克

反恐中心主任（2006 年至今）

罗斯·纽兰

拉丁美洲和东欧行动人员，后担任中情局总部高级官员

莱昂·帕内塔

局长（2009 ~ 2011 年）

詹姆斯·帕维特

副局长兼秘密行动处负责人（1999 ~ 2004 年）

戴维·彼得雷乌斯

局长（2011 ~ 2012 年）；美国中央司令部指挥官（2008 ~ 2010 年）

恩里克·普拉多

反恐中心行动人员，后创建“黑水”公司

何塞·罗德里格斯

反恐中心主任(2002 ~ 2004 年)；副局长兼行动负责人(2004 ~ 2007 年)

乔治·特尼特

局长（1997 ~ 2004 年）

国防部

罗伯特·安德鲁斯

国防部代理助理部长（2001 ~ 2002 年），分管特别行动与低烈度冲突

史蒂芬·坎博恩

国防部情报主管（2003 ~ 2007 年）

迈克尔·弗朗

国防部官员，曾参与情报行动，后负责监管秘密间谍行动

罗伯特·盖茨

国防部长（2006 ~ 2011 年）

斯坦利·麦克里斯特尔将军

联合特种作战司令部司令（2003 ~ 2008 年）

威廉·麦克雷文

海军上将，联合特种作战司令部司令（2008 ~ 2011 年）

迈克·马伦

海军上将，参谋长联席会议主席（2007 ~ 2011 年）

托马斯·奥康奈尔

国防部副部长（2003 ~ 2006 年），分管特别行动与低烈度冲突

莱昂·帕内塔

国防部长（2011 ~ 2013 年）

唐纳德·拉姆斯菲尔德

国防部长（2001 ~ 2006 年）

白　宫

约翰·布伦南

白宫反恐顾问，总统本土安全与反恐助理（2009 年至今）

理查德·克拉克

反恐协调员（1998 ~ 2001 年）

巴基斯坦

沙基勒·阿夫里迪

受雇为中情局从事间谍活动的巴基斯坦医生

马赫穆德·艾哈迈德中将

三军情报局局长（1999 ~ 2001 年）

阿里·让·奥拉克扎伊

巴基斯坦军事指挥官，负责在联邦政府直辖部落地区开展行动

艾山·乌尔·哈克中将

三军情报局局长（2001 ~ 2004 年）

贾拉勒丁·哈卡尼

巴基斯坦部落地区的犯罪组织首领，曾对驻阿富汗美军发动袭击

阿什法克·帕尔韦兹·卡亚尼将军

三军情报局局长（2004 ~ 2007 年）；陆军参谋长（2007 年至今）

贝图拉·马哈苏德

巴基斯坦塔利班首领

阿萨德·穆尼尔准将

三军情报局驻白沙瓦站长（2001 ~ 2003 年）

卡梅伦·芒特

美国驻伊斯兰堡大使（2010 ~ 2012 年）

艾哈迈德·舒亚·帕夏中将

三军情报局局长（2008 ~ 2012 年）

哈菲兹·穆罕默德·赛义德

“虔诚军”首领

纳克·穆罕默德·瓦希尔

巴基斯坦部落地区塔利班前首领

也　门

易卜拉欣·阿西里

“基地”组织在阿拉伯半岛的炸弹制造专家

安瓦尔·奥拉基

宗教极端分子，“基地”组织在阿拉伯半岛的成员，美国公民

阿卜杜拉赫曼·奥拉基

安瓦尔·奥拉基之子

阿里·阿卜杜拉·萨利赫

巴基斯坦总统（1990 ~ 2012 年）

索马里

亚丁·哈什·法拉赫·埃罗

索马里反政府武装组织青年党早期首领

谢赫·哈桑·达赫尔·阿威斯

索马里“法院联盟”首领

米歇尔·巴拉林

美国女商人，政府军事承包商

萨利赫·阿里·萨利赫·纳卜汉

肯尼亚人，“基地”组织在东非的成员

“恢复和平与反恐联盟”

由中情局资助的索马里军阀组成

索马里“法院联盟”

索马里的武装组织，与得到国际普遍承认的索马里过渡政府对立

青年党

索马里的反政府武装组织

序　言

THE WAY OF THE KNIFE
The untold story of USA's secret war

从“大举入侵”到“精确暗杀”，美国的新型战争省钱又省力？

> 总部经常宣扬，好的情报工作方式应当遵循循序渐进、温文尔雅的原则。而职业杀手却不遵循此原则，他们既不循序渐进，也不温文尔雅。
>
> ——约翰·勒·卡雷　《锅匠，裁缝，士兵，间谍》

“杀人外交官”竟是 CIA 特工？

一名身材魁梧的美国人被巴基斯坦警察带进一间拥挤的审讯室。室内手机铃声此起彼伏，警察们交头接耳，有的讲乌尔都语，有的讲旁遮普语，还有的讲英语。

审讯人员想弄清楚这起案件的真相。

“美国？你来自美国？”

“对。”

“你是美国人，在美国大使馆工作？”

“是的。”

这名美国人十分紧张，在嘈杂的人群中，他的声音显得格外低沉，“我的护照——当时我向警官出示了我的护照……但是现在不见了，我找不到了。”

这段令人不安的审讯录像显示，他把手伸进法兰绒格纹衬衫中，拽出脖子上挂着的几张身份识别卡。在圆形交叉路口的一团混乱中，只有几样东西没被弄丢，这些卡便是其中之一。

“这张是过去的识别卡，这张是伊斯兰堡的。”他向桌子对面的男人指了指其中一张卡片，然后翻开另一张能够证明他在美国驻拉合尔领事馆工作的识别卡。

这时候，电话突然响了起来，站在人群里的一名警察走过去接起了电话：“我们逮捕了大使馆的一个人，现在正在审讯。我待会儿再给你打过去。”

说完，他挂了电话。

审讯继续进行。

“你在拉合尔的总领事馆工作？”

“对。”

“你是干什么的？”

“我，我只是那里的一名顾问。”

“顾问？”桌子后面的男人半信半疑。他迟疑了一下，然后用乌尔都语问身旁的另一名警察：“他的名字是什么？”

“雷蒙德·戴维斯。”那名警官回答。

“对，”受审的美国人确认了他的说法，“我可以坐下吗？”

“请坐。你要喝水吗？”警察问道。

“有水吗？可以给我一瓶吗？”戴维斯问。

另一名警察笑了起来。“想喝水？”他说，“没有钱，就没有水。”

闻言，戴维斯只得干巴巴地在桌子前坐了下来。

然后，又有一名警察走进房间，他想了解最新情况：“他都听明白

了吗？他只杀了两个人吗？”（拉合尔警察局对雷蒙德·戴维斯的审讯录像来自当时拍摄的一段手机视频。——译者注）

雷蒙德·戴维斯曾是西弗吉尼亚州的一所高中的足球和摔跤明星，从绿色贝雷帽特种部队退役后受雇于美国“黑水”公司，现在则是中情局在巴基斯坦的秘密特工。几个小时前，他驾驶着一辆白色本田思域，堵在拉合尔水泄不通的道路上。由于身躯过于庞大，他只能勉强挤在驾驶座上。拉合尔是巴基斯坦的文化中心，先后被莫卧儿人、锡克人与英国人统治过。近 10 年来，这座城市一直处于美国在巴基斯坦秘密行动范围的外围。

由于中情局在巴基斯坦西部山区开展了大规模的无人机打击行动，因此到 2011 年，巴基斯坦境内的极端组织已经被打得七零八落。为了能从这场战役中生存下去，过去少有瓜葛的派系现在纷纷结成了联盟。那些曾热衷于策划血腥袭击印度的组织开始加强与“基地”等恐怖组织的联系，他们渴望在全球范围内推行“圣战”。其中一些组织在拉合尔安营扎寨，而雷蒙德·戴维斯和中情局的小组也在这一带的一所安全屋内开展秘密行动。

因为朝两名年轻人开枪射击，戴维斯被带到了拉合尔的警察局。

几个小时前，在圆形交叉路口，一辆辆汽车、自行车和人力车把街道挤得水泄不通。两个年轻人骑着一辆黑色摩托车，在接近戴维斯的汽车时拔出了手枪。见此，戴维斯掏出了半自动格洛克手枪，朝着挡风玻璃连开数枪。子弹击碎了车窗，射中了其中一名男子的胃部、手臂或身上的其他部位。摩托车倒下后，另一名男子掉头就跑，戴维斯钻出汽车，继续向逃跑男子开了几枪。

随后，他通过无线电向美国领事馆求助。几分钟后，一辆丰田陆地巡洋舰出现在前方，朝着错误的方向猛冲上一条单行道。在撞死了一名骑着摩托车经过的年轻巴基斯坦男子后，这辆汽车眨眼便消失了，留下戴维斯一个人，孤零零地站在道路中间。案发现场散落着各种稀奇古怪的物品，包括一副黑色面具、大约100发子弹和一块印着美国星条旗图案的布条。戴维斯车内的手机里有很多暗中拍摄的巴基斯坦军事设施的照片。

圆形交叉路口的事件发生后，中情局局长否认戴维斯正在为中情局工作。在新闻发布会上，奥巴马总统也有意模糊戴维斯的身份，呼吁释放"我们在巴基斯坦的这名外交人员"。枪击事件发生几天前，中情局伊斯兰堡新站长刚刚从俄罗斯飞抵巴基斯坦。枪击事件发生后，他与当地的美国大使发生了公开争执，要求后者坚持立场、毫不妥协，确保戴维斯被释放。他说，美国在巴基斯坦的游戏已经改变，中情局与巴基斯坦情报机构和睦相处的时代早已一去不复返。

从现在开始，美国必须按照"莫斯科规则"处理类似事件。"莫斯科规则"是指冷战时期敌国之间开展间谍活动的不成文规则，即绝不允许出现任何差错。

当前这起流血事件似乎证实了在巴基斯坦广泛流传的说法：美国向巴基斯坦派出了大批秘密军队，以制造混乱和暴力事件，而这只是美国在该国开展秘密战争的一个部分。

启动"手术刀行动"

但戴维斯事件的内幕远不止于此。这名前绿色贝雷帽特种兵受雇于中情局,在巴基斯坦开展秘密搜捕行动。在过去10年秘而不宣的战斗中，中情局发生了巨大的转变，它已不再是一个仅致力于窃取外国政府机密的传统间谍机构，而演变成了一部杀人机器，一个热衷于开展猎杀行动的秘密组织。

中情局承担了传统上属于军方的任务，大批间谍变成了士兵。同样地，美国军方势力也遍布外交政策的隐秘空间。例如，其突击队开始执行间谍任务，该任务在“9·11”袭击发生之前华盛顿是绝不可能批准的。“9·11”袭击发生前，五角大楼极少参与间谍活动，而中情局也从未获得杀戮的正式许可。但恐怖袭击发生后，五角大楼开展了大量间谍活动，中情局也大开杀戒。至现在，中情局已发展成了一个军事与情报的复合体，彻底改变了美国的交战方式。

迄今为止，阿富汗与伊拉克战争的情况已经家喻户晓。但在 10 多年的时间里，另一场同时开展的战争却鲜为人知，而后者就像美国在“9·11”袭击后引发“大规模战争”的阴暗倒影。在这场在全球开展的幽灵战争中，为了打击敌人，美国出动了无人机和特种部队，雇佣武装分子建立秘密间谍网络，依靠反复无常的独裁者、出尔反尔的外国间谍机构和鱼龙混杂的代理人军队。在无法派遣地面部队的地方，一些外围人物纷纷登场，扮演着重要角色。比如，五角大楼的一个烟鬼与中情局一名身陷“伊朗门”丑闻的官员联手，在巴基斯坦暗中开展秘密间谍活动；弗吉尼亚州一名对索马里十分着迷的富婆，成功说服五角大楼聘用她追捕当地的“基地”组织成员。

从巴基斯坦的山区部落到也门和北非的沙漠，从索马里的部落地区到菲律宾的深山密林，这场秘密战争横跨了几大洲。布什总统为这场秘密战争奠定了基础，奥巴马欣然接受并沉迷其中。较之于错综复杂、代价高昂的常规战争，奥巴马将这种秘密战争视作另一种选择，因为它既不需推翻当地政权，也不需要美军长达数年的占领。借用奥巴马的心腹顾问之一约翰·布伦南的话来说：“现在美国不再仰仗‘铁锤’，而是开始依靠‘手术刀’。”

这个比喻暗示着这种新型战争就像外科手术一样，既不需要付出高昂的代价，也不会带来任何并发症。但事实并非如此，这把手术刀不仅能够消灭敌人，同时也会制造敌人。即使美国本意在于结束混乱和恢复秩序，但实际上它已经在前盟国引起了不安，甚至招来了激烈的怨恨。这种新型战争绕开了美国作为一个国家走向战争的正常制度，只有美国总统才能最终决定某些偏远之地的人们的生死存亡。这种作战方式屡试不爽，还曾成功刺杀本·拉登及其心腹信徒。但同时，它也降低了发动战争的门槛，使美国比以往任何时候都更容易在他国开展猎杀行动。以下就是一个持续了10年之久的故事。

“9·11”袭击仅数周后，理查德·迪尔洛夫爵士就已经对未来有所预见。作为英国情报机构军情六处的处长，迪尔洛夫与另一名英国情报高官来到美国，向英国最亲密的盟友表示鼎力支持。在中情局位于弗吉尼亚州的兰利总部，迪尔洛夫亲自传达了这样一条罕见的信息：英国将开诚布公，与中情局分享军情六处有关“基地”组织的档案。

“二战”期间，英国人将这门黑暗的技艺传授给了美国人，但他们开展间谍活动的方式却不尽相同。1943年，丘吉尔“特别行动处”的一名成员抱怨说：“美国人做事急功近利，英国的行动通常很耗费时日，并且进展缓慢。”他指出，中情局的前身——战略情报局（下简称战情局）仅仅依靠轰炸武器库、切断电话线以及在敌方的补给线上埋设地雷等手段，这种手段导致的结果十分危险。美国人的资金要远多于他们的才智，他警告道，战情局“逞强好胜的做法”只会给盟国招惹麻烦。

迪尔洛夫是一名典型的英国间谍。他毕业于剑桥大学女王学院，该学院是英国招募特工的传统基地。毕业后，迪尔洛夫先后在非洲、欧洲和华盛顿等海外地区任职。就像所有的前任一样，作为军情六处处长，按照惯例，他使用绿色的墨水在内部备忘录上签署自己的代号“C”。

迪尔洛夫乘坐代号为“ASCOT-1”的飞机抵达华盛顿，随后来到中情局总部的反恐中心。中情局的官员正在观看录像，视频监视器上显示，一辆白色的三菱卡车正在阿富汗的一条道路上行驶。迪尔洛夫早就获悉，美国已经掌握了远程作战的能力，但此刻是他第一次亲眼目睹“捕食者”无人机开展行动。几分钟后，视频监视器上的十字准星瞄准了那辆三菱卡车，一枚导弹轰然爆炸，整个屏幕顿时变成了一片耀眼的白色。几秒钟后，画面恢复了清晰，那辆卡车已经被炸得面目全非，烈火仍在熊熊燃烧。

迪尔洛夫转过脸来，看着包括罗斯·纽兰在内的一群中情局官员。几个月前，这名资深特工刚刚加入了监督“捕食者”计划的小组。迪尔洛夫面带揶揄地笑了笑。

“这挺刺激的，不是吗？”

目 录

THE WAY OF THE KNIFE
The untold story of USA's secret war

傍上美国大款应该是件获利不菲的事，但巴基斯坦渐渐发现事实并非如此。美国间谍在境内肆意横行，无人机时常擅自开展猎杀行动，追剿恐怖分子刺激境内外极端势力惹来血腥报复……种种问题的困扰之下，美国与巴基斯坦之间的关系开始出现裂痕。

攻心为上，攻城为下。控制人的思想便可不费吹灰之力赢得整场战争。从《伊拉克英雄》到《石油大亨》，这些在中东风行一时的网络游戏背后竟暗藏着五角大楼精心设置的“洗脑”阴谋？通过在游戏里植入美国价值观，五角大楼在中东轻松笼络大批玩家……

过分依赖卫星监听，导致中情局的情报收集人才不断萎缩，情报效率直线下降，美军对此怨声载道。与此同时，一些私人情报承包商应运而生，小到提供战争情报，大到暗杀目标人物，大有取代中情局的态势。而这些所谓的"影子中情局"到底是CIA口中的"流氓间谍团伙"，还是美军的"救命良药"？

第12章　奥巴马的反恐新法：变"铁锤"为"手术刀"　201

7年反恐耗尽了美国人的热情，也掏空了美国的钱包。穷得叮当响的奥巴马总统发现，同样是消灭恐怖分子，"手术刀"式精准打击便宜多了，既不需要像阿富汗战争那样大举动用武力，也不需要在当地驻军多年，更不需要费时费力去"改造"整个中东……

第13章　败走非洲　225

以"情报收集"起家的中情局，似乎已经丧失了他们安身立命的本领。前脚刚因情报收集能力差而被"影子中情局"逼宫，后脚又因无法预警"阿拉伯之春"而遭白宫嫌弃。为了挽回颓势，中情局居然开始与一些流氓间谍机构结盟……

★ 第1章 ★

中情局大蜕变：从情报机构到杀戮机器

THE WAY OF THE KNIFE

The untold story of USA's secret war

“9·11”血腥袭击之后，美国患上“被迫害妄想症”。白宫高层时刻窥视全球，试图找出“恐怖分子”的蛛丝马迹。这种畸形的关注自然孕育出畸胎——中情局从传统的情报机构，逐渐沦为残忍的杀戮机器。但此时手握无人机的中情局已远非昔日的“不入流杀手”。凡是被美国视为眼中钉的人物，无不如坐针毡……

THE WAY OF THE KNIFE
The untold story of USA's secret war

你们到那里的目的是铲除恐怖分子，而不是四处树敌。

——巴基斯坦前总统佩尔韦兹·穆沙拉夫
拍给美国驻巴大使的密电

反恐中心走出冷宫变新宠

白宫战情室的灯光蓦地暗了下来，中情局的两名工作人员开始播放幻灯片。

由于拍摄仓猝，这些照片全都模糊不清，严重失焦。从画面中可以看到，有人正钻进一辆汽车，也有人正在街上步行。房间里很昏暗，此情此景就像在演黑帮电影——联邦调查局的特工一边啜着咖啡，一边翻看犯罪团伙头目的照片。不同的是，这些照片中的人物正是中情局准备猎杀的目标。

围坐在桌旁的清一色都是副总统的手下，其中包括法律顾问戴维·阿丁顿和华盛顿老牌政客、诨名“滑板车”的幕僚长小欧文·路易斯·利比。副总统迪克·切尼坐了会议桌首席，正饶有兴致地观看案犯照片。时值 2001 年深秋，天气格外清冷。20 世纪 70 年代，由于中情局发生了一连串性质极其恶劣但又令人啼笑皆非的泄密事件，其秘密暗杀行动已传得沸沸扬扬，白宫只得下令禁止该间谍机构继续消灭美国的异己。但数周前，乔治·W. 布什总统签署密令，恢复了中情局昔日的权力。

当天，在战情室内，中情局正向白宫汇报，他们将如何运用这项刚刚获得的生杀予夺之大权。

为首的两名中情局官员分别是何塞·罗德里格斯和恩里克·普拉多。他们向众人表示，反恐中心准备在中情局内部招募人马，开展一项高度机密的新行动，即派遣暗杀小分队潜入其他国家，暗杀那些被布什政府视为眼中钉的人物。在这些照片中，有一个名叫马蒙·达卡赞里的叙利亚人。中情局认为，此人曾参与策划“9·11”事件，目前正流亡德国。另一人则是被巴基斯坦奉作英雄的“原子弹之父”阿卜杜勒·卡迪尔·汗博士，他被西方视为向伊朗和利比亚等“贱民”国家暗中输出核技术的罪魁祸首。这些照片均出自近距离拍摄，而中情局意欲通过这种令人心生畏惧的方式表示：“既然我们能够近距离拍摄他们的照片，那我们自然也能近距离将其诛杀。”

尽管罗德里格斯和普拉多夸夸其谈，但对很多问题他们却只字未提。中情局的暗杀小分队如何神不知鬼不觉地潜入德国和巴基斯坦等国？这群美国刺客是否能够建立监视网络，并在指定时间内将子弹射入暗杀目标的头颅？对于上述问题，中情局尚未制定任何具体方案。显然，罗德里格斯和普拉多到这里并不是为了解答行动上的细枝末节，而是为了获得白宫的许可。

副总统切尼告诉他们，可以开始行动了。

乔治·W. 布什总统的父亲曾出任中情局局长，兰利总部就是以他的姓名重新命名的。但小布什接手的这个间谍机构就像冷战期间的遗产，不仅规模大为削减，而且士气十分低落。2001 年底，老布什下令由中情局负责，在全球展开搜捕行动。对于这位总司令提出的要求，中情局表现灵活、反应迅速，与机构臃肿、行动迟缓的五角大楼形成了鲜明对比。

在白宫的指引下，中情局打响了一场秘密战争。昔日门可罗雀的反恐中心瞬间变成了这场战争炙手可热的指挥所。在此之前，反恐中心就像中情局里的一潭死水。兰利的很多人都认为，只有那些行动古怪的狂热分子在执行任务栽了跟头后，才会被发配至此。“9·11”事件发生后，反恐中心开始了史无前例的急剧扩张，并在 10 年里逐渐发展成为中情局的核心部门。

数以百计官员和分析师被调离亚洲和俄罗斯分部，进入迷宫一般的反恐中心行动总部。由于这里的办公隔间大都是匆匆搭建的，因此空间非常狭窄，布局也很复杂，人们甚至常常难以找到自己的同事。为了区分“奥萨马·本·拉登道”和“扎瓦赫里路”两侧的隔间，有人在过道上竖起了纸板路标。后来，还有人在反恐中心的大门上贴了一块标牌，上面写着：“今天是 2001 年 9 月 12 日。”这块令人压抑的标牌无时无刻不在提醒人们，另一场恐怖袭击也许就在下一刻。

在成立之初，反恐中心由科弗·布莱克掌舵。从在苏丹首都喀土穆担任中情局站长时起，布莱克就对追捕本·拉登一事耿耿于怀，而当时后者正流亡苏丹。在中情局的很多人看来，布莱克就像是疯子科学家与乔治·巴顿将军的结合体。“9·11”事件发生当天，尽管有人担心最后一架遭到劫持的飞机可能会撞向兰利，但布莱克却命令反恐中心的所有官员都原地待命，拒绝与兰利总部的其他人员一同疏散。

在接下来的几个月里，只要中情局局长乔治·特尼特前往白宫，布莱克就会出现在他身旁。很快便有人传言，布莱克决心对“基地”组织大开杀戒。恐怖袭击发生两天后，在椭圆形办公室召开的一次会议上，布什总统问布莱克，中情局是否能够胜任新的工作，包括派遣准军事小组打入阿富汗，与当地军阀结盟，共同打击塔利班。布莱克残酷无情地答道，当中情局的无人机干掉“基地”组织以后，苍蝇会在本·拉登及其党羽的“眼球上爬来爬去”。这句话正中布什下怀，他立即喜欢上了这个夸夸其谈的反恐中心主任。

但是，总统内阁的另一些成员却对布莱克的大言不惭感到厌恶，并开始将他称作“那个苍蝇在他眼球上爬来爬去的家伙”。

布莱克与白宫要员的交往及其得意洋洋的态度在中情局内部引起了摩擦，他经常与其上司——副局长兼秘密行动处负责人詹姆斯·帕维特发生争执。在布莱克看来，帕维特软弱无能、为人刻板；而掌管着所有国外间谍活动和秘密任务的帕维特，也觉得布莱克有意卖弄、逞强好胜。帕维特认为，布莱克太过热衷于让中情局染指海外行动，而这些行动经常让他们惹火烧身。

“9·11”事件发生前，在中情局是否应当动用“捕食者”无人机在阿富汗猎杀本·拉登的问题上，他们曾多次发生过龃龉。

2001年底，中情局在阿富汗的战略初见成效，布莱克及反恐中心的名声大振。这似乎向那些对中情局心怀不满的人们证明，由一小批人员开展秘密行动、打击神出鬼没的“基地”组织的战略可以操作。中情局的准军事小组以及随后加入的绿色贝雷帽特种部队将一群阿富汗的乌合之众变成了一支可以克敌制胜的军事力量。这群阿富汗人骑着战马，驾驶着苏联时代遗留下来的锈迹斑斑的装甲车，将塔利班组织赶出了喀布尔与坎大哈。

杀戮机器诞生

然而，这种奇怪的新型冲突颠覆了美国以往的作战方式，不动声色地改变了过去的战时指挥系统。在过去，作战规划的制定和执行通常涉及到很多人，从白宫到国防部，从四星上将到参谋，参与人员有数百名之多。但现在，中情局局长成了这场全球秘密战争的军事总指挥官，不仅参与人员寥寥无几，而且几乎没有任何监督。特尼特开始积极敦促，增加中情局在阿富汗的准军事队伍人数，并向白宫兜售其阴险计划——将抓获的恐怖分子关在秘密监狱里严刑拷打。而最终哪些人被猎杀哪些人被赦免的决定权，仅掌握在布什、切尼以及白宫的少数高官手里。

这对特尼特来说是一次骤变。在“9·11”袭击之前，他曾经向白宫表示，中情局官员应当被排除在决策过程之外。他认为，中情局的间谍应当仅负责信息评估，而白宫和国会负责根据评估做出决定。詹姆斯·帕维特后来在对“9·11”委员会作证时表示，他从“伊朗门”丑闻（即美国发生在20世纪80年代中期的政治丑闻。里根政府向伊朗秘密出售武器一事被揭露后，造成了严重的政治危机。国际新闻界普遍将其与尼克松的“水门事件”相比，因而得名。——译者注）吸取的教训之一就是，“在兰利，我们不负责制定政策……而你们也不希望我们这样做”。

这种观点也许曾经盛行一时，但2001年底，中情局再也无法宣称自己“置身于战争与和平的复杂决策之外”。布什要求特尼特每天到椭圆形办公室汇报情况，这是自中情局成立以来首次由局长而不是某个低级分析师在白宫进行汇报。就像他的前任一样，特尼特也热衷于面见总统。每天早上，他都会和科弗·布莱克一起，带着有关恐怖阴谋及其策划者的报告前往白宫，向这群听众阐述中情局将采取哪些措施保卫国家。正是这群听众让特尼特与中情局成了白宫不可或缺的座上客，因为对于任何有关威胁的信息，白宫的胃口永远都无法满足。

但这种来自高层的瞩目逐渐产生了某种扭曲的效果，使中情局提供的分析变得更加狭隘和更具战术性。现在，中情局负责反恐工作的分析人员达数百名，在“9·11”袭击导致近3 000人丧生后，这一点已经无人非议。而对于中情局的诸多分析师来说，要想得到升迁，就必须让自己的反恐报告出现在总统的办公桌上。白宫最感兴趣的是有关某些“基地”组织成员下落的线索，而不是笼统的内容，例如中东哪些国家会支持“基地”组织，或者美国的军事与情报行动有可能对新一代激进分子产生哪些影响。于是中情局开始投其所好，就连一些间谍活动的术语也逐渐产生了变化。在过去，中情局的办案人员和分析师使用“瞄准”一词来描述哪些外国政府官员有可能掌握重要信息，或者哪些外国公民有可能成为线人。但如今，对反恐中心的分析人员来说，这个词语衍生出了截然不同的含义——对那些被视作国家威胁的恐怖分子进行跟踪、追捕甚至杀戮。

科弗·布莱克与詹姆斯·帕维特之间的斗争愈演愈烈，二人几乎互不理睬。根据几名前中情局官员的说法：2002 年初，布莱克在白宫炙手可热，他开始忘乎所以，甚至无视兰利的上级。他经常自诩："我为总统效力。"2002 年初，科弗·布莱克决定离开中情局到国务院任职。他的继任者何塞·罗德里格斯是反恐中心的高级官员之一，也是布莱克的下属。布莱克不仅拥有在中东工作的经验，而且还是中情局内熟知"基地"组织的几名官员之一。但罗德里格斯却从未在中东工作过，也不会讲阿拉伯语。他与帕维特过从甚密，一些开展秘密行动的官员甚至怀疑，罗德里格斯被安排到反恐中心，就是为了替帕维特监视布莱克。

罗德里格斯是波多黎各人，父母均为教师。20 世纪 70 年代中期，他从佛罗里达大学法学院毕业。随后就加入了情报机构。他的间谍生涯大部分都在中情局驻拉丁美洲处度过。20 世纪 80 年代，中情局曾在尼加拉瓜、萨尔瓦多和洪都拉斯开展了一系列冒险活动，但当时罗德里格斯资历尚浅，因此没有陷入"伊朗门"丑闻的调查，而这项调查使拉丁美洲处多年来一直处于瘫痪状态。

罗德里格斯在中情局人缘颇佳，但作为办案人员，他却毫不起眼。他先后在中情局驻拉丁美洲处的多个工作站任职，包括玻利维亚和墨西哥。他给人留下的印象是，喜欢特立独行，反抗兰利的官僚主义。在罗德里格斯看来，兰利过分关注行动的细枝末节。罗德里格斯酷爱骑马。在担任墨西哥城站长时，他曾将最喜欢的一匹马命名为"公干"，并命令下属如果兰利的上级查问起他的下落，他们就可以回答，罗德里格斯外出"公干"了。

1995 年，当他接管拉丁美洲处后，该处再次处于混乱之中。克林顿总统的第二任中情局局长约翰·多伊奇开除了许多办案人员，在中情局内部，被开除的原因被委婉地称作“持续与外国公民密切接触”。换句话说，这些拉丁美洲的官员是因不正当的风流韵事垮台的，上级担心他们混乱的私生活惹来敲诈勒索。

罗德里格斯很快发现，自己也惹上了麻烦：一位儿时好友因毒品问题在多米尼加共和国被捕，罗德里格斯出面干涉，阻止多米尼加警察在狱中殴打他的朋友。罗德里格斯作为中情局拉丁美洲处处长，为了朋友干涉外国政府行为的做法有悖于国家利益，因此中情局的总检察长谴责他“严重缺乏判断力”。随后，他被免去了职务。

2001 年，罗德里格斯时来运转，他和包括前中情局王牌特工恩里克·普拉多在内的很多驻拉丁美洲处人员奉命协助开展中情局新的反恐战争。他成了每天下午 5 点特尼特会议室里的常客，和其他中情局高官一起听取美国在阿富汗等国开展行动的最新情况。就是在这样的一次会议上，罗德里格斯一项漫不经心的提议促成了布什政府一个极其重要的决定。

众人面临的问题是如何对待美军和中情局官员在阿富汗抓获的塔利班士兵。什么地方适合对他们进行长期羁押？中情局众说纷纭。其中一名官员提到了阿根廷火地岛的乌斯怀亚监狱，那是地球最南端一个荒无人烟的地方。还有官员提议把囚犯关到加勒比海距离尼加拉瓜沿岸咫尺之遥的科恩群岛。但这些提议都因不切实际而被否定了。最后，罗德里格斯半开玩笑地提出了一个建议。

“我们可以把他们关到关塔那摩湾。”他说。

会议室里的所有人都笑了起来。美国将反恐战争的囚犯关到美国在古巴的军事基地，那不是要刺激菲德尔·卡斯特罗吗？但是细想之后，大家开始觉得关塔那摩是最合理的选择。关塔那摩虽然位于古巴，但却是美国的军事基地，因此即使该国政权更迭，也不会危及监狱的安全。此外，中情局认为，关塔那摩湾的监狱处于美国最高法院的司法管辖权之外，因此无疑是关押囚犯的最佳地点。中情局认为，古巴是美国新建监狱的首选地点，并很快在关塔那摩湾监禁区的一角建立起了专属的秘密监狱。这座高度机密的监狱被中情局官员戏称为"草莓地"，因为披头士乐队曾在《永远的草莓地》中唱道，"囚犯们将永远待在那里"。

五角大楼要来抢饭碗?

在距离华盛顿 7 000 英里（1 英里约等于 1 609 米）之外的战场上，21 世纪的第一场战争要远比中情局密密麻麻的隔间里或五角大楼顶层办公室内整洁的幻灯片上最初显示的棘手。2002 年初，阿富汗既没有战火纷飞，也没有和平在望，士兵与间谍之间的争斗和猜忌进一步加剧了这场界限模糊的冲突。

美国开展行动的依据往往是只言片语的情报，而大部分情报的来源都不甚可靠。当有情报称本·拉登有可能已经在最近的一次空袭中毙命时，数十名海豹突击队员和海军陆战队员花了整整 8 天挖掘阿富汗东部扎瓦赫里的墓园。这些人希望挖出本·拉登的尸体，以结束这场已经持续了 3 个月的阿富汗战争。但最终，他们是挖出了几具尸体，但并没有找到他们希望得到的东西。

军方与情报部门之间的龃龉有时候会产生致命的后果。2002 年 1 月 23 日深夜，一队绿色贝雷帽特种兵对坎大哈东北 100 英里哈萨卡坦的两处院落发动了突袭。这两座院落位于山脚下，由十几栋楼房组成。一架 AC-130 武装直升机开始在哈萨卡坦的上空盘旋，两支突击队伍同时发起了猛攻。

院子里断断续续传出 AK-47 的交火声，突击队员迅速在外墙炸开了一个洞口。美国人一边还击，一边搜索每一间房屋，与那些被怀疑是塔利班士兵的持枪者展开了激烈的肉搏战。这次任务结束后，敌方共有 40 多人阵亡，AC-130 直升机将院子炸成了一堆瓦砾。

但直到返回基地后，突击队员们才得知，原来中情局在几天前就已经收买了这两座院子里的塔利班士兵，并说服他们倒戈相向攻击阿富汗政府。当天晚上，其中一栋楼房上挂起了以哈米德·卡尔扎伊为首的阿富汗新政府的旗帜。在此之前，中情局一直没有告诉特别行动小组，院子里的数十名塔利班士兵已经化敌为友。

阿富汗的混乱局面部分原因在于战地常见的动荡，但也离不开五角大楼和中情局为了争夺美国反恐战争指挥权所展开的明争暗斗。当中情局的准军事队伍首次进入阿富汗，国防部长唐纳德·拉姆斯菲尔德感到怒不可遏。

虽然恶劣的天气以及获准使用阿富汗周边军事基地的问题的确耽误了绿色贝雷帽特种部队的行程，但这绝不只是一次后勤上出了问题。因为从一开始，这次入侵行动就是由中情局策划并主导的，而军方始终处于次要地位。中情局不仅比军方行动灵活，而且所需资金和人力是五角大楼预算的零头，这让拉姆斯菲尔德感到十分不安。他开始彻底革新五角大楼的官僚作风，以确保不会再次发生同样的事情。

拉姆斯菲尔德认为，现在的国防部思想僵化，充斥着大量墨守成规的官吏，这些人只知道保护他们视若珍宝的武器系统，因此他竭尽全力想改变这种局面。拉姆斯菲尔德曾担任过福特总统的国防部长，后来下海经商。在商海大发横财后，他返回了五角大楼。在 G.D. 赛尔制药公司，他推出了纽特甜味剂和橙味美达施纤维素等产品，并借此大赚了一笔。拉姆斯菲尔德在上任之际就明确表示，他希望用私营企业的法则来治理机构臃肿的国防部。

69 岁高龄的拉姆斯菲尔德即将成为美国历史上最年长的国防部长。

他经常抱怨国防部的浪费行为。他努力想要五角大楼脱胎换骨，这种做法不禁使人联想起肯尼迪与约翰逊时期的国防部长罗伯特·麦克纳马拉。后者来自福特汽车公司，曾经带着一批“天才少年”进入国防部，决心在五角大楼革故鼎新。拉姆斯菲尔德将一群年迈的商人招至麾下，负责各种军事行动，但一些将军对他的做法十分不满，并讥诮他们为“天才老年”。2001 年 9 月 11 日清晨，截止美国航空公司 77 航班撞向五角大楼的西墙时，军方已经数次成功挫败了拉姆斯菲尔德雄心勃勃的计划，该计划试图取缔冷战时期代价高昂的武器项目。华盛顿政界普遍猜测，拉姆斯菲尔德将成为布什政府第一个下台的高官。

但次年，拉姆斯菲尔德却成了布什内阁中最炙手可热的人物。2001 年 12 月，美国实施了新的作战计划，并将塔利班从阿富汗的多个城市逐出，从而为拉姆斯菲尔德带来了巨大的声望。在新闻发布会上，拉姆斯菲尔德直率鲜明的态度很快就让他成了布什政府对恐怖袭击发动还击的代言人。在谈到战争目标时，拉姆斯菲尔德从不拐弯抹角或装腔作势，而是直言不讳地表示要“干掉塔利班”。

拉姆斯菲尔德很早就预见到，一场秘而不宣的新型战争将在世界各地的黑暗角落里展开。这场战争与 19 世纪步兵之间的小规模冲突、一战的堑壕战和二战的坦克战都截然不同。五角大楼需要将士兵派遣到只有间谍才被允许前往的地方。在此之前，五角大楼没有成立像中情局反恐中心那样的专门组织，但是“9·11”袭击发生数周后，拉姆斯菲尔德提出国防部要建立一支规模更大的队伍。拉姆斯菲尔德在给中情局局长特尼特的备忘录中写道：“从我的所见所闻来看，反恐中心的规模太小，不足以全天候地开展工作。”他在提议中向特尼特阐述了成立反恐联合情报工作组的计划，而这个新成立的机构将使五角大楼赢得反恐战争的指挥权。

在向特尼特提出建议 4 天后，拉姆斯菲尔德在给布什总统的一份绝密备忘录中谈到了这场新型战争的范围。他写道：“这将是一场全球战争，美国需要坦率地承认自己的最终目标。如果这场战争没有让世界政治版图出现重大改观，那美国就没有如愿以偿。”但拉姆斯菲尔德深知，五角大楼还不具备开展这场战争的机构，因此他只能去做别的同样紧要的事情。

2002 年 2 月初一个晴朗的夜晚，3 名阿富汗男子和 1 个男孩跳下一辆白色卡车，消失在黑暗之中。当美军的直升机旋翼在空中扬起漫天灰尘时，他们的衣服迅速鼓了起来。他们疯狂地向直升机挥舞着手臂，一群突击队员枪口朝前接近了他们。

距此 40 英里以北，坎大哈机场已经被炸得面目全非。在航空站旁的一座临时行动中心里，特别行动队正通过大屏幕观看中情局无人机传来的视频。这次特别行动的指挥官是海军上尉罗伯特·哈沃德，他拿起一部电话，拨通了科威特上级的号码，告诉后者，他们抓获了数名俘虏。后来他又补充道：“美国正在追捕的塔利班头目穆拉·凯克瓦已被监禁。”

电话的另一端半天没吭声。最后，科威特的保罗·米科拉谢克中将开了口。

“如果他们不是我们要抓的人，”他问，“你们能将其送回原地吗？”

哈沃德满脸困惑地看了看行动中心里的其他官员。他深吸一口气，然后强压怒火，向米科拉谢克将军保证，如果有这个必要，刚刚被戴上手铐并被押进直升机准备送往坎大哈的囚犯可以被送回他们被捕的最初地点。

哈沃德并不清楚情况。米科拉谢克刚刚得知，直升机里头的并不是塔利班的内政部长穆拉·凯克瓦和他的助手。因为他们刚刚才驾驶着另一辆白色卡车，穿越边境进入巴基斯坦。中情局完全清楚这一点。

在阿富汗的战争进入第四个月后，大批美军进驻该国。新政府刚在喀布尔站稳脚跟，穆拉·凯克瓦就开始与新任阿富汗总统同父异母的兄弟艾哈迈德·瓦利·卡尔扎伊开展了长达数日的谈判，希望投降成为中情局的一名线人。卡尔扎伊已经被中情局收买，几年后，这位盟友将成为中情局与军方在喀布尔冲突的导火索。中情局捎话给穆拉·凯克瓦称，如果他弃甲倒戈，他将不会受到美国的追捕，也不用在新建的关塔那摩监狱里长期服刑。

然而，几天的谈判下来，穆拉·凯克瓦还是不知道他是否可以信任美国人。于是他打电话给塔利班指挥官，告诉后者他正计划逃往巴基斯坦。但这次通话被美国军方的情报机构截获，情报人员向米科拉谢克作了汇报，后者立即转告坎大哈的哈沃德上尉，要求后者在这位内政部长穿过边境之前将其抓获。于是，在中情局“捕食者”无人机的指引下，几架军方的直升机立即起飞向南进发。

但中情局却另有打算。阿富汗战争使中情局不得不与巴基斯坦的情报机构三军情报局密切合作，因此中情局的官员认为，他们可以让巴基斯坦的间谍捉拿穆拉·凯克瓦，并说服后者成为中情局的线人。更何况，逮捕这名巴基斯坦的塔利班领导人至少可以让伊斯兰堡向华盛顿表示出一些诚意。

军方的直升机从坎大哈起飞不久，中情局的无人机就停止了对凯克瓦所乘坐卡车的追踪，直升机中的突击队员失去了目标。于是，特别行动队指挥部的情报官员立即拿起电话，要求恢复“捕食者”的监视行动。几分钟后，中情局的第二架无人机抵达现场，开始跟踪另一辆白色卡车。

就在中情局指引直升机中的突击队员接近错误目标时，穆拉·凯克瓦及其随行人员迅速穿过斯平布尔达克沙漠地区的边境，进入了巴基斯坦。数日后，由于招安凯克瓦的几轮谈判毫无进展，巴基斯坦的间谍包抄了他位于杰曼村的藏身地点。随后，巴基斯坦间谍将这名塔利班领导人转交给巴基斯坦基达市的中情局官员。穆拉·凯克瓦立即被解往古巴的关塔那摩湾，并成为该岛的第一名囚犯。

至于被误抓的 3 名男子和 1 个男孩，他们先是被关进了坎大哈的拘留所。接着，他们再次被带进直升机，向南飞行了 40 英里。他们的卡车仍然停在遭到美国直升机突袭时的地点。在了解了事情真相之后，军方将这几名阿富汗人送上卡车，并赠送给他们几箱军用即食食品。出于对他们信仰的尊重，军方取出了其中包含猪肉的食品。

第2章

阴影重重的“美巴联姻”

THE WAY OF THE KNIFE

The untold story of USA’s secret war

在大棒和糖果的压力之下，巴基斯坦搭上了美国的反恐贼船，从此展开了一场“政治联姻”。它将“盟友”塔利班出卖给美国，换来大笔援助资金。孰料美国反恐不如意，巴基斯坦也因出卖行为惹来塔利班血腥报复。美巴两国之间相互埋怨，积怨日深。这桩基于金钱与压力的“政治联姻”，保质期到底能有多长？

THE WAY OF THE KNIFE

The untold story of USA's secret war

巴基斯坦在对待这类（反恐）问题时向来黑白分明。

——巴基斯坦三军情报局局长马赫穆德·艾哈迈德中将

中情局在弗吉尼亚州密林间有一座被称为“农场”的训练基地，从这里走出了几代的中情局高官。在那里，他们学会了间谍生涯第一课：“世界上不存在所谓的友好情报机构。为了能够刺探到情报，你可以尽情地渗透其他国家的间谍机构，或收买他们的间谍人员。”在联合行动中，外国情报机构固然很有用，但绝不能完全信任。一项行动越依赖双方的联络，这项行动就越可能前功尽弃。

这种观点在冷战时期不无道理，因为当时中情局唯一的职能就是开展传统的间谍活动，窃取苏联等国的机密。兰利的高层清楚，苏联也正试图对美国开展同样的活动。他们知道，莫斯科在外国情报机构中安插着卧底，以便获取美国的机密。但近年来，为了更好地进行反情报行动，中情局与外国间谍机构走得越来越近。他们急于弄清别国的情报机构打入中情局有多深，并揪出那些深藏不露的“鼹鼠”。

但是，反恐战争迅速改变了间谍游戏的规则。中情局的首要任务不再是窃取外国政府的情报，而是追踪并狙杀恐怖分子。这项新任务急需有关恐怖分子的详细情报，而不在乎获得这些情报的手段。其结果是，中情局越来越依赖那些掌握了恐怖组织档案的外国情报机构。因为急于获得有关下一场恐怖袭击的情报，中情局寻找盟友的行动显得有些饥不择食。在“9·11”袭击后的第一年里，中情局与一些残暴的间谍机构越走越近，其中包括叙利亚的穆卡巴拉与约旦情报总局。

这些国家的领导人乐于与美国讨论反恐战争，因为这对他们来说是个渔利的好机会。例如，2001年10月初，在开罗的一次晚宴上，埃及总统胡斯尼·穆巴拉克曾告诫美国国防部长拉姆斯菲尔德：炸弹不会给美国的反恐战争带来任何益处，美国应当“把资金用于收买阿富汗境内的盟友”。他夸大其辞地向拉姆斯菲尔德表示：“‘为了拯救世界’，美国有必要开展反恐战争。”

美国的反恐大船，上还是不上？

在这场战争中，中情局与巴基斯坦三军情报局的关系显得尤为重要。数年来，这两者之间关系宛如一场失败的婚姻：双方互不信任，但又难以彻底分道扬镳。

实际上，这两个情报机构的离合无异于美国与巴基斯坦双边关系的缩影。20世纪80年代，美国与巴基斯坦的间谍向阿富汗运送枪支，共同训练当地的游击队员，教授他们击落苏联直升机的方法，但这种密切关系在20世纪90年代趋于崩溃：苏联撤退后，美国对阿富汗失去了兴趣。作为对巴基斯坦开展秘密核项目的惩罚，华盛顿对伊斯兰堡实行了严厉的制裁。在巴基斯坦，随着塔利班的兴起，这群来自阿富汗南部的普什图族部落成员成了制衡北方联盟（阿富汗境内的军事政治联盟组织，它将很多互相敌对的阿富汗的军事派别联合起来，共同抵抗塔利班。——译者注）各个派系的重要力量，而后者长期以来一直得到印度的支持。

塔利班组织虽然举止怪异，性情狂热，但巴基斯坦的三军情报局仍将其视作自己的普什图族盟友，以防止北方联盟接管阿富汗，并在巴基斯坦西部边境建立起印度的傀儡政权。这是伊斯兰堡一直以来都最为担心的事情。此外，巴基斯坦军方也认为，是塔利班帮助阿富汗赶走了苏联人，因此他们有权对喀布尔政府施加影响。

巴基斯坦情报部门不仅向塔利班提供资金援助，而且对其提出了军事战略上的建议。加上华盛顿切断了对伊斯兰堡的巨额援助，因此，在20世纪90年代，当美国驻伊斯兰堡官员要求三军情报局对喀布尔的塔利班政府施压，令后者交出本·拉登时，他们发现手中已经没有了任何筹码。1998年底，在“基地”组织炸毁了美国驻肯尼亚与坦桑尼亚大使馆后，美国对伊斯兰堡施加了更大的压力，但三军情报局依然无动于衷。于是，驻巴基斯坦的美国官员向华盛顿拍发了一系列电报，详细叙述了他们遭受到的冷遇。1998年12月，美国国务院收到了一封来自伊斯兰堡的电报，电报的标题简明扼要：“奥萨马·本·拉登：巴基斯坦似乎不愿提供帮助。”一名美国将军在会见未来的三军情报局局长艾山·乌尔·哈克将军提到了本·拉登的名字，这位巴基斯坦的将军顿时火冒三丈。

“我无法理解，你们美国人为什么要这样死盯阿富汗！”他恶声恶气地嚷道。

1999年，巴基斯坦发生了军事政变，佩尔韦兹·穆沙拉夫将军出任总统，马赫穆德·艾哈迈德接管了三军情报局。新局长对塔利班的同情也同样毫不掩饰。有一回，当军方的一名分析人员向穆沙拉夫总统表示，巴基斯坦对塔利班的政策有损于该国在其他国家的声誉时，他对这名分析师申斥道：“塔利班代表着阿富汗的未来。”

2001年9月11日早晨，三军情报局局长艾哈迈德将军正在华盛顿的一间秘密会议室里会见众议院常设情报特别委员会的成员。艾哈迈德身材矮壮，留着一口浓密的白色胡须，胡须甚至盖住了半个脸颊。当天上午，他与共和党领袖波特·戈斯友好地交换了意见。为了取悦戈斯，他谈到了美国内战中一些少有人知的事实。此前，戈斯曾将一本有关美国内战的书籍包装起来，准备作为礼物赠送给艾哈迈德。但双方的寒暄很快被打断，几名委员会成员冲进会议室，通知众位议员和三军情报局局长，第二架飞机撞上了世贸中心。"艾哈迈德顿时面如死灰。"戈斯回忆道。这位巴基斯坦间谍首脑立即借故离开，跳上在外面等候的大使馆专车。那本准备送给他的新书还没来得及打开，仍然放在会议室的桌上。

次日清晨，艾哈迈德将军打电话到副国务卿理查德·阿米蒂奇的办公室，而后者此时也顾不得任何外交礼仪。前一天晚上，布什总统宣布，美国将对所有恐怖分子及其包庇者一视同仁。因此，阿米蒂奇毫不讳言地指出了三军情报局面临的困境："巴基斯坦面临严峻的选择，要么支持我们，要么反对我们！"

阿米蒂奇表明，这个选择黑白分明，不存在任何灰色地带。阿米蒂奇的直率让艾哈迈德感到十分不快。他答道，虽然长期以来一直有人指责巴基斯坦与恐怖分子"沆瀣一气"，但这纯属诬蔑。他的祖国会毫不犹豫地支持美国，他向阿米蒂奇保证："巴基斯坦在对待这类问题时向来黑白分明。"阿米蒂奇则警告说，美国正着手拟定一份需求清单，而这份清单很可能会导致伊斯兰堡作"深刻反省"。

次日，双方谈到了中情局与三军情报局的联姻事宜。阿米蒂奇告诉艾哈迈德，美国希望巴基斯坦做到如下要求：

★ 不限制美国进入巴基斯坦领空，并在巴境内开展军事与情报行动；

★ 不限制美国进入巴基斯坦与阿富汗边境山区的所有港口、机场和军事基地；

★ 三军情报局应向中情局递交其掌握的有关"基地"组织的所有情报。

艾哈迈德向阿米蒂奇保证，他会将这份需求清单转交穆沙拉夫总统。但巴基斯坦希望美国有所回报，他说，美国必须补偿巴基斯坦在支持打击“基地”组织的行动中所蒙受的损失。如果让巴基斯坦反对塔利班，同意在西部边境发动战争，美国就需要对其做出补偿。

“9·11”袭击发生后，美国与巴基斯坦之间的合作几乎注定要失败：美国坚持认为自己有权在巴基斯坦境内发动秘密战争，而伊斯兰堡方面则希望从华盛顿那里获得更多资金作为回报。穆沙拉夫接受了美国开出的大部分条件，但为美国飞机进入巴基斯坦领空设定了限制，他担心美国有可能借机对巴基斯坦的核设施进行空中侦察。此外，他还拒绝了美国使用巴基斯坦军事基地的要求，仅允许美国的军事人员驻扎在两座空军基地：俾路支地区西南的沙姆斯和信德省北部的雅各布阿巴德。最后，华盛顿与伊斯兰堡都感到得不偿失，并且开始相互指责与怨恨。数年后，这种积怨终于爆发。

穆沙拉夫知道，华盛顿的措辞虽然冠冕堂皇，但却含糊不清。作为一名戎马倥偬大半生的军人，他在权衡利弊时就像在进行一场战争演习。后来，穆沙拉夫在回忆录中写道，如果他选择保护塔利班，美国就会将巴基斯坦视作恐怖政权并发动袭击，削弱其军事能力，扣押其核武器。印度已经为阿富汗战争让出了自己的基地，穆沙拉夫清楚，美国很快就会从印度北部的阿姆利则开始执行战斗任务。美国的轰炸机将从巴基斯坦的领空急驰而过进入阿富汗，并在投掷了致命武器后原路返回。更为糟糕的是，印度可能借助美国的支持，趁机在克什米尔地区发动攻势。长期以来，巴基斯坦一直与美国结盟对抗印度及其宿敌俄罗斯。假如这种状况一直持续下去的话，那么南亚的战略平衡将会被打破，而巴基斯坦也将沦为一个一败涂地、穷困潦倒的弃儿。

9 月 19 日晚，针对华盛顿的要求，穆沙拉夫向巴基斯坦人民宣布了他的回应。他虽然一身英挺戎装，但在与军方将领、政府官员、宗教领袖以及美国外交官召开了一系列会议之后，他的面容变得憔悴不堪。在发表电视讲话时，他既没有鞭挞"基地"组织与塔利班，也没有谴责"基地"对世贸中心与五角大楼的袭击。反之，他用狭隘的民族主义语言宣称，他做出这一决定是为了帮助美国。这位将军总统说道："印度已经承诺全力支持华盛顿，而且新德里方面还表示，'如果阿富汗的政权出现更迭，新一届政府将是反巴基斯坦的政府'。"讲话的最后，穆沙拉夫提到了4件对巴基斯坦最为重要的事情：边境安全、克什米尔、经济复苏以及"战略资产"的安全。

其中最后一项不只是指巴基斯坦为了摧毁印度而制造的核武器，因为巴基斯坦军方还有其他的"战略资产"需要考虑。2001年，阿富汗的塔利班组织和贾拉勒丁·哈卡尼领导的民兵组织都被视为巴基斯坦国防的关键因素。穆沙拉夫在讲话中明确表示，他仍然认为塔利班是对抗印度的重要堡垒。因此，他逼迫阿富汗塔利班领导人穆拉·奥马尔交出本·拉登，并且告诉人民，这种做法是为了"保证阿富汗和塔利班可以在不遭受任何损失的情况下"摆脱危机。

给美国入侵阿富汗放行

但事情并不总是非黑即白。"9·11"袭击发生一周后，穆沙拉夫仍然希望塔利班政府不要垮台。随后，布什总统在参众两院联席会议上谴责塔利班"协助与煽动屠杀"。华盛顿始终认为，在布什政府的赌局上，穆沙拉夫已经亮出了所有底牌，并为此感到欣慰。事实上，他所采取的战略远非如此，但直到阿富汗战争持续了逾10年后，很多美国官员仍然难以分辨其中的差异。

三军情报局不希望看到另一场残酷的阿富汗战争，尤其不希望北方联盟的塔吉克人与乌兹别克人取代塔利班主宰阿富汗。在返回伊斯兰堡后，三军情报局局长艾哈迈德将军恳请美国大使温迪·钱伯林不要为了报复而发动战争。艾哈迈德表示，只有通过谈判才能在阿富汗取得真正的胜利。他说：“如果没了塔利班，阿富汗将会恢复到军阀割据的状态。”

为了说服塔利班领导人穆拉·奥马尔交出本·拉登，艾哈迈德将军乘坐从中情局借来的一架飞机奔赴坎大哈。奥马尔曾在苏联入侵阿富汗战争（1979 ~ 1989 年，苏联武装入侵阿富汗，与阿抵抗力量之间展开的一场侵略与反侵略战争。结果以苏联被迫接受《日内瓦协议》而告终，此次战争被认为是苏联外交政策的重大失败。——译者注）中担任一名指挥官，并在战争中失去了一只眼睛。他讥讽艾哈迈德将军只不过是布什政府的听差，并言辞尖刻地斥责了三军情报局这位长期以来的金主：“你想讨好美国人，而我想讨好上帝。”

中情局内部对阿富汗战略从一开始就意见不一，而兰利总部与驻伊斯兰堡官员之间的分歧也越来越大。反恐中心主任科弗·布莱克主张立即武装北方联盟，开始向南方的喀布尔推进，但伊斯兰堡站长罗伯特·格雷尼尔极力反对。他警告说：“武装一个由印度与俄罗斯支持的民兵组织，只会立即摧毁美国与巴基斯坦之间历经数年猜忌才建立起来的融洽关系。”“9·11”袭击发生 3 周后，当中情局官员前往五角大楼参加华盛顿、伊斯兰堡与美国在坦帕的中央司令部召开的视频会议时，这种内讧愈演愈烈。

在视频会议期间，格雷尼尔表示，北方联盟应当暂缓开展任何地面攻势，好让三军情报局有更多时间迫使塔利班交出本·拉登。支持北方联盟只会导致另一场血腥的阿富汗内战，格雷尼尔说：“从目前的情况来看，一场空袭就足以迫使塔利班参加谈判。”但反恐中心的官员汉克·克伦普顿表示，格雷尼尔的看法过于天真。科弗·布莱克曾经任命克伦普顿负责中情局在阿富汗地区的战争事宜。他认为，格雷尼尔只考虑到三军情报局的处境，显然是厚此薄彼。会议结束后，克伦普顿告诉拉姆斯菲尔德，格雷尼尔的看法大错特错。

格雷尼尔的确是过分关注三军情报局，并为此感到担忧，但这种担忧并非毫无道理。数周来，三军情报局的官员暗中向中情局在伊斯兰堡的人员表示，阿富汗内战可能会导致局面失控，打破该地区的微妙平衡，甚至导致印度与巴基斯坦在阿富汗打响一场全面的代理人战争。

2001 年 9 ~ 10 月，由于谈判久拖不决，中情局开始暗中向阿富汗派遣准军事暗杀小组，以便与北方联盟麾下的军阀取得联络。与此同时，大量有关恐怖威胁的情报接踵而至，从中情局在中东和南亚的驻地涌向中情局反恐中心。2001 年 10 月 5 日，也就是美国对阿富汗进行首次轰炸的 2 天前，阿米蒂奇向温迪·钱伯林大使发去一封密电，请求她立即与艾哈迈德将军举行会晤。他希望由艾哈迈德向穆拉·奥马尔传达这样一条简单的信息："如果另一场恐怖袭击与阿富汗有关，美国的回应将是毁灭性的。塔利班政权的每一根支柱都将被摧毁。"

阿富汗战争(2001 年阿富汗战争是以美国为首的联军在 2001 年 10 月 7 日起对阿富汗盖达组织和塔利班的一场战争，该战争是美国对"9·11"事件的报复，同时也标志着反恐战争的开始。——译者注)打响的次日，穆沙拉夫解除了艾哈迈德三军情报局局长的职务。中情局在华盛顿的领导人多次施压，要求巴基斯坦解雇艾哈迈德将军，由艾山·乌尔·哈克将军代替。这个选择毫无争议。哈克为人温文尔雅，当时是白沙瓦陆军军团的首领，也是 1999 年支持穆沙拉夫上台的军事领导人之一。与艾哈迈德不同的是，他并不偏袒塔利班。几周后，他与穆沙拉夫一同出现在联合国，这也是穆沙拉夫和布什自"9·11"袭击后首次举行会晤。会上，他们讨论了美国在阿富汗的行动计划。

为了筹备这次会议，国务卿柯林·鲍威尔为布什总统准备了一份备忘录，赞扬穆沙拉夫，并明确表示巴基斯坦政府已经"放弃了塔利班"。"'9·11'事件发生后，穆沙拉夫总统冒着巨大的政治风险，决定与美国通力合作，一举扭转双方陷入停滞的关系。”备忘录的开头如此写道。从事后来看，鲍威尔的分析过于天真，他所说的正是美国官员们希望听到和相信的内容。穆沙拉夫并没有彻底改变巴基斯坦的外交政策，而是沿袭了前总统穆罕默德·齐亚·哈克在 20 世纪 80 年代与美国敲定的很多政策。穆沙拉夫将帮助美国得到他们在阿富汗想要得到的东西，而巴基斯坦也将借此获得可观的回报。

穆沙拉夫未能阻止阿富汗战争的爆发，但他希望美国速战速决，尽快离开巴基斯坦的邻国。这也是他在联合国传达给布什的信息：“你可以采取一些手段将奥萨马·本·拉登及其追随者驱逐出阿富汗，但美国最不应该做的就是在阿富汗长年停留。”

事实证明，不只是巴基斯坦人严重误导了美国人，美国人也同样误导了巴基斯坦人。“9·11”袭击发生后的几个月内，三军情报局向巴基斯坦驻华盛顿及世界各地大使馆发出了一系列密电。该情报机构的分析人员认为：“自从苏联从阿富汗撤军后，华盛顿对后者已经失去了兴趣。由此可见，美国现在的目的是打败‘基地’组织，而不是在阿富汗长期驻军。”这也是阿萨德·杜拉尼将军的看法，这名退役的巴基斯坦中将曾在 20 世纪 90 年代掌管着三军情报局。2001 年底，当三军情报局开始向巴基斯坦驻各国大使馆发送密电时，杜拉尼正在沙特阿拉伯担任大使。数年后，杜拉尼回忆道，美国在阿富汗开展的新型战争“似乎是一件一蹴而就的事情”。

巴基斯坦方面仍然希望美国能够尽快撤军。2001 年 11 ~ 12 月，他们与阿富汗的部落首领举行了一系列秘密会议，以确定塔利班及其追随者还能坚持多久。在其中一次会议上，新任的三军情报局局长艾山·乌尔·哈克将军在伊斯兰堡会见了贾拉勒丁·哈卡尼。哈克将军希望借机判断这位瘦小枯干的军事领导人对“基地”组织有多忠诚。在抗击苏联时，贾拉勒丁·哈卡尼曾经是中情局在阿富汗最强大的同盟，但后来他向“基地”组织宣誓效忠，并以他的老巢北瓦济里斯坦的米兰沙赫为中心，建立起了一个庞大的犯罪帝国。

从这次会议可以看出，哈卡尼显然不会投诚。他告诉哈克将军，美国入侵阿富汗与当年的苏联入侵毫无二致。哈卡尼的预言令人不寒而栗。他认为，这场新型战争将像上一场战争那样逐渐展开。他无法阻止美国的轰炸机，而美国最终会向阿富汗派遣大批地面部队。如果真走到那一步，那他哈卡尼，将有资格和美国平起平坐。

根据哈克将军回忆，哈卡尼继续说道，他们可以占领城市，但无法占领山区。“所以我们可以转向山区继续抵抗，就像当年我们抵抗苏联那样。”

有关哈卡尼出现在伊斯兰堡的消息很快就传到了美国大使馆，伊斯兰堡站长罗伯特·格雷尼尔立即拜访了哈克将军，以探听更多消息。哈克承认，哈卡尼不仅来过首都，而且还与他会过面。哈克解释说，他之所以没有通知中情局，是因为这次会面毫无成效。

“我想他帮不上什么忙。”哈克说。

美巴联手，连杀“基地”数员大将

虽然穆沙拉夫任命了另一位将军为三军情报局局长，但他对军队内部极端分子的清洗也仅限于此。在哈克将军接管这个情报机构的同时，穆沙拉夫委任好友阿里·扬·奥拉克扎伊接替哈克掌管白沙瓦的陆军军团。长期以来，奥拉克扎伊一直对塔利班表示同情。

白沙瓦是巴基斯坦西北边境省的首府，也是一座熙熙攘攘的闹市。西北边境省是由英国在英阿战争（即英国与阿富汗两国于阿富汗国境内所发生的战争，英阿战争发生过三次，第一次为1839～1842年，第二次则发生于1878年，第三次发生在1919年。——译者注）后命名的，因为该省位于英国“安置”区域的外沿。在白沙瓦，奥拉克扎伊将军的任务是监管联邦政府直辖的部落地区，在那里，气候恶劣、层峦叠嶂，由瓦济里和马哈苏德部落的狂热分子控制，政府的文书到那儿基本都成了空文。

在这一地区处于英国统治之下时，英国人未能成功将其驯化，并在最终选择放弃。1897 年，年仅 23 岁的记者温斯顿·丘吉尔与英国的马拉坎德野战军一起来到印度。在 6 个星期的时间里，他向《每日电讯报》发送了大量新闻稿件，描述那里白雪皑皑的群山，“绵延起伏，宛如大西洋奔腾不息的波浪，而远方雪山晶莹剔透的峰顶，就像滔天的白色巨浪一样高耸入云”。

丘吉尔继续写道：“沛雨甘霖冲刷着山岭四周的土壤，山上河道密布，到处都裸露着远古时代的黑色岩石。”如今，白沙瓦与丘吉尔笔下的景象并没有太大不同，部落地区的人们仍然对外来者充满了警惕和怀疑。这位未来的英国首相看到，这里的人们“对内同室操戈，对外同仇敌忾”。

奥拉克扎伊是 1999 年军事政变的参与者之一，因此穆沙拉夫对他的忠诚深信不疑。据记载，奥拉克扎伊突然出现在前总统纳瓦兹·谢里夫的家中，用枪指着他的脸说，军方正着手接管巴基斯坦。由于从小生长在部落地区，奥拉克扎伊十分清楚，巴基斯坦军队所接受的训练，尚不足以开展即将执行的任务。他告诉穆沙拉夫，他怀疑很多外国“基地”组织成员已经越过边境，流窜到巴基斯坦。

但在伊斯兰堡的中情局官员持有不同看法。就在巴基斯坦军队进入部落地区几个月后，中情局官员开始定期向三军情报局发送有关阿拉伯武装分子在山区下落的报告，但奥拉克扎伊将军的侦察队却一无所获。中情局驻伊斯兰堡站长格雷尼尔认为，奥拉克扎伊以及其他巴基斯坦官员担心，巴基斯坦军队进驻山区有可能引发部落暴动。他们不愿相信“基地”组织在巴基斯坦建立了新据点，而且这个所谓的“新据点”距离阿富汗的大本营不足100英里，并且还是“基地”组织策划“9·11”事件的地点。这一事实“着实令人为难”，格雷尼尔说。

在2004年退役前，奥拉克扎伊一直担任白沙瓦陆军军团的指挥官。数年来，他始终否认部落地区存在阿拉伯武装分子。2005年，他曾向一名记者表示，那种认为本·拉登可能藏匿在巴基斯坦的看法纯属猜测，因为他从未见过任何能够证明阿拉伯武装分子在部落地区开展行动的证据。奥拉克扎伊说，在巴基斯坦搜捕本·拉登和“基地”组织毫无意义。

但有人比他更了解当地的情况。“9·11”事件发生时，阿萨德·穆尼尔准将刚刚担任三军情报局驻白沙瓦站长。没过多久，美国人就陆续抵达白沙瓦。一开始只有十几人，由于市区内的美国领事馆已经加强了防御，他们很快就在那里安顿下来。2001年底，他们开始与巴基斯坦的情报人员合作，共同追捕逃离阿富汗的“基地”组织成员，并找到了阿萨德·穆尼尔将军。

“在此之前，我还没有遇到过中情局的人。”穆尼尔回忆道。他的指间夹着一支本森·赫奇斯牌的香烟，烟雾模糊了他的面庞，让他看起来就像宝莱坞电影中一位饱经沧桑的军事首领。他略带伤感地回忆起“9·11”袭击后不久的情况，当时美国与巴基斯坦的间谍人员都面临着同一个敌人。

“我们就像朋友一样。”

一开始，以中情局基思为首的美国官员对穆尼尔以及三军情报局的大部分情报人员都心存疑虑。穆尼尔说，两周以后，这些美国官员就打消了心中的疑虑。白沙瓦位于巴基斯坦西部边境，中情局可以在那里建立大型基地。

2002年年中，中情局已经将当地的美国领事馆变成了开展间谍活动的大本营。他们搬来了新的计算机，在屋顶架设天线，一些以外交活动作为掩护的秘密行动人员也陆续抵达。实际上，这座领事馆已经成了美国的一个间谍中心。

穆尼尔还记得，白沙瓦来了一些“技术人员”。但他并不知道，这支技术队伍隶属于五角大楼一个代号为“灰狐”的秘密部门，该部门位于弗吉尼亚州的贝尔沃堡，正式名称为“陆军情报支援处”，其职责是向世界各地派遣秘密行动人员，利用专门设备监控和拦截通讯系统。这支队伍抵达后，美国与巴基斯坦情报部门用于在白沙瓦与部落地区追捕“基地”组织成员的可疑手机号码数据库迅速扩大，从 12 个增加到 100 个，再从 100 个增加到 1 200 个。被监控的手机机主包括阿尔及利亚人、利比亚人、沙特阿拉伯人，以及其他无论中情局还是三军情报局都闻所未闻的嫌疑人。这份名单开始“疯狂地扩大”，穆尼尔这样形容道。穆尼尔与美国人追踪的大多数外国人是在 2001 年 12 月至 2002 年 4 月之间为了躲避美国对阿富汗东部托拉博拉与沙希科特谷的空袭而进入巴基斯坦的。他们大都是阿拉伯人、乌兹别克人、车臣人以及其他中亚国家的居民。一些人希望返回波斯湾的阿拉伯故土，另一些人只是与当地的普什图族妇女通婚后才选择在这里安身扎根。

在白沙瓦，三军情报局与中情局的特工每天都会筛选大量拦截电话的笔录，并根据这些情报制定突袭计划，追捕白沙瓦及其周边的武装分子。但从拦截电话中获得的情报也仅限于此，由于掌握的信息十分有限，有时候，在捉拿嫌疑人时，白沙瓦的间谍不得不采取非常手段。2003 年 6 月，情报人员追踪到一个名叫阿迪勒·哈迪·雅扎里的阿尔及利亚间谍正在白沙瓦附近的大型公共游泳池内游泳。赶到现场后，他们发现游泳池里竟然有 100 多号人。因为没有雅扎里的照片，他们不知道逮捕哪一个。于是，三军情报局的一名特工拨通了被怀疑属于雅扎里的号码。只见一个满脸络腮胡须的男子游向岸边，拿起了正在响的手机。一队白沙瓦警察立即冲了过去，将落汤鸡一样的雅扎里生擒活捉。

事有凑巧，他们逮捕的是一名双面间谍。他们并不知道，雅扎里效力于英国的军情六处，负责打入“基地”组织。随后，这名阿尔及利亚人被送往关塔那摩湾，而英国情报机构则白白损失了一名间谍。

数年后，穆尼尔仍然恪守规定，对很多间谍秘闻都守口如瓶，并希望美国的同行也遵照执行。他认为，巴基斯坦与美国的间谍机构曾经互相尊重，甚至在某种程度上彼此信任。穆尼尔说，那是一段“令人非常愉快”的时间。但他深知，经过几年的相互猜疑，这种情况再也不可能出现。

阿萨德·穆尼尔与中情局官员在白沙瓦成功地开展了一系列行动，并在巴基斯坦的其他城市逮捕了本·拉登的高级头目，其中包括哈立德·谢赫·穆罕默德与拉姆齐·比纳什布。因此，布什政府的高级官员认为，双方的合作已经初见成效。在巴基斯坦被捕的“基地”组织成员被送往阿富汗、泰国、罗马尼亚以及其他允许中情局建立秘密监狱的国家。为了赢得伊斯兰堡的支持，中情局向三军情报局提供了数百万美元的援助。一些巴基斯坦人看到，这是一桩有利可图的买卖。在伊斯兰堡，有人甚至开玩笑说，三军情报局每协助抓获一个恐怖分子，就会在名单上再增加两个，以便继续敲诈美国。

正如阿萨德·穆尼尔所言，2001 年，三军情报局曾经野心勃勃地希望继续维持与阿富汗塔利班和“哈卡尼网络”的关系，但这种战略在 2003 ~ 2004 年间已经发生了转变。巴基斯坦希望利用这些集团，让战后的阿富汗朝着有利于巴基斯坦的方向发展。事实证明，巴基斯坦最初的分析是错误的，阿富汗战争并没有一蹴而就。此外，在巴基斯坦军方和情报界看来，布什政府 2003 年入侵伊拉克的决定足以证明，华盛顿已经对阿富汗失去了兴趣，并将再次从一团混乱中撤军。因此，巴基斯坦必须明哲保身。

穆尼尔说：“美国人在没有任何整体计划的情况下来到了阿富汗，

他们不知道怎么进入，也不知道如何撤出。当时他们感兴趣的不是塔利班，他们真正关注的是‘基地’组织。”

他继续说道：“我们已经改变了最初的看法，美国人不会确保阿富汗的安全，他们迟早会离开，而我们将不得不与阿富汗人共处。”

说到这里，他停下来抽了一口烟，接着说道：“我们有我们自己的利益和安全上的考虑。”

——★ 第3章 ★——

“斗篷与匕首”是怎样炼成的?

THE WAY OF THE KNIFE

The untold story of USA’s secret war

英国曾发行过一部颇令人震惊的纪录片——《638种方法暗杀卡斯特罗》,暗讽中情局热衷暗杀他国领导人。“暗杀”似乎成了中情局的代名词，更别提绑架、滥用酷刑、操纵政变等劣行了。然而，这样一个劣迹斑斑的机构却为何一直屹立不倒?它又是如何一步步地从情报机构沦为杀戮机器的?

THE WAY OF THE KNIFE
The untold story of USA's secret war

我们当然不需要一支通过在世界各地建功立业而获得军功勋章，或者升迁的秘密队伍。他们的行动活动是自发产生的。

——参议员弗兰克·丘奇

谁养成了 CIA 的“嗜杀症”？

不久之前，中情局曾经终止了猎杀行动。

20 世纪 70 年代，罗斯·纽兰从研究生院毕业，随后就加入了中情局。在当时，中情局尚不热衷于在国外寻衅滋事。此前，国会曾对中情局自 1947 年成立以来所开展的秘密行动进行了调查，导致这个情报机构遭到了沉重打击。国会加强了对秘密活动的控制，中情局领导人也开始改过自新，恢复了传统的间谍活动——窃取外国政府的机密，而不是推翻外国政权或者刺杀其领导人。

为了终止中情局在海外的冒险活动，吉米·卡特总统任命斯坦斯菲尔德·特纳将军出任中情局局长，准备好好整顿一下这个杀气腾腾的间谍机构。纽兰和其他同时期加入中情局的办案人员得知，如果继续开展猎杀行动，中情局将引火烧身。但是，在纽兰即将离开中情局之时，这个机构却重操旧业，再次开展夺命行动，热衷于充当美国的刽子手。对于这种做法是否明智，纽兰感到十分怀疑。

中情局在成立之初的职责相对简单：搜集与分析有关情报，以便总统了解美国面临的最新威胁。杜鲁门总统并不希望中情局发展成为美国的秘密军队，但 1947 年《国家安全法》中一项言辞含糊的条款授权中情局履行“与危及国家安全的情报作斗争的职责”，美国总统利用了这一“秘密行动”的授权，派遣中情局开展蓄意破坏、宣传战、竞选操纵与刺杀等行动。

批评人士从一开始就提出了质疑，认为美国不需要成立一个独立于国防部之外的间谍机构。在为这个机构的独立性进行辩护时，中情局历任局长均指出，他们拥有五角大楼所不具备的东西：一支在海外开展秘密行动的专业队伍，方便美国在暗中进行操纵。

他们声称，由于中情局直接对总统负责，因此能够比军方更加迅速、也更隐秘地执行总统的命令。实际上，白宫主人已经开展了成百上千次秘密行动，尽管结果常常令人遗憾。人们的记忆转瞬即逝，每 4 年或 8 年就有一位新总统入主白宫，因此同样的模式在 20 世纪下半叶一次又一次重演：总统批准中情局执行秘密行动，行动曝光后国会展开棘手的调查，兰利开始收敛与反省，外界指责中情局明哲保身，再次开展秘密行动。

有时候，这种循环从新总统上任之际就开始了。在就职后的第一个星期，约翰 ·F. 肯尼迪总统就告诉顾问，他认为中情局在越南表现得不够积极主动，因此中情局主导发起了一场打击河内政府的秘密战役。这场战役最终演变成当时规模最大和最复杂的秘密行动。

中情局在执行暗杀活动时的摇摆态度可以追溯到其前身战情局。战情局成立于 1942 年，由性格暴躁的威廉 · 约瑟夫 · 多诺万执掌。战情局首先是一个准军事组织，其次才是一个间谍机构。在二战期间，多诺万负责破坏铁路、炸毁桥梁以及武装欧洲战场的抵抗力量。但战争快结束时，面对训练刺客暗杀纳粹领导人的可怕任务，即使是多诺万也有些畏缩不前。1945 年，战情局对大约 100 名国防军的逃兵进行了训练，以追捕纳粹德国包括阿道夫·希特勒和赫尔曼·戈林在内的高官，以及所有上尉以上军衔的党卫军军官。然而，这支队伍并没有被派往德国，多诺万在写给手下的信中说道：“这种‘纯粹’的暗杀计划只会让战情局惹上麻烦。因此，我们的目标不应当是刺杀纳粹的高官，而是绑架和审讯这些人以获取情报。”但直到战争结束，绑架行动仍未启动。

数十年后，以爱达荷州参议员弗兰克·丘奇为首的参议院委员会对中情局展开了调查。丘奇委员会最初的调查重点是中情局在国内滥用职权的行为，例如非法窃听。但 1975 年初，福特总统曾漫不经心地向记者表示，如果深入挖掘，调查人员就会发现，中情局曾多次试图暗杀外国领导人。当他的这番言论被公之于众后，中情局的暗杀行动成了丘奇委员会的首要调查目标。

6 个月来，参议员们听说了中情局策划的大量阴谋，包括刺杀刚果总理帕特里斯·卢蒙巴以及在菲德尔·卡斯特罗的潜泳场所古巴海域安放爆炸性装置等。有一次，当委员会成员传看中情局研制的毒镖手枪时，参议员巴里·戈德华特一边查看准星，一边举枪对准了天空。虽然中情局局长威廉·科尔比极力澄清他们从未使用过这种武器，但戈德华特此举还是给人们留下了深刻的印象。在委员会的调查结束之前，福特总统签署了一道行政命令，禁止政府部门执行任何暗杀外国政府首脑或其他外国政治家的行动。

福特总统试图通过这道禁令对白宫的继任者予以约束，防止未来的总统轻易卷入秘密行动。丘奇委员会指出，中情局在早期从事的阴谋活动，例如发动政变和暗杀外国领导人，总能够得到白宫的支持。中情局的特点在于行事隐秘，而这正是吸引历任美国总统的地方。

参议员丘奇在调查委员会的结案报告中写道：“从事秘密活动的能力一旦确立，极少有总统会放弃使用这一隐秘武器，即使使用它会让他们承受巨大压力。”丘奇质疑，美国是否需要中情局。他认为，美国没必要保留一支仅听从总统调遣的“斗篷与匕首式队伍”（斗篷代表黑暗，匕首代表杀戮，斗篷与匕首代表的则是暗杀行动。——译者注）。像“避免核毁灭或挽救人类文明”这等紧急情况，国务院完全有能力开展秘密行动。

“伊朗门”丑闻始末

虽然丘奇未能如愿以偿，但在20世纪70年代末，也就是罗斯·纽兰从康涅狄格州的三一学院毕业时，中情局还是受到了一定的遏制。纽兰的父亲是一位跨国商人，他的大多数时间都是在拉丁美洲或西班牙度过，所以能讲一口流利的西班牙语。由于长期的耳濡目染，纽兰对国际事务兴趣浓厚，他希望自己能成为一名外交人员，但他却选择到伦敦政治经济学院攻读硕士学位。

1978年12月，在美国驻马德里大使的官邸内举行的一场假日聚会上，纽兰被中情局招募为特工。当时他刚从伦敦飞到马德里，探望住在当地的父母。聚会期间，一名50岁出头的男子走了过来，告诉纽兰他在大使馆工作。他们用英语和西班牙语闲聊了大约15分钟后，这名男子问纽兰，他是否愿意到花园的另一边进行深入交谈。

这个人就是中情局驻马德里站长内斯特·桑切斯。但是现在，这名传奇般的间谍已经步入了暮年。桑切斯是一名狂热的反共主义者，在中情局成立后不久就加入了这个间谍机构，并参与了丘奇委员会调查的很多秘密行动。他协助策划了1954年的危地马拉政变，推翻了危总统阿本斯·古斯曼，还曾将有毒的针剂伪装成钢笔，指使古巴间谍暗杀卡斯特罗。

桑切斯告诉纽兰，他有可能成为一名优秀的中情局办案人员，并向伦敦站推荐了纽兰。3个月后，纽兰坐在中情局总部一间空荡荡的办公室里，等待接受心理评估。随后，一名男子走进房间坐了下来，只问了纽兰两个问题：

> “你是在墨西哥长大的？”
> “是的。”
> “那肉馅玉米卷饼和炸玉米粉圆饼有什么区别？”

这个问题让纽兰大感困惑，但他还是作了详细解答。在就墨西哥食物作了简短的交谈后，纽兰礼貌地请求面试官尽快开始心理评估，因为接下来他还要参加另一个面试。

“面试官回答，‘不用了，你的面试到此为止。’”纽兰回忆道。然后，他就这样加入了中情局。

在从伦敦政治经济学院毕业后，纽兰于 1979 年 11 月 5 日正式成为中情局的一员，接受新人训练。就在当天，伊朗的学生袭击了美国大使馆。6 个星期后，大批苏联伞兵作为先头部队在喀布尔降落。在接下来的几个月里，数十万军队入侵阿富汗。这两起事件让中情局总部极为震惊，尤其是罗斯 · 纽兰所在班级的 53 名成员。中情局高层下令，除了那些熟练掌握非伊斯兰世界通用语言的学员，所有新人都将被派往中东或中亚执行任务。

因为纽兰会说西班牙语，所以他和其他十几名学员被排除在这次行动之外。当纽兰完成办案训练后，罗纳德 · 里根上台，中情局的工作重心转向拉丁美洲。

可卡因开始从边境地区流入美国，再加上中美洲的左翼游击队运动方兴未艾，里根政府感到十分不安。纽兰的导师内斯特 · 桑切斯当时已经离开马德里，接管了中情局的拉丁美洲处。在总部，桑切斯对纽兰的早期职业生涯进行了悉心指点，并派遣他参与了多次重要行动。

纽兰首先被派往当时全球的可卡因之都玻利维亚，奉命在贩毒集团内部发展线人。他大部分时间都在玻利维亚的低地活动，以美国商人的身份与圣克鲁斯城内的毒贩结交朋友。纽兰与他们一起喝酒、斗鸡，结识他们的妻子与情妇，一起开车到城外兜风，在城外破旧的平房内享用芒果菠萝鸭。

如果不是在圣克鲁斯，他就在玻利维亚的首都拉巴斯等待下一场政变的发生。中情局驻玻利维亚站长最引以为傲的事情是，他们曾在每一次政变发生前做出了准确的预言，因此不希望打破这一完美纪录。纽兰对自己所处的位置有着十分清醒的认识。他在玻利维亚任职期间，中情局在当地成功策划了一次军事政变，但《纽约时报》仅在内页用寥寥数语进行了报道。而对中情局发起的前 4 次行动，该报甚至只字未提。

里根政府承认，玻利维亚政府是美国打击贩毒活动的盟友。但在打入玻利维亚贩毒组织内部后，纽兰开始撰写有关拉巴斯高官腐败情况的报告，其中很多人都已被贩毒集团收买。内政部长甚至庇护数名毒枭，使他们免遭起诉，来换取豪宅、珠宝和现金等报酬。然而，美国驻拉巴斯大使却对纽兰的报告漠然置之。

对纽兰来说，玻利维亚的经历让他第一次意识到，华盛顿为一己之私而扶植腐败政府的行为有可能危及美国的长期利益，典型的例子就是打击玻利维亚的贩毒活动。他甚至开始怀疑，是否应当由中情局发起这场打击贩毒活动的战争。而里根政府之所以仅仅倚重中情局，是否因为这场肮脏的战争必须在暗中进行。20 年后，对于中情局在反恐战争中所扮演的角色，他提出了同样的疑问。

当纽兰被派往玻利维亚时，在中情局的行动指挥部，拉丁美洲处是一个相对冷清的部门。但它很快将成为中情局炙手可热的中心，很大程度上是因为该部门上层的人事变动。1981 年 6 月，内斯特 · 桑切斯离开中情局，前往五角大楼任职。他的继任者杜安 · 克拉里奇是一名老派间谍，喜欢喝杜松子酒，性格咄咄逼人，而这也正是新任中情局局长威廉·约瑟夫·凯西心中最满意的人选。

人称“杜威”的克拉里奇从小在新罕布什尔州长大，父母都是忠诚的共和党员。他的绰号来自纽约州的共和党州长托马斯·E. 杜威。1955年，在从布朗大学与哥伦比亚大学获得学位后，克拉里奇加入了中情局。他急于在冷战的每一条秘密战线上与苏联展开斗争。1981 年前，他曾经使用化名“杜威·马罗内”和“达克斯·普雷斯顿·勒巴伦”，扮作商人在尼泊尔、印度、土耳其和意大利卧底多年。

克拉里奇个性鲜明，喜欢穿白色西服，常在上衣口袋里插方巾，因此吸纳了一大批年轻的卧底人员。他经常把中情局的秘密活动比作“为总统进军”，但他热衷于开展秘密行动的做法有时候也会让国务院的外交官十分恼火。克拉里奇在罗马的上司理查德·加德纳大使甚至认为，前者为人“浅薄狡诈”。

1981 年返回华盛顿后，克拉里奇立即与中情局局长凯西打得火热。克拉里奇返回中情局总部的第一天，凯西就把他叫到办公室说，里根政府担心古巴和尼加拉瓜的桑地诺政府向中美洲，尤其是向萨尔瓦多“输出革命”。一周之内，克拉里奇就拿出了一项计划：

★ 把战火烧到尼加拉瓜；

★ 开始屠杀古巴人。

前战略情报局官员凯西与克拉里奇一拍即合。他告诉后者，立即起草一份机密决定，以便总统签署并授权中情局在中美洲开展秘密战争。虽然里根刚上任不久，但他已经加快了在拉丁美洲与阿富汗从事秘密活动的步伐，加强了对游击队的支持以抗击苏军。里根开始了新一轮的循环：“明哲保身”的中情局再次在海外发起了秘密战争。

克拉里奇无疑是负责中美洲秘密行动的最佳人选。他利用中情局的贿赂基金，为尼加拉瓜反政府武装购买枪支、弹药、骡子和重型武器，并与五角大楼的特种行动部队以及白宫国家安全委员会的助理奥利弗·诺斯通力合作，试图将反政府武装打造成一支游击队，借此分散桑地诺政府的精力，阻止其在美国后院扩大影响。但中情局对尼加拉瓜的预算微乎其微，克拉里奇和拉丁美洲处经常开玩笑说，航空母舰上的美国海军一个上午倒的垃圾也比中情局在尼加拉瓜一年的开销值钱得多。

罗斯·纽兰及其在中情局的很多同僚对中美洲战争的看法与当局大相径庭，但 1985 年，纽兰所在的拉丁美洲处成了里根时代秘密战争的中心。中情局曾暗中在尼加拉瓜开展行动，用水雷炸毁当地的海港。此举激怒了国会，议员们最终出台了新的规定，要求中情局将其秘密行动的计划告知情报委员会。几个月后，纽兰被派往哥斯达黎加。

这次爆炸行动是克拉里奇一边喝着杜松子酒一边抽着雪茄凭空设想出来的，他因此丢掉了拉丁美洲处负责人的职位，但随即接管了中情局在欧洲的秘密行动。

在哥斯达黎加，纽兰亲眼目睹了克拉里奇发起的秘密战争。当地的中情局官员负责在南方开展行动，而北方的行动由洪都拉斯的特工负责。虽然国会明令禁止里根政府支持尼加拉瓜的叛军，但中情局驻哥斯达黎加站长乔·费尔南德斯与白宫国家安全委员会的助理奥利弗·诺斯一起，继续向叛军输送补给。

纽兰的职责是渗入尼加拉瓜的政府部门，弄清该国政界与军界高官的计划与意图，这是传统的间谍工作。他开始与当地的间谍碰头，撰写有关桑地诺政府战略的情报报告，然后将报告通过密电发回兰利。

但奇怪的是，负责反政府武装的中情局官员也在开展同样的活动。美国的秘密行动人员首先确定反政府武装应当袭击桑地诺政府的哪个目标，然后在情报报告中预言哪一个目标即将遭到袭击，并将报告发往华盛顿。他们的预言自然准确无误。换句话说中情局正在制造情报。

“我认为这简直是疯了，”纽兰回忆道，“他们可不是这样教我们的。但他们属于准军事组织，所以只能这样做。”

美国在尼加拉瓜的行动以失败告终。有媒体披露，为了促使黎巴嫩政府释放被关押在贝鲁特的美国人质，在白宫国家安全委员会助理奥利弗·诺斯的安排下，里根政府向伊朗出售了一批“霍克”导弹，所获资金被用于支持尼加拉瓜的反政府武装。

纽兰看到，随着“伊朗门”调查的展开，他在中情局的历任上级都陷入了困境。由于擅自授权出动直升机向尼加拉瓜运送物资，在洪都拉斯负责尼加拉瓜北部反政府武装行动的玻利维亚站长吉姆·阿德金斯被中情局解雇。1988 年 6 月 20 日，哥斯达黎加站长乔·费尔南德斯也遭到指控，罪名是妨碍司法及作伪证，但上述指控最终被撤销。此外，纽兰在中情局的第一位导师内斯特·桑切斯也被怀疑在五角大楼任职期间参与了非法行动，但没有受到刑事指控。

对纽兰来说，“伊朗门”事件是一次惨痛的经历。在这次事件中，中情局的官员不得不使尽浑身解数为自己辩护，但白宫高层却置身事外，纽兰虽然不赞同中情局在中美洲进行的大部分行动，但对此也感到愤愤不平。几年后，他从这次事件中吸取的教训派上了用场。“9·11”恐怖袭击后，乔治·W. 布什总统授权中情局开展有史以来规模最大的秘密行动，而纽兰得到的教训就是，一切都要见诸文字。

他回忆道：“在涉及诸如拘留等所有危险行为的授权时，我一定会设法让白宫签署命令。为什么呢？因为我吃一堑，长一智。”

直到 1993 年，“伊朗门”的调查员才以伪证罪逮捕克拉里奇。在此之前，克拉里奇曾力劝中情局局长凯西，希望他说服中情局其他高层应对恐怖主义，但对于这一威胁，无论是中情局还是五角大楼都未曾深入考虑。

打擦边球，取得杀戮许可证

从1983年起，在为期2年的时间里，一些名不见经传的恐怖组织开始在国际上大开杀戒，制造一连串恐怖袭击。1983年4月，美国驻贝鲁特大使馆遭到炸弹袭击，导致63名工作人员罹难，其中包括8名中情局官员；当年年底，一辆装满炸药的卡车炸死了正在贝鲁特营房内熟睡的241名海军陆战队员，以此对美国在黎巴嫩驻军表示抗议。发动这次袭击的恐怖集团即后来的真主党；1985年6月，在环球航空公司847航班的人质危机中，黎巴嫩劫机犯杀害了美国海军的一名潜水员；1985年10月，巴勒斯坦恐怖分子阿布·阿巴斯劫持了“阿基莱·劳伦”号邮轮，下令枪决了船上69岁的美国游客里昂·克林霍弗，并将其尸体抛入大海。

作为回应，里根政府准备授权中情局利用当地的暗杀小队追杀黎巴嫩的恐怖分子。奥利弗·诺斯亲自起草了这道总统命令，批准中情局“瓦解”具有危险力量的武装分子。凯西对这项计划十分热衷，但他的副手约翰·麦克马洪却大为震惊。20世纪70年代的国会调查让麦克马洪心有余悸，因此他对凯西的冒进之举大表反对。在得知这项计划后，麦克马洪大为光火。他认为，成立暗杀小队违背了福特总统的禁令。“你知道情报工作对这些人意味着什么吗？”他质问凯西，“情报工作就是投掷炸弹，就是夺人性命。”所谓这些人，指的是白宫官员。麦克马洪说，一旦开始追杀恐怖分子，这项决定只会对中情局而不是白宫产生冲击。他警告凯西：“在其他国家看来，这既不是美国政府的政策，也不是国家安全委员会的主意，而是来自中情局那帮疯狂的家伙。”

但凯西对麦克马洪的反对无动于衷，而是大力支持奥利弗·诺斯的提议。1984年11月，里根总统签署秘密决定，授权中情局和五角大楼的联合特别行动司令部在黎巴嫩训练杀手。但这项计划并没有付诸实施，由于国务院和中情局保守派的极力反对，里根最终撤销了这项决定。已经退休的中情局前局长理查德·赫尔姆斯也参与了此事。他告诉副总统乔治·H.W. 布什的助手，美国不应当效仿以色列“用以牙还牙的方式打击恐怖主义”。

凯西曾希望，这一连串突如其来的恐怖袭击会迅速结束。但有些中情局官员认为，凯西并不理解这种新的威胁。1985 年圣诞节期间，在维也纳和罗马机场以色列航空公司售票处发生了血腥袭击，彻底摧毁了人们对恐怖主义会逐渐消失的希望。在这起恐怖事件中，几名服食了安非他命的巴勒斯坦枪手杀害了 19 名旅客。尤其令人发指的是，年仅 11 岁的美国女孩娜塔莎·辛普森当时正躺在父亲怀里，一名恐怖分子跑过来开枪将她射杀了。

这次恐怖袭击发生后不久，克拉里奇向凯西表示，中情局应当对恐怖主义打响一场新的战争。克拉里奇认为，中情局不应当继续处于守势，而应发起大规模反击。他的提议得到了局长的支持。在此之前，白宫曾向凯西施加压力，责令他对恐怖主义“采取行动”。因此，凯西命令克拉里奇为中情局拟定新的秘密战略。就像往常一样，克拉里奇希望获得更多的权力。他呼吁白宫授权给中情局，批准他成立两支专门队伍，在全球追杀恐怖分子，以阻止下一场袭击的发生。其中一支队伍将由外国（中东）人组成，因为他们容易混迹于中东熙熙攘攘的集市和街头。第二支队伍将由美国人组成，其成员应根据外语熟练程度、武器使用能力以及其他专业技能进行挑选。其中包括一名参加过非洲内战的雇佣兵和一名海军海豹特种部队成员。

克拉里奇建议，在中情局内部设立专门机构以打击国际恐怖主义。在这个“联合中心”，秘密行动人员将与分析人员密切配合，共同搜集情报，查找潜在威胁，以追杀恐怖组织的首领。但这项看似部门重组的常规行动在当时却备受争议。实际上，严重分化与拉帮结派的风气让中情局看起来像是一所公立高中，尽管当时许多内部人士都不愿意承认这一点。那些自诩阳刚的准军事官员不愿与书呆子一样的分析师一起工作，而后者则将前者视作一介武夫。处在金字塔顶端的是中情局在世界各地的办案人员，他们认为，自己有别于总部咬文嚼字的职员，只有他们从事的才是真正的工作，并且经常为自己不按规矩行事而感到得意。

这项提议立即遭到了那些具有中东工作经验的秘密行动人员的反对。在他们看来，这个中心必定充斥着对伊斯兰世界一知半解的官员，这些人只会制造麻烦，到时候驻扎在海外的中情局官员将不得不出面收拾残局。他们对追捕恐怖分子的行动嗤之以鼻，认为这是警察的职责，因此更适合联邦调查局，而非中情局。最后，很多官员都对提出这个建议的克拉里奇表示怀疑，认为他动机不纯，只是为了加强其势力。“反恐怖分子中心”（the Counterterrorist Center，2005 年更名为“the Counterterrorism Center”，即“反恐怖主义中心”。——译者注）是在冲突中诞生的，这个冲突源于伊斯兰堡的办案人员与兰利总部的特工，以及那些敦促采取单边行动的人们和那些警告类似行动会瓦解美国与外国情报机构之间脆弱关系的人们。“9·11”袭击发生后，中情局内部经历了同样的冲突。

但凯西对这种内部分歧漠然处之，他批准了克拉里奇的提议。1986 年 2 月 1 日，反恐中心开始正式运作。其成立背景听起来十分耳熟：白宫无法找到某个问题的解决方案，因此求助于中情局，而中情局向来乐此不疲。反恐中心的成立极为重要，因为从一开始该中心的官员就与军方的特别行动部队密切合作，并允许军方参与到秘密任务中来。一年以后，五角大楼成立了特别行动司令部。双方的特工情同手足，秉承了威廉 · 约瑟夫 · 多诺万战情局的精神。与中情局其他部门不同的是，反恐中心并没有对军方不以为然，而五角大楼的突击队员也与中情局负责猎杀恐怖分子的特工同仇敌忾。

在反恐中心成立之初，打击国际恐怖组织的秘密行动尚未开展，因此该中心开始与包括三角洲部队（即美国陆军第一特种部队D作战分遣队，是美国联合作战司令部直属的四支机密部队之一，主要负责反恐任务。三角洲部队是当今世界规模最大、装备最齐全、资金最雄厚的特种部队。——译者注）在内的准军事力量合作，以打入阿布·尼达尔组织(Abu Nidal Organization，简称ANO。该组织于1974年由阿布·尼达尔和一些反对巴勒斯坦领导人阿拉法特的巴解法塔赫成员组成，在80年代被视为最危险的巴勒斯坦恐怖组织。——译者注)与真主党。里根总统的律师草拟了秘密司法备忘录，断定追杀恐怖分子并不违反1976年福特的暗杀禁令。十几年后，乔治·W. 布什与贝拉克·奥巴马总统的律师也表达了同样的观点。这些律师认为，恐怖组织正计划对美国人发动袭击，因此杀死他们属于正当防卫，而不是暗杀。

然而，获得法律许可只是走出了第一步，并不能确保美国政界支持某项夺命行动。在反恐中心成立的最初几年，白宫几乎没有任何理由可以让国会确信，美国有必要暗中追杀恐怖分子。“伊朗门”调查让里根的国家安全团队元气大伤，从而赋予了国家安全顾问柯林·鲍威尔和国务卿乔治·舒尔茨更大的影响，这两人极力反对中情局在海外开展活动。克拉里奇在反恐中心的副手、后来成为该中心主任的弗雷德·特科回忆道：“当时美国已经无心恋战，因为里根自顾不暇。”

冷战结束，沦为弃子

在离开中美洲的热带丛林后，罗斯·纽兰怀疑，“伊朗门”丑闻对中情局的秘密行动造成了沉重的打击。但是，与上司不同的是，他不仅没有被卷入其中，反而获得了升迁。纽兰和其他几位同龄人分别被提拔为几个东欧国家的站长，负责在苏联的卫星国开展活动。30岁出头的纽兰成为中情局驻苏联与东欧处有史以来最年轻的站长。时值 1988 年，中情局认为这个岗位并没有太大危险。

纽兰说："他们之所以把我们安置到那里，是因为他们觉得那里什么也不会发生。但显然，他们的想法大错特错。" 1989 年，柏林墙倒塌，整个东欧局势动荡。作为中情局驻罗马尼亚站长，纽兰负责向布什政府汇报尼古拉·齐奥塞斯库政权垮台的详细情况。

冷战结束后，中情局的秘密行动也随之寿终正寝。遏制共产主义一直是中情局的行动指导原则。过去数十年来，中情局正是在这一名义下，在拉丁美洲、中东和欧洲开展了大量行动。20 世纪 90 年代，国会削减了五角大楼与中情局的预算，中情局的秘密行动受到了沉重打击，海外工作站停止运行，办案人员也大幅减少。在随后 10 年中，人工情报搜集的开支削减了 22%。克林顿是美国第一位出生于婴儿潮时期的总统，曾对越战表示抗议，因此从一开始就对中情局感到怀疑。在第一届任期内，他会见中情局局长的次数屈指可数。克林顿的首任中情局局长小罗伯特·詹姆斯·伍尔西称，克林顿很少关注情报问题，两人的私下会面一年只有一次。"坦率地说，我们几乎见不到总统。" 伍斯利说。在离开中情局后，他甚至开玩笑说，1994 年 9 月，驾驶着一架偷来的塞斯纳飞机在白宫南侧草坪坠机的男子，实际上是为了一睹总统金面。

对于克拉里奇 20 世纪 80 年代在拉丁美洲开展的一系列秘密行动，中情局仍然面临着全面清算。1996 年，某情报监督委员会发布报告，详细阐述了 10 年来中情局在危地马拉的特工违反人权的种种行为。该报告称，在 1984 ~ 1986 年间，几名中情局线人涉嫌"在受雇期间下令执行、策划或参与严重违反人权的活动，包括绑架、刑讯逼供、暗杀行动，而中情局对这些行为一清二楚"。针对危地马拉的调查持续了数年，因此中情局局长约翰·M. 多伊奇对那些与黑道交往的办案人员实行了新的限制。现在，中情局的办案人员既不能像罗斯·纽兰在玻利维亚认识贩毒大亨那样结交当地大亨，也不能靠近那些有可能杀害美国人的恐怖分子。

多伊奇拥有麻省理工学院化学博士的学位。1995 年，在克林顿总统解除詹姆斯·伍尔西中情局局长的职务后，多伊奇从五角大楼来到兰利。他希望开发间谍卫星，建立海外监听站，而不是派遣特工前往世界各地执行险象环生的秘密任务。他不信任中情局的秘密行动人员，而后者也将他视作侵入这个间谍机构的病毒。

多伊奇呼吁，中情局应与军方在反恐以外的问题上加强合作。20 世纪 90 年代中期，中情局的反恐中心再次门庭冷落。1991 年海湾战争结束后，五角大楼的将军们抱怨，中情局在战前打入萨达姆政权的行动中毫无建树，在协助军方追踪伊拉克军队在沙漠中的下落时也无所作为。因此，多伊奇下令中情局的官员前往世界各地的军事指挥所担任职务，以确保有关全球威胁的情报可以充分利用。

多伊奇认为，中情局对军方的支持至关重要。1995 年，他设立了中情局与五角大楼联络官的高级职位，由军方的高级官员担任。中情局的一些内部人士开玩笑说，中情局在军事指挥所安插特工，五角大楼也在情报机构安插军官，这种行为就像两个机构在互相交换人质。

第一个被派往中情局任职的军官是海军中将丹尼斯·布莱尔。清瘦精干的布莱尔是北方人，来自缅因州的基特里市，1968 年从海军学院毕业后，他荣获罗兹学者奖（Rhodes Scholar，全世界学生所向往的最高荣誉奖学金之一。——译者注），随后进入牛津大学，与年轻的比尔·克林顿成为好友。布莱尔的做法很快遭到了中情局内部的反对，他们知道，这位三星将军对中情局的秘密行动评价不高，因此都对他感到怀疑。

布莱尔认为，中情局应当把精力集中在搜集与分析情报上，而不是开展让美国引火烧身的秘密行动。“回顾中情局秘密行动的历史，我想可以这样说，如果我们没有开展这些行动，中情局的状况也许会更好，至少绝不会比今天差。”布莱尔在几年后这样说道。

兰利有人认为，布莱尔是五角大楼的奸细。因此，他的出现让人开始担心五角大楼会吞并反恐中心，而中情局也将失去作为总统心腹情报机构的地位。借用克拉里奇的话说，这里的人们是为总统效力的。

没过多久，布莱尔就发现，他在巴尔干战争的问题上与中情局行动指挥部争执不下，而这是当时最重要的问题。其中一次争执是有关中情局从空军处借来的新型监视设备，用于在波斯尼亚开展侦察活动。这种新型设备就是机身细长、外形酷似昆虫的RQ-1“捕食者”无人机。中情局一直在使用“捕食者”对塞尔维亚军队的位置进行追踪，因此有官员提议在白宫安装电视屏幕，以便克林顿总统及其助手实时观看无人机的动向。布莱尔对中情局使用“捕食者”的做法十分赞赏，但认为总统没有必要浪费宝贵时间观看无人机发回的视频。他怀疑，中情局的秘密行动处只是为了在克林顿总统面前卖弄这种新鲜玩意儿。

“让总统看这个干什么？”布莱尔问。

他们回答道：“为了便于总统及时了解波斯尼亚的情况。”

“这简直就是荒唐！”布莱尔大声嚷嚷道，“总统不需要关注这些细枝末节！”

多伊奇最终站在了布莱尔一边，中情局未能向白宫传输无人机的视频。虽然这只是一次愚蠢的争执，但布莱尔深知，这次事件以及秘密行动处与他展开的所有斗争是为了让其他人明白，对于任何试图阻挡他们通向椭圆形办公室的人们，行动指挥部都将毫不留情。

十几年后，当另一位民主党总统就任后，布莱尔再次站在中情局与白宫之间。但这一次，他断送了自己的职业生涯。

第4章

五角大楼与中情局，谁才是情报沙皇？

THE WAY OF THE KNIFE

The untold story of USA’s secret war

向来横行的美军因中情局的错误情报，在行动上屡屡吃瘪，愤恨不已的五角大楼萌生了打造“军方间谍”的想法。中情局早就不满五角大楼坐拥巨额经费，此时它居然还要来与自己抢“情报饭碗”！在士兵与间谍之间，一场关于情报搜集权的争夺战日益升温。

考虑到国防部的性质，可以想象，在类似的情况下，我们不应当完全依靠中情局。

——美国国防部长唐纳德·拉姆斯菲尔德

CIA 连累美军屡吃败仗？

2001 年 11 月某一天，当美国绿色贝雷帽特种部队、中情局特工与阿富汗的军阀一起将塔利班的军队逐出喀布尔与坎大哈之时，美国国防部长唐纳德·拉姆斯菲尔德正飞往北卡罗来纳州的布拉格堡军事基地。这座大型的军事基地位于费耶特维尔，驻扎着军方大批特种行动部队。按照计划，拉姆斯菲尔德即将亲切会见各特种部队的指挥官，向他们所做的一切表示感谢。迄今为止，美国入侵阿富汗的行动似乎异常顺利。

当天上午，在庆祝与汇报活动过后，拉姆斯菲尔德乘车来到一座高墙耸立的大院。这座大院横跨布拉格堡军事基地，毗邻波普空军基地，是联合特种作战司令部的驻扎地点。该司令部是一个高度机密的机构，其成员大多来自陆军三角洲特种部队与海军特战部队（即海豹突击六队）。联合特种作战司令部是美国特种作战司令部的一个军事行动分支机构，但当时的五角大楼甚至不愿意承认它的存在。

联合特种作战司令部为这位前来视察的国防部长进行了表演。为了展示突击队员在不为人知的情况下深入敌后的能力，一批士兵带着降落伞跳下飞机，在拉姆斯菲尔德面前着陆。其中一个人在解开降落伞后，身穿西服，提着公文包，穿着雕花镂空皮鞋离开了着陆区。随后，拉姆斯菲尔德来到射击场观看人质营救行动演习，特种部队士兵不仅击毙了所有劫持人质的歹徒，而且没有伤及无辜。拉姆斯菲尔德立即对此大加赞赏。

当时，对于如何向来访的官员炫耀本领，特种行动部队早已驾轻就熟。1986年，众议员迪克·切尼前往布拉格堡军事基地会见三角洲特种部队的指挥官。在此期间，他听说特种部队正在使用数据库挖掘有关恐怖威胁的信息。律商联讯（世界领先的法律、法规、税务和商业资讯服务商，拥有庞大的信息来源、先进的网络技术，其数据库多达1.9万个。——译者注）是现在随处可见的数据库，但当时却是件稀罕的事物。当有人就其向切尼进行讲解时，切尼让军方的技术人员从数据库中搜索他的名字。首先出现的是一则新闻报道，内容是切尼在众议院发起的一项议案，但此前一天，另一位众议员却声称他准备投反对票。

切尼顿时脸色铁青。他下令值班人员追查这名众议员，并立即拨通此人电话，厉声咆哮起来。“我们不得不清除在场的人员。”时任联合特种作战司令部高级情报官的托马斯·奥康奈尔回忆道。在看到使用数据库搜索特定人员信息的强大功能后，切尼“就像变了个人似的”。奥康奈尔说：“此后，切尼开始与某些操作员熟络起来。”

17年后，切尼昔日的导师拉姆斯菲尔德在前往布拉格堡军事基地视察时，也认为他从中看到了未来。陪同拉姆斯菲尔德一道前往的是罗伯特·安德鲁斯，他是五角大楼负责特种行动级别最高的文职官员。“9·11”袭击后，他几乎与国防部长形影不离。就像维吉尔指引但丁穿过地狱一样，安德鲁斯也带领着拉姆斯菲尔德在这个黑暗的世界穿行。福特入主白宫后，自拉姆斯菲尔德首次就任国防部长时起，这个黑暗的世界就开始急剧地扩张。

对拉姆斯菲尔德来说，没有比安德鲁斯经验更丰富的向导了。安德鲁斯从小在南卡罗来纳州的斯帕坦堡长大，为人和蔼可亲。1960 年，在从佛罗里达大学获得化学工程学位后，安德鲁斯加入了陆军后备军官训练营，进行了为期两年的训练。1963 年，他加入了绿色贝雷帽特种部队，开始了长达 50 年的军旅生涯，进入了特种行动与秘密情报的世界。从 1964 年开始，他曾两次到越南服役。1964 年，作为一名年轻的特种部队上尉，安德鲁斯第一次来到越南，并与这支秘密的准军事部队的其他成员一起，通过破坏、暗杀与政治宣传等手段，暗中对北越发动袭击。这支部队被正式命名为“美国军事援助越南司令部研究与观察小组”，虽然看似平淡无奇，但却开展了美国自战情局成立以来规模最大、复杂程度最高的秘密行动。

从越南战场回国后，安德鲁斯写了一本名叫《乡村战争》（*The Village War*）的书，描述了 20 世纪 60 年代初共产党是如何在南越的村庄里建立起庞大的情报网络，并怎样利用这一网络在战争中挫败南越与美军。其中的内容大都来自被俘北越士兵的审讯报告以及北越逃兵的自述。在中情局内部，很多人都读过此书。1975 年，北越军队攻占西贡后，安德鲁斯奉命到兰利总部工作，担任中情局越南机密情报分析小组的负责人。

“实际上，我们是在寻找情报工作的错误。”安德鲁斯说。他逐渐意识到，美国在越南的问题不仅体现在军事失误上，而且还有忽视当地文化与越南人心理等问题。1980 年，他离开中情局，进入了国防工业，并陆续创作了一系列间谍与推理小说，其中包括《双子塔》(*Twin Towers*)。在这部小说中，一名中情局前特工竭尽全力，试图瓦解美国的一起恐怖主义阴谋。书的封面是一张世贸中心的图片。

2001 年，64 岁的安德鲁斯返回了五角大楼。9 月 25 日，当美国特种作战司令部司令查尔斯·霍兰将军就军方将如何开展打击“基地”组织的战争进行首次汇报时，安德鲁斯就坐在拉姆斯菲尔德的身旁。此前，拉姆斯菲尔德曾下令，让霍兰制定一项战争计划，在全球追捕“基地”组织成员，而不是仅限于该恐怖组织在阿富汗的大本营。当拉姆斯菲尔德及其助手坐在会议桌旁时，他本以为一切已经准备就绪。

一开始，这次汇报显得前途光明。霍兰拿出地图，指着阿富汗、巴基斯坦、索马里、也门、毛里塔尼亚甚至部分拉丁美洲国家表示，军方认为本·拉登的副手就藏匿在这些地方。拉姆斯菲尔德顿时精神大振，迫不及待地打断了霍兰将军。

“我们什么时候可以在这些国家开展行动？”他问。

霍兰已经考虑过这个问题。他只是稍微踌躇了一下就做出了回答。但他的话让这位脾气暴躁的国防部长大失所望。

“唔，这有些困难，因为我们没有掌握任何可靠的情报。”霍兰答道。

此外还有一个问题：特种作战司令部并不准备发动真正的战争，或者说并不准备发动任何战争。司令部的职责只是训练特种行动部队，为他们参战做好准备，并将他们派遣到五角大楼在中东、太平洋和其他地区的军事总部。但这些地区的司令官小心翼翼地守护着自己的地盘，对于特种作战司令部在他们的地盘上执行任务，他们感到前景渺茫。

会议的情况越来越糟。拉姆斯菲尔德问了霍兰另一个问题，并希望得到的答复至少可以接受。

“特种行动部队什么时候可以进入阿富汗发动战争？”

“我们首先要获得中情局的许可。”霍兰答道。

安德鲁斯看了看拉姆斯菲尔德，发现这位国防部长“火冒三丈”。几分钟后，才有人壮着胆子告诉他，特种行动部队不仅缺乏任何有关“基地”组织的情报，而且不经中情局局长乔治·特尼特的批准，他们甚至不能上战场。

在“9·11”袭击发生后的几个月里，这个问题经常让拉姆斯菲尔德感到困扰。他曾向美国中央司令部负责阿富汗战争的汤米·弗兰克斯将军抱怨说，尽管国防部的规模要远远超出中情局，但军方就像“巢中嗷嗷待哺的幼鸟”。阿富汗战争开始几天后，他匆匆写好了一份言词尖锐的备忘录，交给了参谋长联席会议（下简称“参联会”）主席理查德·迈尔斯将军。拉姆斯菲尔德写道：“考虑到国防部的性质，可以想象，在类似的情况下，我们不应当完全依靠中情局。”

长期以来，拉姆斯菲尔德一直对中情局颇有微词。1998 年，在担任美国弹道导弹威胁独立调查委员会主席期间，他曾写信给特尼特，信中尖锐地批评称，中情局对伊朗与朝鲜导弹能力的估计根本就是狗屎，一点用处都没有。但是现在，随着反恐战争的深入，拉姆斯菲尔德逐渐意识到，对于中情局可以随时随地向任何国家派遣特工而不需要经过任何人的允许，他感到十分妒忌。“如果追溯这场战争的变化，你就会发现，我们没有掌握发动战争所需的情报。”在谈到拉姆斯菲尔德于“9·11”袭击次年所作的决定时，安德鲁斯如是说。

拉姆斯菲尔德认为，唯一的解决办法就是让五角大楼向中情局看齐。

打造军方专属间谍！

拉姆斯菲尔德的担忧并非杞人忧天。1980 年，在伊朗的大盐湖沙漠（即卡维尔沙漠）惨遭失败后，五角大楼决定训练更多自己的间谍。

当年 4 月，军方准备营救被监禁在德黑兰美国大使馆院内的 52 名人质，这项行动被称为“鹰爪行动”。但从一开始，这项秘密行动就厄运连连：参与营救行动的 8 架直升机中的 3 架在进入跑道前就出现了机械故障；还有 1 架在会合地点紧急迫降；当指挥官下令取消这次行动后，一架直升机遇上了沙尘暴，并撞上了另一架军用运输机，导致 8 名士兵全部罹难，爆炸照亮了整个沙漠的上空。

但在军方看来，发生在伊朗的惨剧不仅仅是因为他们天真的期望、糟糕的策划以及蹩脚的行动。一些突击队员亲眼目睹自己的战友死于非命，他们认为“鹰爪行动”失败的部分原因在于中情局未能为这次行动提供正确的情报信息。

然而，在行动开展之前，中情局与军方已经就如何搜集情报发生了争执。中情局的做法已经表明，它无法理解伊朗革命发展的形势，而局长斯坦斯菲尔德·特纳也在国家安全委员会会议上喟叹，中情局在伊朗的线人寥寥无几，因此只能依靠国内的新闻报道和英国广播公司获取信息。在这次行动中，三角洲部队的指挥官不信任前往伊朗搜集情报的中情局官员，因此他派遣前绿色贝雷帽特种兵理查德·梅多斯来到伊朗，对囚禁人质的大使馆进行侦察。梅多斯使用一份伪造的伊朗护照，假扮成欧洲汽车公司经理“理查德·基思”。为了掩饰自己西弗吉尼亚州的口音，他装出一口苏格兰土腔，并顺利地通过了海关。

虽然美国军队最终未能前往德黑兰展开营救，但五角大楼的将军们却抱怨称，国防部没有能力派遣自己的部队执行秘密侦察任务，为突击行动做好准备。1980 年 12 月，参联会的一位将军在给国防情报局局长的备忘录中写道，五角大楼“长期严重缺乏情报”，因此需要成立一支由“可靠的观察人员”组成的队伍。由于国防部正计划在伊朗开展第二次营救行动，参联会不得不仓促成立一个观察组，并将其命名为“战地行动组”。

不幸的是，战地行动组的英文缩写为“FOG”，最终他们也像雾一样烟消云散。1981 年 1 月，所有人质在里根总统就职当天被释放，因此没有必要再次在伊朗开展营救行动。军方虽然解散了战地行动组，但陆军参谋长爱德华·迈耶认为，有必要建立一个由五角大楼间谍组成的常设部门。在国防部的一次会议上，他咆哮道：“如果再来一次伊朗人质危机，我可不想再看到，我们既不清楚发生了什么情况，也不能够进入该国。”随后，军方成立了情报支援特遣队。

20 世纪 80 年代初的这些项目不是五角大楼首次涉足人工情报世界。在此之前，由于一些高级军事将领的阻拦，军方终止了其间谍活动。这些将军认为，士兵就是士兵，不应该同时成为间谍。但以陆军参谋长爱德华·迈耶将军为首的一些人希望提高五角大楼间谍的级别，而“鹰爪行动”增加了他们手中的筹码。情报支援特遣队在五角大楼的一间办公室里开始运作，最初仅有大约 50 人，但他们雄心勃勃，计划发展到 5 倍于现在的规模。特遣队官方徽章上的标志象征着失败的伊朗人质营救行动，上面镌刻着“SEND ME”（意即“派我去”）字样，来自《以赛亚书》（*Isaiah*）中的一段文字：“我又听见主的声音，说：‘我可以差遣谁呢？谁能为我们去呢？’我说：‘我在这里！请派我去。’”

1981 年，情报支援特遣队获得了一笔巨额的秘密预算，并由一名自命不凡、作风强硬的陆军上校担任指挥官。该特遣队甚至可以在不通知参联会的情况下开展秘密间谍行动。但是，要想按照五角大楼“有毒的菜谱”进行烹饪，他们正是最佳的原料。这个秘密行动的世界充斥着争强好胜之辈，因此对于一支拥有取之不尽资金的秘密队伍来说，在执行界限模糊的任务时必然要以身试险。杰里·金率领的情报支援特遣队当然也不例外。

几乎从特遣队成立之初起，金就在全球开展了一系列秘密行动。毫无疑问，其中最引人瞩目的一次行动是向一位退役的绿色贝雷帽特种兵詹姆斯·格利兹提供资金与设备，暗中营救据称被关押在老挝的美国战俘。数年来，在得克萨斯州企业大亨 H. 罗斯·佩罗的资助下，詹姆斯·格利兹曾多次前往东南亚，搜集有关美国战俘关押地点的情报。1981 年初，就在情报支援特遣队成立后不久，格利兹认为，他发现了数十名战俘被囚禁于老挝中部一座营地的确凿证据。他的情报来自数年前对该营地拍摄的一幅卫星图像。从图像上可以看出，人们有意摆出了“B”和“52”

的字样，格利兹认为，这有可能是那些仰望天空的战俘发出的求救信号。

他很快开始策划营救行动，并将其命名为“软锤行动”。格利兹组建了一支由25名退役特种部队士兵组成的队伍，在佛罗里达的营地对他们进行训练。随后，他又派遣了一个独立小组前往泰国，为老挝的营救行动做好铺垫。就在格利兹运筹帷幄之际，情报支援特遣队的很多成员与他取得了联系，表示愿意为这次行动提供援助：价值数万美元的摄像器材、无线电、飞往曼谷的机票以及用于确定当地线人提供的有关情报真假的测谎仪。此外，情报支援特遣队还向格利兹的小组提供了卫星照片和其他信息。

杰里·金上校没有通知五角大楼的高层，而是擅自决定为格利兹提供支持。事实证明，这种做法产生了问题。因为参联会也在秘密制定老挝战俘的营救计划。根据这项计划，参联会将派遣由老挝雇佣兵组成的侦察小组，从泰国穿越边境进入老挝，以确定那里是否关押着美国战俘。如果有确凿证据表明这些战俘被监禁在营地内，五角大楼将启动基于伊朗人质危机的营救计划，派遣一支三角洲小分队深入当地。

当五角大楼与中情局的高级官员得知，格利兹正在情报支援特遣队的暗中协助下同时开展营救行动，他们威胁要取缔该特遣队。他们认为，格利兹独行其是危及了官方的营救行动，而杰里·金上校也超出了自己的职责。由于没有任何确凿证据表明营地里关押着美国战俘，老挝的营救行动最终未能实施。国防部长卡斯帕·温伯格命令五角大楼的监察长对情报支援特遣队的行动进行调查。除了格利兹事件以外，特遣队不仅在巴拿马城暗中开展秘密行动，监控曼纽尔·诺列加将军的行踪，而且与一大批幌子公司存在瓜葛，并利用其在世界各地开展秘密军事行动。这些公司是代号“黄水果行动”的一部分，曾经协助开展了“伊朗门”丑闻的秘密交易，而这桩丑闻直到数年后才大白于天下。

监察长在报告中对情报支援特遣队进行了严厉谴责。这份报告称，该情报组织不仅随心所欲，缺乏有效的监管，而且肆意挥霍，购置了一系列离奇的装备，其中包括一辆劳斯莱斯，一个热气球和一辆沙滩汽车。这份报告让温伯格和国防部副部长弗兰克·卡卢奇目瞪口呆。1982 年 5 月，卡卢奇在备忘录写道：这份报告“令人极度不安”。在来到五角大楼前，卡卢奇曾在中情局任职，担任海军上将斯坦斯菲尔德·特纳的副手，因此亲眼目睹了中情局在无人监管的情况下开展的一系列秘密行动所造成的恶果。

在谈到监察长的报告时，卡卢奇在备忘录中写道：“我们本应吸取 20 世纪 70 年代的教训，但恰恰相反，我们建立了一个不负责任的机构。”他甚至把情报支援特遣队比作哈里耶特·比彻·斯陀夫人作品《汤姆叔叔的小屋》（*Uncle Tom's Cabin*）中的托普西，对于这个年轻的女奴是在哪里出生和长大的，书中的任何人都解释不清。他写道：“我们似乎已经创造了自己的中情局，但它就像托普西一样，不仅缺乏协调，而且疏于监管。”

1983 年，当美军计划进入格林纳达，营救一群被扣为人质的医学院学生时，这次行动的指挥官拒绝让情报支援特遣队参与其中，因为他不信任这支队伍及其队长。同年 10 月，美国的突击队员在这个加勒比海岛国四处搜索，但并仍找不到出人质究竟被关在哪里。时任中情局拉丁美洲处负责人的杜安·克拉里奇回忆道：“我们有关格林纳达的情报少得可怜，我们就像在黑暗中行动。”

对情报支援特遣队来说，如果这还不够糟糕的话，那么中情局的做法无异于釜底抽薪。中情局怀疑军方建立情报机构的动机，对让军官从事间谍工作的想法嗤之以鼻。但这也从某种程度上反映了兰利总部越来越严重的不安全感。自 1947 年成立时起，中情局就一直像是五角大楼的“小兄弟”，无论是国防部的人力资源还是其在华盛顿预算角逐中所展示的实力，都让中情局相形见绌。中情局局长甚至无法控制美国大多数费用高昂的情报项目。例如，间谍卫星与全球监听站占美国间谍活动开支的 80%，但却被列入了五角大楼的预算。在福特总统执政时期，首次出任国防部长的拉姆斯菲尔德经常与中情局和白宫展开地盘争夺战。他认为，如果这些项目由国防部出资，那他就应当获得其控制权。

只有一个领域中情局自认为可以胜过五角大楼，那就是人工间谍活动。因此，当国防部开始建立诸如情报支援特遣队等组织时，在中情局的很多官员看来，这就是对自己的直接威胁。中情局的高官在私下向国会情报委员会成员表示，五角大楼的间谍纯属外行，让中情局在海外的办案人员处处掣肘。这有可能导致美国的秘密行动失败，甚至断送卧底人员的性命。

但中情局试图削弱五角大楼间谍活动的做法让军方领导人对这个机构更不信任，并且希望扩大自己的间谍行动。在 1983 年的一次会议上，当中情局局长威廉·凯西在五角大楼的秘密会议室内会见各军参谋长时，就像平时一样，陆军参谋长迈耶将军开始抱怨中情局在协助军方时无所作为。为了安抚这位将军，凯西指出他的前任海军上将斯坦斯菲尔德·特纳也曾是一名军人，但迈耶将军根本听不进去。迈耶说："凯西先生，你说的都是事实，但那个杂种在中情局任职时，他妈的从头到尾没有为军方干过一件事。"

利剑出鞘："灰狐"与联合特种作战司令部

然而，即使监察长在报告中对情报支援特遣队大加鞭挞，国防副部长卡卢奇也试图解除杰里·金上尉的职务，但特遣队仍然没有被解散。事实上，这支特遣队最后成了拉姆斯菲尔德大规模扩张五角大楼间谍活动的基础。2001 年底，情报支援特遣队演变成代号"灰狐"的秘密间谍分队，并且开始与阿萨德·穆尼尔和西巴基斯坦的间谍展开合作。"灰狐”的总部位于弗吉尼亚州贝尔沃堡华盛顿环形公路旁，由数百名在海外执行卧底任务的特工组成。他们擅长在难以接近的地方安装窃听设备，而这些窃听设备与国家安全局在世界各地的大型监听站相互连接。

2001 年，这个秘密组织仍然鲜为人知，人称“北弗吉尼亚州秘密部队”。当拉姆斯菲尔德初次会见“灰狐”指挥官并得知有关秘密行动的详情后，他说：“如果我在‘9·11’之前听说你们这样做，我很可能会把你们全部关进监狱。”但此时，拉姆斯菲尔德急于改善五角大楼相对贫乏的人工间谍活动能力，因此下令增加“灰狐”的预算，并加强该间谍组织与联合特种作战司令部的联系。2001 年底，在拉姆斯菲尔德视察布拉格堡军事基地时，联合特种作战司令部曾让他大为惊叹。从此以后，他越来越倚重联合特种作战司令部，并将其视作五角大楼开展全球战争的秘密军队。

但在 2001 年，联合特种作战司令部尚不足以成为拉姆斯菲尔德全球战争有力的护卫者。三角洲特种部队和海豹突击六队虽然适合这项任务，但他们仅有数百名人员，因此只能开展两天以内的行动。三角洲特种部队的专长是人质营救，而数年来海豹突击六队一直在为确保美国国内核武器的安全进行训练。要开展数周乃至数月的大规模行动，两者既缺乏专业设备，也没有接受过相关训练。

“拉姆斯菲尔德见识到他们的本领，他们可以深入任何地点，杀死所有应该杀死的人，拯救所有应该拯救的人。那为什么不对他们加以利用呢？”安德鲁斯说，“但他没有意识到，这支队伍不适合开展长期作战行动。”

但拉姆斯菲尔德也看到了联合特种作战司令部的优势。它可以作为一支打击力量，直接响应国防部和总统的命令，而无需受到那些忙于地盘之争的四星将军的控制。就像中情局的行动指挥部一样，联合特种作战司令部不会受制于那些思想褊狭的军事官僚。如果拉姆斯菲尔德能够投入大量资金，批准三角洲特种部队和海豹突击六队提高级别，购置用于开展长期海外部署的设备，他就可以将他们派遣到任何地方。

但这种做法是否合法？五角大楼的活动要受到《美国法典》第10篇的约束，而国会历来希望限制军方在战区以外的行动，其部分原因在于，国会担心美国士兵在战场以外开展行动被俘后，有可能作为间谍接受审判，从而无法享受《日内瓦公约》的保护。相比之下，总统可以下令中情局向世界各地派遣人员。根据有关规定，如果中情局的官员在敌国从事间谍活动时被捕，美国政府有可能予以否认，并任凭其在异国狱中死去。

在20世纪80年代的"伊朗门"丑闻发生后，国会试图对秘密行动设置更多限制。1991年的《情报授权法》规定，所有秘密行动必须有总统的书面授权，对开展秘密行动的必要性做出解释；而白宫必须在将决定发给中情局后立即通知参众两院的情报委员会。但这项法令存在一处重大漏洞：如果军方正在执行其认为属于"常规军事行动"的秘密行动，将无需遵守上述繁文缛节。

至于什么是"常规军事行动"，《情报授权法》却语焉不详。时值乔治·H.W.布什担任总统，白宫与五角大楼成功地说服国会在表述这一概念时含糊其辞。"常规军事行动"最终被界定为军方开展的与"现存"或"潜在"敌对状态有关的任何行动。换句话说，只要能够证明美国与某个国家正处于或将来有可能处于战争状态，五角大楼就可以向世界上的任何国家派遣军队。在随后10年中，很少有人讨论这些晦涩的法律条款，直至2001年"9·11"恐怖袭击发生后，国会赋予布什总统在全球发动战争的巨大权力。根据《军事武力使用授权书》的有关条款，美国不是与某个特定国家交战，而是所有被怀疑存在"基地"组织的国家，都被视为与美国处于战争状态。拉姆斯菲尔德对这个判断求之不得，因为这等于给了他开展全球战争最好的托词。

国防部需要时间以充分利用刚刚获得的权力。2001 年底，阿富汗战争中，喀布尔沦陷后不久，五角大楼的高级官员立即开始策划入侵伊拉克。但除了包括巴基斯坦在内的“基地”组织的避难所，五角大楼很难确定美国应当在哪些国家追剿该恐怖组织。借用反恐行动的行话，他们必须“找到、制止和干掉”恐怖分子。但数年后，拉姆斯菲尔德坦承：“虽然我们有能力干掉恐怖分子，但我们根本找不到他们。”

2003 年上半年，拉姆斯菲尔德及其团队曾经信心十足。入侵伊拉克的行动似乎证实了拉姆斯菲尔德对新型作战方式的预见。国防部认为，要想赢得 21 世纪的战争，不仅要拥有技术优势，而且要制定注重速度而非实力的战争计划。因此，进驻巴格达虽然持续了近一个月，但军队的人数相对较少。由于对中情局的情报心存疑虑，在入侵伊拉克一年以前，拉姆斯菲尔德在五角大楼成立了一个情报小组，由国防部政策副部长道格拉斯·费斯负责，从原始情报中筛选能够证明萨达姆与恐怖分子相互勾结的证据。美军抵达巴格达后，拉姆斯菲尔德的很多助手告诉自己，找到萨达姆与本·拉登之间联系的确凿证据只是时间的问题，而这些证据可以让他们在事后对这次入侵行动做出合理解释。但美军最终没有找到任何证据，拉姆斯菲尔德情报小组的结论也遭到了广泛质疑。

萨达姆垮台后，美国政界就叙利亚是否应当成为布什政府“政权更迭”战略的下一个目标出现了分歧，但拉姆斯菲尔德却加快了在全球开展特种行动战争的计划。安德鲁斯离开了五角大楼后，拉姆斯菲尔德任命曾经是越南准军事部队成员和“灰狐”指挥官的托马斯·奥康奈尔出任助理部长。1970 年，奥康奈尔曾作为“凤凰计划”的军事顾问被派往越南。为了扭转越南战场的颓势，中情局发起了这项饱受争议的行动，以抓获和暗杀越共领导人。在此之后，他大部分时间都沉浸在特种行动与秘密情报的世界里。1986 年，当众议员迪克·切尼视察联合特种作战司令部时，他曾经担任司令部的高级情报官员。

拉姆斯菲尔德对奥康奈尔的面试进展顺利，因为后者对五角大楼权限以及特种行动部队地位的观点与拉姆斯菲尔德不谋而合。拉姆斯菲尔德在面试一开始问奥康奈尔："如果开战，我们的人为什么要受制于中情局？"

奥康奈尔不假思索地回答："没有这个必要，你有权向世界上的任何地方派遣美国军队。"

在奥康奈尔看来，国会给予了五角大楼发动全球战争的广泛权力，以搜集相关情报或开展暗杀行动，而拉姆斯菲尔德也应当加以利用。他认为现在的情况类似于越南战争，当时尼克松总统曾对柬埔寨和老挝进行秘密轰炸，因为他认为这两个国家已经沦为敌国军队的避风港。奥康奈尔认为，两者的区别在于，拉姆斯菲尔德甚至拥有比尼克松更大的权限，因为现在国会实际上支持五角大楼向任何在其看来藏匿有"基地"组织成员的国家派遣军队。

当时，为了在与中情局开展的明争暗斗中取得优势，拉姆斯菲尔德决定合并军方的所有情报搜集行动。这些行动宗旨各异，杂乱无章。于是，他任命心腹助理、足智多谋但脾气暴躁的史蒂芬·坎博恩出任国防部第一副部长并掌管情报工作，监督五角大楼的所有间谍活动。拉姆斯菲尔德甚至重新调整了五角大楼文职官员的继任次序，如果他和副手死亡或丧失行动能力，情报负责人坎博恩将接替他工作。坎博恩的办公室也与拉姆斯菲尔德的仅有一墙之隔。

拉姆斯菲尔德任命威廉·杰里·博伊金担任坎博恩的副手。博伊金是三角洲部队退役人员，1980 年美国开展营救人质行动时，他曾深入伊朗的沙漠地区。此外，博伊金自幼笃信基督教，经常使用《圣经》上的语言谈论打击极端分子的战争，并将其称之为向"撒旦"发起的战争。20 世纪 90 年代初，博伊金曾在教堂向会众表示，他认为自己追捕索马里军阀的行动必定马到成功，因为他"深知我的上帝才是真正的主，而他（那名索马里军阀）的上帝只不过是一尊木雕泥塑”。

博伊金热衷于敦促五角大楼充分利用国会赋予的权力。在 80 年代贝鲁特人质危机发生后，他愤怒地指责五角大楼的官僚在动用包括三角洲特种部队在内的军事力量时畏首畏尾，放不开手脚。就像对奥康奈尔一样，在进行面谈时，拉姆斯菲尔德也对博伊金就国防部向战区以外派遣军队的权限发起了一连串提问。而博伊金的回答与奥康奈尔如出一辙：“你有这个权力，你应当加以利用。国防部的军队不需要受制于中情局。”

五角大楼要接管秘密战争？

2004 年夏，在扩大非常规战争机构方面，拉姆斯菲尔德备受鼓舞。“9·11”调查委员会在结案报告中建议，取消中情局的所有准军事职能，仅由五角大楼发动秘密战争。该委员会斥责中情局在刺杀本·拉登的行动中无能为力，认为该机构的秘密行动已经陷入了混乱。“9·11”委员会建议中情局提高搜集情报的能力，减少对外国间谍机构的依赖，反思分析情报的方式，开展包括宣传战在内的“非军事”秘密行动。而秘密战争与无人机袭击则属于五角大楼的职责。

“9·11”委员会在 2004 年 7 月发布的结案报告中严肃地警告道：“无论是在财力上还是人力上，美国都不能承受建立两个独立的机构，以开展秘密军事行动、暗中操作防区外导弹，以及秘密训练外国军事或准军事力量。”

当然，这也正是拉姆斯菲尔德的想法。报告出笼数日后，他指示奥康奈尔打探更多有关上述建议的内幕。在与前海军部长、“9·11”委员会成员小约翰·莱曼交谈过后，奥康奈尔向拉姆斯菲尔德汇报，委员会认为中情局开展准军事行动的方式令人困惑。他在给拉姆斯菲尔德的备忘录中写道：“莱曼表示，‘9·11’委员会对中情局‘不愿意冒险’以及‘在时机成熟时不愿扣动扳机'的做法感到震惊。但最大的问题是，五角大楼虽然有能力开展猎杀行动，但拥有这一权限的却是中情局。"

拉姆斯菲尔德让坎博恩调查，国会是否有可能通过这份报告。很快，坎博恩开始四处探听，中情局秘密行动的权力是否会被进一步削弱。2004年9月底，坎博恩写信给拉姆斯菲尔德称，他认为中情局不应当开展任何秘密行动。因为在他看来，这些行动"与战地指挥官开展的行动没有什么不同"。换句话说，也许应当由五角大楼接管秘密行动。问题在于，坎博恩写道，如果中情局既掌管秘密行动，又负责情报分析，它就有可能在评估某个秘密行动的有效性时产生"偏见"。也就是说，按照现有的体制，中情局正在自己对自己的工作进行评估。

这种观点也许存在私心，但也触及了另一个更加严重的问题：如果某个机构负责开展猎杀"基地"组织的行动，那么它是否还能对这一行动对"基地"组织产生的影响做出不偏不倚的评价？数年后，随着中情局在巴基斯坦无人机战争的不断升级，奥巴马政府也遇到了同样的问题。

最终，拉姆斯菲尔德与中情局局长波特·戈斯向布什总统表示，没有必要让五角大楼接管中情局的秘密军事行动。拉姆斯菲尔德认为，就算中情局继续开展秘密行动，五角大楼同样能够以"常规军事行动"的名义做自己想做的事情。戈斯也在暗中四处游说，以保护中情局的地盘，并呼吁白宫官员不要考虑"9·11"委员会的建议。在这个问题上，虽然五角大楼与中情局暂时达成了一致，但两者之间的斗争远没有结束。

2004年，联合特种作战司令部的特工小分队开始前往世界各地执行间谍任务，其中包括南美洲、非洲、亚洲和中东。他们还深入法国，以搜集当地极端分子的情报。在巴拉圭，拉姆斯菲尔德手下的一名间谍在酒吧与人斗殴时拔出了手枪，导致整个小分队不得不仓猝撤离该国。一名曾经负责该项目的前五角大楼官员说："我们把这些人派往世界各地，但他们却总想充当詹姆斯·邦德，因此结果并不尽如人意。"

其中一些小分队被安置在各地的美国大使馆，并取了一个平淡无奇的名称“军方联络工作组”。还有一些小分队暗中潜入其他国家，在没有通知当地美国大使或中情局站长的情况下开始从事间谍活动。五角大楼的官员认为，鉴于全世界都属于战区，这些特种行动小分队不需要听命于文职大使，而是应服从军事指挥官的调遣。

一天下午，美国驻约旦大使爱德华·W. 内姆坐在办公室里，突然看到大使馆的国防武官走了进来，把一张便条放在他的办公桌上。五角大楼直接将这张便条寄给了这名武官，并注明仅供他本人阅读。上面写道：一个军事情报小分队即将抵达约旦，以搜集有关约旦政权稳定状况的情报。五角大楼指示，绝不能将其在约旦的行动透露给当地的大使或中情局站长。

但这名武官没有遵守国防部的命令，而是找到了美国驻约旦大使。随后，内姆立即向中情局站长转达了此事，而后者顿时“恼羞成怒”。

第5章

“捕食者”：“遥控杀人”时代的引航者

THE WAY OF THE KNIFE

The untold story of USA's secret war

优秀屠夫必有一把好屠刀。搭载了“地狱火”导弹的无人机问世，可使操纵者于万里之外以零伤亡代价准确歼灭敌人，美国政治家们无不欢欣鼓舞。与核武器相比，无人机是绝佳的杀人利器，精准打击、毫无风险，但同时，它也意味着战争的门槛被降低，世界从此将不再平静……

THE WAY OF THE KNIFE
The untold story of USA's secret war

这是一场政治战争，因此在杀戮时要有所偏好。最理想的杀人武器是尖刀，但恐怕我们不能那样做，而最糟糕的是飞机。

——美国驻越南官员约翰·保罗·范恩中校

愤怒的小鸟

2002 年 11 月的一天，在中情局反恐中心的行动室内，一群官员正在观看大屏幕上的视频。只见一辆丰田陆地巡洋舰正在也门马里卜省的沙漠公路上颠簸前行。这辆风尘仆仆的吉普车中挤了 6 名身体壮硕的男子，显然很不舒服。吉普车的外观平淡无奇，因此很难引起也门警方或军队的怀疑，但后座的一部手机暴露了也门通缉犯加伊德·萨利姆·司南·哈尔蒂的行踪。中情局的一架武装无人机“捕食者”正在上空待命。

美国宣称，哈尔蒂是 2000 年美国军舰“科尔”号爆炸案的幕后主使。当“科尔”号在亚丁湾加油时，发生了爆炸。这次袭击导致舰艇上的 17 名士兵丧生，也让哈尔蒂成了布什政府试图置之于死地的“基地”组织要犯之一。2002 年春，当美国特种部队的小分队抵达也门后，他们的首要目标就是追捕哈尔蒂。20 世纪 80 年代，哈尔蒂曾是阿富汗的游击队员，在苏联入侵阿富汗的战争中学到了大量生存本领。在随后的 10 年里，他一直处于阿拉伯联合酋长国秘密警察与也门总统阿里·阿卜杜拉·萨利赫手下突击部队的追捕之中。2000 年，本·拉登派遣哈尔蒂到也门策划“科尔”号爆炸案，并在当地建立“基地”组织的训练营。哈尔蒂不止一次在也门军队的眼皮底下逃之夭夭，让萨利赫总统颜面扫地。

反复无常的萨利赫很快发现，支持美国的反恐战争会带来巨大的经济利益，但他坚持要求布什政府答应他开出的条件。从20世纪70年代起，他就开始利用部落之间的世仇与什叶派分裂势力独揽大权。如果得不到回报，他是不会让美国在也门开展秘密战争的。“9·11”袭击2个月后，萨利赫出访华盛顿，在与布什总统、国防部长拉姆斯菲尔德和中情局局长乔治·特尼特会晤后获得了4亿美元的援助资金。随后，他同意美国小股特种行动部队进入也门，但坚持要求他们只有在自卫的情况下才能开火。萨利赫并不知道，除了突击队员，五角大楼还向也门派出了陆军间谍部门“灰狐”的特工，而后者的专长是通讯拦截。

但五角大楼很快说服萨利赫，允许中情局向也门出动“捕食者”无人机。

2002年春，美国驻也门大使埃德蒙·赫尔与也门总统举行会晤，希望萨利赫同意中情局在该国使用无人机。当时赫尔早已摸透了萨利赫的脾气，知道什么样的话题能让这位喜怒无常的总统批准中情局的行动。几天前，一群中情局官员带着手提电脑从兰利来到这里，通过视频向萨利赫解释了无人机的运作方式，以及如何利用“地狱火”导弹击中汽车与炸毁院落。在观看视频时，萨利赫突然面露笑容。对于也门即将成为中情局在阿富汗以外出动“捕食者”的地方，他似乎感到洋洋自得。

但美国人首先必须找到哈尔蒂。为了躲避监控，哈尔蒂使用了5个不同的手机号码。“灰狐”虽然识别出了其中的部分号码，但哈尔蒂极为谨慎，平时很少使用手机。11月4日，监控人员第一次截获了他的消息。

在丰田陆地巡洋舰后座的手机向空中发送信号时，“灰狐”的特工立即截获了这一信息，并将其发给了位于马里兰州米德堡的国家安全局总部分析人员。与此同时，中情局的一架武装“捕食者”已经在吉布提的无人机基地待命。当“捕食者”在这辆陆地巡洋舰的上空就位后，米德堡的一名分析师听到，手机中传出了哈尔蒂大声地给吉普车司机指点方向的声音。在确认哈尔蒂就在这辆吉普车上之后，中情局得到了向吉普车发射导弹的命令。随后，有人在现场的一堆瓦砾间发现了哈尔蒂的尸体。这名恐怖分子虽然已经身首异处，但腿上有一道明显的疤痕，足以对其进行辨认。

为了进行掩饰，萨利赫政府立即向外界发布了消息：吉普车上携带的煤气罐引起了爆炸。对反恐中心来说，这是一个重大时刻，因为这是自“9·11”袭击以来中情局第一次在战区以外开展“定点清除”行动。2001 年 9 月，秘密行动人员利用布什总统赋予的巨大权力，开始有条不紊地搜索有关哈尔蒂行踪的信息，最终沉着地发射反坦克导弹，将他炸得血肉模糊。

但在当时，中情局的许多人已经忘记，其实他们从未真正希望拥有这种武装无人机。“捕食者”曾被视作构造简单的赤裸裸的杀人武器，而中情局也并不愿意卷入暗杀行动。大约一年前，中情局内部曾就“使用无人机猎杀恐怖分子是否合乎道德”展开了一场激烈的辩论。中情局的资深分析师查尔斯·E. 艾伦坚决支持使用“捕食者”，后来他曾表示，这场辩论无异于一场“血腥的斗争”。

CIA 不敢再搞暗杀

1976 年，在丘奇委员会披露了中情局一系列秘密行动的真相后，福特总统颁布了暗杀禁令。与此同时，与罗斯·纽兰同时代的中情局官员先后走上了兰利总部的领导岗位。这一代人的上位对中情局在世界各地开展的秘密行动产生了直接冲击。中情局的准军事机构日渐式微，足以说明这个情报机构并不希望恢复过去的秘密战争。在中情局内部，人们甚至在暗杀本·拉登是否合法的问题上产生了严重分歧。一位反恐中心前主任曾经向“9·11”委员会表示，在这次恐怖袭击发生前，他会拒绝执行暗杀本·拉登的命令。

“中情局内部的普遍观点是‘我们不希望开展秘密行动。如果非开展不可，我们希望这些行动干净利落。我们也不希望卷入暗杀行动。我们不是摩萨德’。”克林顿与布什政府的白宫反恐高级官员理查德·克拉克这样表示。

2000 年，纽兰离开了海外的卧底岗位，返回兰利总部从事高级管理工作，出任中情局与五角大楼的联络官。从 1998 年美国驻肯尼亚与坦桑尼亚大使馆的爆炸案起，到两年后“科尔”号遇袭，多次的恐怖袭击事件证明了本·拉登可以按照自己选择的时间和地点发动袭击。然而，对于这名“基地”组织的首领究竟身在何处，以及如何在其逃脱之前将其置于死地，克林顿政府始终不得要领。

在白宫的战情室内，有关本·拉登的讨论演变成了一场理论上的辩论，即白宫是否可以违反 1976 年的暗杀禁令，猎杀这名恐怖大亨。克拉克清楚地记得，在一次会议上，国家安全顾问桑迪·伯杰对这场辩论感到怒不可遏，冲着房间里的所有人大声咆哮。“他说：‘你们这些人认为，比尔·克林顿完全可以用‘战斧’式导弹杀死本·拉登！但如果比尔·克林顿将一颗 7.62 毫米的子弹射进他的眼里，那就是坏事了？你们倒是告诉我，用‘战斧’式导弹和 M16 步枪杀死他有什么区别？’”

“伯杰好像就要心脏病发作一样，通身是汗，面红耳赤，冲着人们大声叫嚷。”克拉克回忆道。

克林顿总统感到十分不悦。他对参联会主席休·谢尔顿将军说：“要知道，如果有一群黑衣武士突然从直升机上跳进‘基地’组织的营地，他们一定会大惊失色。”

但五角大楼没有武士可供调遣，因此只好同意向阿拉伯海派遣两艘能够随时向阿富汗发射“战斧”式导弹的潜艇。由于没有任何关于本 · 拉登下落的最新情报，这两艘潜艇毫无用武之地。一些海军上将很快就失去了耐心，准备将潜艇调往其他地方。

中情局虽然在塔利班安插了一名线人，负责向美国传递情报，但他提供的情报通常是 24 小时之前的，因此白宫无法得到最新的信息，就不能批准向阿富汗发射导弹。为了获得最新情报，中情局负责秘密行动的官员找到了美国的国防承包商，希望后者制造小型飞艇或热气球，从 3 万英尺（1 英尺约等于 0.305 米）的高空往下拍摄阿富汗的照片。但如果从兴都库什山吹来的劲风导致飞艇偏离航线，将其刮到数百英里开外的中国，甚至来到核反应堆的上空，就会引发一场外交灾难。因此，中情局最终放弃了这个主意。

克拉克与中情局局长乔治 · 特尼特、中情局行动指挥部负责人詹姆斯 · 帕维特一向关系冷淡，但他还是决定走访两人，听听他们的意见。于是，他打电话给中情局的资深分析师查尔斯 ·E. 艾伦。艾伦在中情局工作了 40 年之久，当时已经年逾花甲。但他头脑仍然非常好使，喜欢标新立异，但脾气有些暴躁。在中情局过去开展的战争里，艾伦曾多次被殃及，“伊朗门”丑闻险些对他的事业造成沉重打击，但在中情局的分析师中，他仍然是一个富有传奇色彩的人物。克拉克让艾伦就如何在阿富汗从事间谍活动开展独立调查。

艾伦首先来到国防部，会见了五角大楼参联会的官员。他们讨论了很多匪夷所思的方案，例如在山顶架设巨型望远镜，对准本 · 拉登在贾拉拉巴德附近的德伦塔训练营，那里是“基地”组织进行化学武器试验的地方。然而，还有一个更加现实的选择。艾伦得知，空军正在沙漠中开展一系列秘密试验。五角大楼的官员表示，中情局有可能利用无人机找到本 · 拉登的下落。

无人机闪耀问世

2000 年，在军方负责开发实验性电子间谍设备的工程师和情报分析师中，MQ-1“捕食者”早已大名鼎鼎。作为一种间谍设备，“捕食者”早在巴尔干战争中就已大显身手，成功地追踪到塞尔维亚军队的集结地点和波黑塞族领导人的行踪。

军方用两卡车的羊毛毯在阿尔巴尼亚租借了一座飞机库，无人机的驾驶员就在那里对“捕食者”进行操控。通过简单的电子邮件链接，驾驶员将无人机拍摄的视频发回中情局局长小罗伯特·詹姆斯·伍尔西的办公室。伍尔西设法从众议员查理·威尔逊那里获得了一小笔资金，用于开发无人机项目。20 世纪 80 年代，在阿富汗开展的秘密战争中，这位嗜酒如命的得克萨斯州众议员曾经在预算上使用同样的花招，对中情局进行资助。

由于巴尔干地区地势复杂，军方无法利用“瞄准线”技术操纵无人机，即驾驶员通过直接向无人机发送信号进行操纵。20 世纪 90 年代，军方对“捕食者”的技术做了重大改进，通过卫星在空中传输信号。但当时的无人机还不能运载武器，其外形酷似一只体型纤长的昆虫。由于引擎会发出巨大的轰鸣声，“捕食者”听起来就像一台正在飞行的割草机。与大多数飞机不同的是，它的安定翼指向下方，而非空中。因此，一家大型商业杂志在首次刊登有关“捕食者”的报道时，照片被上下倒置。但少数空军军官还是看到了无人操作系统的巨大潜力，开始大力支持发展“捕食者”无人机。

在白宫，艾伦向克拉克反馈了有关无人机的设想。两人清楚，特尼特和帕维特一定会表示反对，因此决定等到向阿富汗派遣“捕食者”的方案出笼后，再将有关无人机的事情和盘托出。克拉克在白宫召开会议，邀请“捕食者”最坚定的支持者参加，其中包括资深分析师艾伦、反恐中心主任科弗·布莱克、本·拉登猎杀小组负责人理查德·布利。

布利是一名职业办案人员，先后在中情局驻非洲的几个工作站任职。1999 年，在接管亚历克站后，他立即率队深入阿富汗的潘杰希尔谷地，重新确立了中情局与北方联盟领导人艾哈迈德·沙阿·马苏德之间的联系，而后者在“9·11”袭击发生两天前被“基地”组织暗杀。

布利精明过人、工作投入，但有时却面色阴沉，因此一些同事觉得他为人冷漠。他的父亲戴维·布利是中情局驻苏联处的负责人，曾经与中情局名噪一时的反情报科主任詹姆斯·安吉尔顿在对苏联秘密行动的指挥权上展开过激烈竞争。20 世纪 70 年代，戴维·布利赢得了这场角逐，并派遣数十名卧底成功打入克格勃高层。有其父必有其子，现在他的儿子被推上了中情局另一场秘密战争的风口浪尖。

克林顿的国家安全顾问桑迪·伯杰在 2000 年的美国阵亡将士纪念日表示，中情局在有关“捕食者”的问题上已经争论了太久，因此要求他们尽快就无人机一事做出决定。中情局副局长约翰·戈登将军立即在兰利召开紧急会议，但这次会议很快演变成了一场互相叫嚷的大战。行动指挥部负责人帕维特当时已对“捕食者”项目有所耳闻，明确表示他反对中情局对阿富汗进行空中侦察。他问：“无人机的基地要设在哪里？如果它们被击落怎么办？”帕维特认为，中情局不应当建立自己的空军。这次会议只好不欢而散。

会议结束后，艾伦打电话给克拉克，告诉他帕维特表示反对。克拉克认为，帕维特的担心没有任何道理，因为这项计划几乎不存在风险。他告诉艾伦：“要知道，就算是‘捕食者’被击落，驾驶员仍然可以安全回家。这个方案完全可行，而且不会涉及战俘问题。”

数日后，在听到有关“捕食者”的消息后，中情局局长特尼特也感到怀疑。他认为，乌兹别克斯坦的伊斯兰·卡里莫夫总统绝不会允许中情局在该国靠近阿富汗边境的苏联空军基地建立“捕食者”据点。如果在世界各地建立类似军方的基地，肯定会耗尽中情局非常有限的秘密行动预算，因此，特尼特认为，这是一个疯狂的主意。

2000 年 6 月，克拉克赢得了这场论战，白宫批准在乌兹别克斯坦的卡尔希—汉纳巴德空军基地操控“捕食者”。但中情局的官员提出了一个问题：如何为无人机运行获得足够的卫星带宽？当时，空军工程师已经设计出了从数千英里以外操控“捕食者”的方法，即通过卫星传送信号，再由德国的地面站进行中转。

这样一来，中情局可以将“捕食者”的驾驶员安排在兰利总部停车场内一辆经过改装的拖车里。但中情局仍然需要从商业卫星公司租借带宽，而这个目标当时很难实现。为了报道悉尼奥运会，新闻机构几乎占用了所有的卫星带宽。由于“捕食者”已经准备就绪，中情局不得不开始疯狂寻找租借转发器的卫星公司。

无人机于 2000 年 9 月开始从事空中侦察。当年秋天，中情局一共出动了十几架次“捕食者”飞往阿富汗上空。到了冬季，山区刮起的强风就会击打“捕食者”脆弱的机身，使飞行变得异常危险。克拉克多次驱车来到兰利，观看停车场拖车内的视频。

“太不可思议了，这简直就是科幻小说！”他说。有一次，当无人机飞过本·拉登位于坎大哈附近塔纳克农场的训练营时，“捕食者”发现一队卡车正驶入营地。车中走下了一个身穿白色长袍的高个男子。虽然视频模糊不清，但站在监视器旁的所有人都认为，镜头里的这个人就是本·拉登。

中情局的分析人员迅速将这一消息通知了五角大楼与白宫，以便后者批准从潜艇上发射导弹。但国家安全委员会的官员要求确认，在随后至少 6 个小时里，本·拉登是否仍在塔纳克农场。因为他们需要利用这段时间办理发射手续，让“战斧”式导弹从位于阿拉伯海的潜艇飞到阿富汗南部。中情局对此毫无头绪，因此桑迪·伯杰及其手下拒绝批准发动袭击。中情局只有两个选择：提前 6 个小时预言本·拉登的下落，或者找到能够追踪并立即击毙这名“基地”组织首领的武器。

进化成“空天杀手”

印第安泉空军基地的辅助机场当时是内华达州沙漠中一座废弃的小型基地，位于拉斯维加斯西北约 35 英里。它是美国在“二战”期间临时建立的不计其数的空军基地之一，随后被五角大楼遗忘。20 世纪五六十年代，这座基地充当过附近地下核试验的供电中心，驻扎在印第安泉空军基地的直升机偶尔也会飞到墨丘利与亚卡谷地试验场的上空，监测核泄漏的程度。现在，除了空军演习中队“雷鸟”间或会在这里开展训练，印第安泉空军基地几乎已经与世隔绝。

此外，这座基地还有飞鸟的问题。印第安泉的空中飞着各种鸟类，由于担心飞鸟被吸进引擎后导致坠机，空军对战斗机从这里起飞的次数做出了限制。但印第安泉无疑是进行无人机试验的理想场地，因为“捕食者”的航行速度并不比鸟类更快。在印第安泉，中情局的试飞员正准备把“捕食者”从追踪设备变成猎杀武器。

由于基地房屋的墙壁内填充有石棉，这些房屋按照计划将被拆除。每天清晨，“捕食者”的试飞员都会从拉斯维加斯郊区的住处赶往设在印第安泉一处废弃教堂内的指挥所。2000 ~ 2001 年间担任“捕食者”试飞员的柯特·霍斯回忆道，他们的小组只是隐约听说要加快无人机试验的进度，因为中情局急于使用“捕食者”杀死本·拉登，但对于华盛顿高层讨论的诸多细节问题，他们始终被蒙在鼓里。

该项目的资金来自空军的“大狩猎旅行”项目办公室。这是一个位于俄亥俄州的莱特—帕特森空军基地的秘密部门，掌管着军方的秘密情报项目。“大狩猎旅行”项目的职责是省去五角大楼的繁文缛节，确保某些武器迅速投入实际应用。这就意味着，有时候有些武器会在尚未完全准备好之前投入战场。2000年，“捕食者”的初期模型就遇到了这种情况。无人机的控制面板是临时拼凑而成的，一些试飞员甚至开玩笑说，它看起来就像玩具“土豆先生”那样七零八落。其中一项设计缺陷在于，关闭引擎的按钮距离发射“地狱火”导弹的按钮仅有1/4英寸（1英寸约等于0.0254米），因此一旦出现人为失误，必将造成致命的后果。

但更大的问题是，没有人知道发射导弹会对无人机本身造成哪些影响。导弹的力量是否会在中途炸裂机身或撕毁机翼？为了弄清这个问题，2001年1月，军方在加利福尼亚州中国湖村的沙漠高地进行试验。布什总统宣誓就职3天后，空军工程师将一架“捕食者”用铁链绑在一座小山顶的混凝土发射台上，然后从无人机上发射了一枚“地狱火”导弹。导弹命中目标坦克后，“捕食者”仍然完好无损。于是，空军开始进行实地航行试验。

2001年2月16日，在拂晓前几个小时，试飞员柯特·霍斯离开了印第安泉教堂中的指挥所，开车来到20英里外的沙漠。试航的前一天晚上，他坐在拉斯维加斯的卧室里，在脑海里温习了所有注意事项。霍斯闭上眼睛进行模拟操作，就像他真的握着“捕食者”的操纵杆一样，然后发射了一枚导弹。

这也许是美国航空史上第一次在进行重大试飞时不需要担心飞行员的生命安全问题。2月16日清晨，霍斯醒来时不用像查克·叶格（退休的美国空军准将，持有王牌称号的“二战”空战英雄，美国空军与NASA试飞员，第一个突破音障的人类，被认为是20世纪人类航空史上最重要的传奇人物之一。——译者注）那样提心吊胆，而后者在钻入贝尔X-2飞机狭小的机舱后，只能暗自祈祷自己不会成为另一个由于试图打破音速而丧生的飞行员。霍斯不需要面临这样的危险，因此这无疑是一个重大的转折时刻：美国正在研制一种不需要亲赴战场的新型作战武器。

按照计划，试验将在清晨进行，因为那时是沙漠中最平静的时刻。太阳升起后，霍斯接管了试验小组从印第安泉跑道上发射的“捕食者”。他将无人机缓缓下降到距地面 2 000 英尺处，这是迄今为止发射“地狱火”导弹的最高海拔。随后，他借助一束指向沙漠中目标坦克的激光开始进行瞄准，负责瞄准激光的是地面的陆军人员。霍斯按下按钮，发射了一枚“地狱火”导弹。

霍斯只记得，当时现场一片寂然。作为一名飞行员，他距离自己的飞机有几英里远，所以既听不到“地狱火”导弹的火箭发动机引爆的声音，也感觉不到发射导弹时的冲击。导弹发出的热量拖曳出一道长长的痕迹，监视器闪烁不定，但他随即看到，导弹直奔目标而去。

在此之前，工程师们决定不在试验中使用实弹，所以没有产生爆炸。模拟导弹命中了靶心偏右 6 英寸的炮塔。导弹将炮塔的装甲炸出一个凹痕，炮塔向一侧倾斜了 30 度。负责人宣布，这次试验大获成功。上午 7 点，试验正式结束。“捕食者”试飞小组来到印第安泉空军基地旁的一座小型俱乐部，一边享用早餐，一边互相庆祝。空军领导人洋洋得意。5 后进行第二次试验时，他们还特意邀请一群将军聚集在五角大楼，通过监视屏幕观看内华达州发回的“地狱火”发射实况。这一次，霍斯使用卫星操纵“捕食者”，因此在操纵杆的动作与无人机的实际动作之间产生了 2 秒的误差。这让“捕食者”变得更难控制，但“地狱火”导弹再次命中目标。由于这次试验使用了实弹，只见一团火球点亮了拂晓的天空。

人类悄无声息地进入了由远程控制武器作战的时代，但空军方面只是发布了一则简短的新闻稿，拉斯维加斯当地的一家报纸也对此事作了简单报道。随后，内华达州国会议员致电“捕食者”试飞小组，向他们表示祝贺。但让工程师和试飞员们感到失望的是，尽管此前有消息称有线电视新闻网的一个工作组准备对这次试验进行摄制，但他们最终没有出现。中情局的官员希望对此事进行绝对保密，因此对空军发表的声明十分愤怒，根本没有允许有线电视新闻网的记者进入试验基地。

霍斯对上述细节毫不知情。他只听说，“其他部门”曾经出面干涉，要求对这项工作保密。

无人机将降低战争门槛？

但是，这个“其他部门”无权决定如何使用这种新型武装无人机。虽然“捕食者”成功地发射了导弹，但对于是否向阿富汗派遣武装“捕食者”追剿本·拉登，中情局高层仍然不能统一意见。中情局的秘密行动负责人帕维特力排众议，极力反对开展无人机项目。他希望将这笔秘密预算用于雇用更多办案人员，而不是购买无人机。“9·11”袭击发生后，虽然国会向反恐中心注入了数十亿美元，但他仍然多次在会上提出同一个问题：买1架“捕食者”要花200万美元，这笔资金应当由中情局还是五角大楼支付？

帕维特的担心引起了特尼特手下许多人的共鸣。如果中情局重操旧业，开展暗杀行动，将会造成哪些不良影响？“一旦获得批准，人们的思维方式就会产生重大变化。”中情局副局长约翰·麦克劳克林表示。“如果有人对我说：‘这没什么大不了的。’我会反问他：‘你杀过人吗？’”他说，“这无疑是一件大事。你必须学会从不同的角度考虑事情。”

对于是否应当开展暗杀行动，美国国内不仅各执一词，而且也不希望其他国家做这样的事情。2000 ~ 2001年，当以色列政府计划在第二轮巴勒斯坦人暴动期间暗杀哈马斯领导人时，美国驻以色列大使马丁·因迪克说：“美国的态度历来都很明确，我们反对开展暗杀行动……这是非法活动，我们不支持这种做法。”

乔治·特尼特始终摇摆不定，反复宣称应当由军方而非中情局扣动这种新型作战武器的扳机。在讨论是否应当由中情局批准“捕食者”发动袭击时，分析员艾伦和中情局的第三把手阿尔文·巴兹·克朗加德主动表示愿意扣动扳机。为此，特尼特感到十分不悦。后来他对"9·11"委员会表示，他曾经申斥艾伦与克朗加德，并告诉这两人，就算他们两个加起来，也无权发射"地狱火"导弹。

在这场关于"捕食者"的争论中，坐在特尼特身旁的约翰·坎贝尔将军就像一位置身局外的人类学家那样，冷眼旁观双方斗争。2000 年夏，坎贝尔来到兰利，担任中情局负责军事支援的副局长，而此前他一直在空军任职。坎贝尔强烈主张中情局接受"捕食者"，但多年后，当回忆起 2001 年夏中情局就武装无人机展开的内部斗争时，他忽然发现，让中情局耿耿于怀的其实是一个最基本的问题，即中情局究竟想成为一个怎样的机构。

他说："在军界，如果你执行的是合法的命令，从长期来看，你不需要为自己所做的事情承担个人责任。但中情局的情况不同，他们得到的保护很少。他们可能需要根据总统决定的条款开展行动，也就是一份有总统签名的文件，上面写道：'我授权你们如何如何。'接着，下一届政府上台后，司法部门裁决，这份总统的决定存在问题，甚至违背了法律。你们猜会怎样？那些人就要为自己的所作所为承担个人责任。"

"这与'捕食者'有些类似，如果你瞄准的是个人，将来就会引起一系列麻烦。"坎贝尔说。

在有关"捕食者"的争论中，坎贝尔的副手罗斯·纽兰看到了他所熟悉的另一轮循环周而复始：被指责"规避风险"的中情局再次涉足秘密战争。他虽然支持"捕食者"项目，认为布什政府应当尽快使用无人机击毙本·拉登，但这也令他回忆起在玻利维亚从事缉毒活动的日子。中情局在毫无准备的情况下，被委派到海外追捕毒贩，因为谁都不想接手这项任务。20 年后，纽兰看到，反恐战争中正在上演同样的一幕。

"9·11"袭击导致近 3 000 名美国人丧生。数周以后，有关暗杀、秘密行动以及是否应当由中情局追捕美国敌人等棘手的问题被暂时搁置一旁。中情局迅速出击，在阿富汗发动了数十次无人机袭击。

美国发现，武装“捕食者”无疑是开展秘密战争的终极武器。它可以悄无声息地置人死地，不需要受到普通交战规则的约束。有了武装无人机，美国总统可以下令对记者与独立监督小组无法进入的遥远村庄和沙漠营地发动袭击。恐怖组织的新闻发言人就不会有机会站在讲台上对他们制造的袭击夸夸其谈，同时也给美国的政治家们吃了一颗定心丸，因为美国既可以大显身手，又不需要让任何士兵身处险境。

科技很少能像现在这样改变战争的面貌。20世纪上半叶，坦克与飞机的发明促使两次世界大战发生了大转变。在随后的50年里，核弹头与洲际导弹占据着主导地位。由于它们具有毁灭世界的恐怖威力，因此一系列禁止使用核武器的条约相继出笼。但武装无人机的问世彻底改变了人们对战争的认识：从表面上看，无人机似乎毫无风险，因此反而降低了战争的门槛，增加了交战的可能。随着远程控制时代的到来，武装无人机在中情局内部顿时成为最热门的话题。

2002年夏，罗斯·纽兰来到中情局总部的礼品店，想给朋友买几样礼物。他走过两排货架，看到上面的马克杯、羊毛外套和T恤衫上都印着中情局的标志。出人意料的是，他还看到一件高尔夫衬衫的左侧竟然绣着一架小型无人机。当时，“捕食者”仍然是中情局最机密的项目之一，但有人已经开始把它印在纪念品上来招徕顾客了。

当年晚些时候，在也门暗杀哈尔蒂的行动证明，如果盟国愿意俯首听命，中情局完全能够在战区以外发动战争。这次袭击让布什政府的官员志得意满，但不久之后，真相就泄漏了出去，戳穿了也门官员的掩饰之词。国防部副部长保罗·沃尔夫威茨甚至在有线电视新闻网上对这次袭击大加赞赏。

在听到沃尔夫威茨的言论后，萨利赫总统恼羞成怒。这番言辞不仅揭穿了他们的谎言，而且让他的政府显得愚不可及。于是，他要求也门的美国间谍和外交官立即赶到他的办公室。萨利赫说，既然华盛顿不能保守秘密，那他将大幅减少美国在也门的秘密行动。此外，他还下令，立即停止“捕食者”在也门境内的袭击。

这道禁令持续了近 8 年之久。直到 2010 年，当也门处于骚乱之中，萨利赫正逐渐丧失大权时，另一位美国总统下令恢复了也门的无人机袭击。而当时，萨利赫已无力将美国人拒之门外。

★ 第6章 ★

巴基斯坦正在“塔利班化”？

THE WAY OF THE KNIFE

The untold story of USA's secret war

眼见同为超级大国“小兄弟”的宿仇印度日益昌盛，巴基斯坦试图通过靠拢阿富汗塔利班来牵制印度。孰料引狼入室，渗透进来的极端势力以部落地区为基点，向四周扩散，巴基斯坦逐渐沦为恐怖主义肆虐的中心地带……

THE WAY OF THE KNIFE
The untold story of USA's secret war

祸事经常会从天而降。

——巴基斯坦前总统佩尔韦兹·穆沙拉夫

巴山区沦为“基地”庇护所

“这只小鸟为什么总跟着我？”

纳克·穆罕默德坐在南瓦济里斯坦地区的一栋泥土房里，正通过卫星电话与英国广播公司的一名记者交谈。他留着一头墨黑的长发，众多随从围坐在他身旁。这名年轻的指挥官望了望窗外，看到天空中有个闪闪发光的东西正在盘旋。于是，他问身旁的一名副官，那个正在空中闪烁的金属物体究竟是什么。

纳克·穆罕默德轻而易举地击败了巴基斯坦的军队。现在，中情局正在跟踪此人。毋庸置疑，他已经成了巴基斯坦部落地区鼎鼎大名的人物。2004 年春，纳克·穆罕默德建立起部落军队反抗政府军，与伊斯兰堡分庭抗礼。他的崛起让巴基斯坦领导人猝不及防，因此穆沙拉夫总统希望置他于死地。

29 岁的纳克·穆罕默德是巴基斯坦游击队员的后代，虽然三军情报局曾在对苏战争中为他们的父辈提供过帮助，但他们却认为没有必要效忠这个间谍机构。“9·11”袭击后，很多部落地区的巴基斯坦人对穆沙拉夫总统与华盛顿结盟的做法不屑一顾，认为巴基斯坦军队与美国人沆瀣一气。在他们看来，美国对阿富汗发动的侵略战争与数十年前苏联的做法毫无二致。纳克·穆罕默德让巴基斯坦政府第一次看到一个日益严峻的问题：激进势力已经扩展到西部山区之外，甚至已经进入了本国的定居点，距离巴基斯坦的大城市仅有咫尺之遥，而最终伊斯兰堡将无法控制。

纳克·穆罕默德出生在南瓦济里斯坦地区的闹市——瓦纳附近，年幼时曾被送到宗教学院就读。20 世纪 80 年代，宗教学院像雨后春笋般在该地区发展起来。联邦直辖部落地区的很多年轻人就是在那里读书识字的。入学 5 年后，纳克·穆罕默德辍学了。90 年代初，为了维持生计，他在瓦纳的市场开了一家小店，有时候还会充当偷车贼。1993 年，纳克·穆罕默德被招募入伍，开始在内战正酣的阿富汗与塔利班组织并肩作战，抵抗艾哈迈德·沙阿·马苏德领导的北方联盟。

他在塔利班的军事领导人中迅速崛起，以不屈不挠而闻名。在战场上，即使是上级命令他撤退，他也从不妥协退让。他面容瘦削，蓬乱的胡须盖过锁骨，一头墨黑的长发在白色的头巾下飘拂，给人留下的印象格外鲜明。与其说他像一个外表邋遢的部落激进分子，不如说更像是普什图版的切·格瓦拉（切·格瓦拉，拉丁美洲的马克思主义革命家，国际共产主义运动的英雄和左翼人士的象征。曾参加菲德尔·卡斯特罗领导的古巴革命，推翻了亲美的巴蒂斯塔独裁政权。——译者注）。

纳克·穆罕默德抓住机会，为流窜到巴基斯坦的“基地”组织阿拉伯与车臣士兵提供庇护。2001 ~ 2002 年，为了躲避美国对阿富汗的密集轰炸，这些人越过了边境，进入巴基斯坦。当地的部落成员认为，按照宗教习俗，他们有义务为这些人提供住处，但也有人从中牟取暴利，对住在瓦纳和沙凯居民区的武装分子收取高额房租。这里河谷陡峭、绿树成荫，是传统的农耕地区。纳克·穆罕默德看到，他既可以趁机揩油，也可以利用这些外来武装分子为自己服务。在随后两年里，他在这些人的协助下，对巴基斯坦边境部队的军事设施和美国位于阿富汗边境地区的重火力点发动了一系列袭击。

驻伊斯兰堡的中情局官员敦促巴基斯坦特工迫使瓦济里斯坦的部落成员交出阿拉伯与车臣士兵，但普什图部落的习俗禁止做出这种背信弃义的行为。因此，穆沙拉夫总统极不情愿地下令军队挺进地势险要的山区，追捕外来武装分子，并对纳克·穆罕默德的手下进行了草草的审判。虽然这不是军方第一次对瓦济里斯坦地区发起突袭，但对穆沙拉夫来说，这次行动显然更加紧急。2003 年，“基地”组织的二号人物艾曼·扎瓦赫里曾号召信徒刺杀巴基斯坦总统。2003 年 12 月，穆沙拉夫两次险些遭到暗杀。他认为，迅速在山区开展惩罚性的军事行动，也许会结束武装分子在巴基斯坦的袭击。

然而，这只是一个开始。2004 年 3 月，巴基斯坦武装直升机和炮兵部队对瓦纳及其周围的村庄发动了进攻。政府军不仅炮轰了运送民众离开交战地点的轻型卡车，而且摧毁了部落地区涉嫌包庇外来者的房屋。一名部落成员告诉记者，巴基斯坦军队冲进他的房屋大肆掠夺，抢走了所有衣物，甚至连枕巾和鞋油也不放过。这次战役的指挥官萨甫达尔·侯赛因中将宣布，军方的行动大获全胜，捣毁了一个包含复杂通讯设备的地下网络和一座军事基地。

但对巴基斯坦政府来说，这次袭击得不偿失。军方的伤亡人数比预期的要多。在 3 月 16 日的战斗中，政府军包围了纳克·穆罕默德和另外两名高级头目的堡垒，但这次行动导致 15 名边境部队士兵和 1 名巴基斯坦常规军士兵丧生。还有 14 名士兵被扣为人质，数十辆军用卡车、步兵战车和火炮被毁。在伊斯兰堡，极端分子团体发出信息，号召南瓦济里斯坦地区的人民抵抗政府军的进攻，并拒绝为巴基斯坦士兵举行葬礼。一些父母遵照教令，甚至拒不接受死于战乱的儿子的尸首。在瓦济里斯坦地区，对于政府军不分青红皂白地向瓦纳发动进攻的做法，那些反对向山区派遣部队的部落成员感到非常愤怒。当地人对边境部队发动的袭击有增无减，因此伊斯兰堡不得不开始另谋出路。

绥靖种下“巴塔”祸根

2004年4月24日，当穆沙拉夫总统的军事特使抵达瓦纳附近沙凯地区的神学院时，纳克·穆罕默德的手下正在那里等候。这群普什图族的部落成员围成一圈，一边跳舞一边敲鼓。萨甫达尔·侯赛因中将的亲自到来，显示了穆沙拉夫急于求和的迫切心情。按照传统，部落成员向军方赠送了AK-47突击步枪，以示寻求和平。在拥抱了纳克·穆罕默德后，侯赛因将军也将一个鲜艳的花环挂在他的脖子上。随后，两人肩并肩坐下来一起喝茶。摄影师和电视摄像师记录下了这个时刻。

仪式过后，侯赛因将军向在地上盘腿而坐的数百名部落成员发表了讲话。这些人穿着宽松的克米兹外衣，头戴扁平的阿富汗羊毛帽。将军告诉他们，美国在阿富汗发动战争的做法十分愚蠢。“当美国的世贸中心被飞机撞毁时，其中有多少人是阿富汗飞行员？”将军问道，“一个都没有。那既然没有一个人是阿富汗飞行员，为什么还要在阿富汗发动袭击？”

他建议巴基斯坦政府从中斡旋，以达成和平协议，从而保护南瓦济里斯坦地区的人民免遭美国轰炸。

“如果巴基斯坦政府不能做出明智的决定，就像美国会入侵伊拉克和阿富汗一样，他们同样会入侵部落地区。”话音刚落，人群中顿时爆发出热烈的喝彩声。

纳克·穆罕默德也谈起了和平。

“虽然已经发生的事情无法挽回，”他对着面前的一排麦克风说，“但无论是我们的错误还是军方的错误，今后我们都不会再互相为敌。”

在这次谈判中，双方孰强孰弱一望可知。纳克·穆罕默德后来吹嘘道，从前都是在公共场合举行部落会议，但这次政府竟然同意在宗教学院与他会面。他说：“我没有去找他们，是他们到我这里来的。究竟是谁向谁屈服，这一点不言而喻。”

从停火协议来看，他的说法无疑是正确的。巴基斯坦政府同意对军队在南瓦济里斯坦地区的屠杀进行赔偿，并释放所有在这次战斗中抓获的俘虏。此外，只要山区的外国士兵不再攻击巴基斯坦军队和突袭阿富汗，政府就赦免他们的罪行。实际上，这项条款根本无法执行。纳克·穆罕默德及其追随者也承诺不再袭击巴基斯坦军队，但不愿放弃在阿富汗的行动。后来，纳克·穆罕默德表示，只有当阿富汗不再遭到外国侵略，他才会放弃在该国的行动。

但仍有一些巴基斯坦政府官员认为，这项和平协议绝非明智之举。2004 年，阿萨德·穆尼尔从三军情报局退休后，前往白沙瓦担任文职官员，负责该部落地区的安全与发展。2002 ~ 2003 年，这位情报局前局长曾与中情局密切合作。他看到，巴基斯坦军方在是否与纳克·穆罕默德举行谈判的问题上陷入了分歧。穆尼尔曾经发出警告，对这群部落武装分子采取绥靖政策，只会进一步扩大他们在巴基斯坦的地盘。而现在穆尼尔认为，正是 2004 年与部落地区达成的和平协议导致该国出现了一个强大的武装组织，这个组织后来被称作“巴基斯坦塔利班”（下称“巴塔”）。

他说：“2004 年，如果巴基斯坦军队只是在南北瓦济里斯坦地区开展行动，塔利班的势力就不会扩散到更加接近伊斯兰堡的地区。和平协议让他们积蓄了力量，控制了更多地盘，而人们也开始将他们视作统治者，因为政府不再对他们加以干涉。”

然而，伊斯兰堡的政府官员却大言不惭地宣称，和平协议离间了巴基斯坦激进分子与“基地”组织士兵之间的关系。纳克·穆罕默德继续公开否认部落地区藏有“基地”组织成员的说法：“这里没有‘基地’组织，如果有的话，政府早就将其捉拿归案了。”

沙凯和平协议让纳克·穆罕默德的名声如日中天。他认为，是他让政府屈膝投降，并且开始把自己与昔日将英军驱逐出山区的瓦济里部落成员相提并论。几个星期后，事实证明，所谓的停火协议只不过是一场骗局。纳克·穆罕默德并没有停止袭击巴基斯坦军队，穆沙拉夫总统也再次下令政府军对南瓦济里斯坦部落地区发动进攻。

几个月来，中情局驻伊斯兰堡的官员一直在游说巴基斯坦，希望他们批准“捕食者”深入部落地区。由于纳克·穆罕默德多次让巴基斯坦军队蒙羞，中情局看到了希望。伊斯兰堡站长拜访了三军情报局局长艾山·乌尔·哈克将军，并提出条件：如果中情局能够将纳克·穆罕默德置于死地，三军情报局是否会批准无人机定期飞往部落地区？“如果你们能找到他，那就动手吧。”三军情报局的人这样回答。但他们还开出了附加条件。

巴基斯坦的情报官员强调，每一次无人机袭击必须在事前经他们批准，从而牢牢控制着暗杀名单。双方就无人机的活动范围展开了激烈的讨论，巴基斯坦方面坚持要求将无人机限制在部落地区狭窄的航区内。他们知道，一旦超出了这个范围，中情局就可以对伊斯兰堡不希望美国出现的地方进行侦察，例如巴基斯坦的核设施以及用于训练克什米尔武装组织的山区营地，该组织主要袭击印度的边境地区。

此外，三军情报局还坚持要求，无人机在巴基斯坦的所有活动都必须经过中情局秘密行动处的授权。这就意味着美国不会承认发动了导弹袭击，而巴基斯坦既不会对暗杀行动承担责任，也不会保持沉默。穆沙拉夫总统认为，掩盖事实并不困难。在双方协商期间，他对中情局的一名特工说：“在巴基斯坦，祸事经常会从天而降。”

即使没有受到任何限制，中情局也难以在部落地区开展大规模暗杀行动。因为美国在该地区几乎没有任何情报线索，有关本·拉登和其他“基地”组织领导人下落的信息也少之又少。

中情局的分析人员怀疑，本·拉登和艾曼·扎瓦赫里就藏在部落地区的某个地方，但仅凭捕风捉影和道听途说的报告，还不足以出动“捕食者”。三军情报局的情况也好不到哪里。这个巴基斯坦间谍机构在各大城市建立了庞大的线人网络，以追捕包括哈立德·谢赫·穆罕默德在内的“基地”组织首领，但在南瓦济里斯坦和其他部落地区，三军情报局同样没有可靠的联系人。

但美国和巴基斯坦间谍很幸运，因为纳克·穆罕默德并不喜欢深居简出。他会定期接受西方媒体普什图频道的采访，对自己大败巴基斯坦军队的经历大肆炫耀，而这些通过卫星电话进行的采访很容易成为美国的监控目标。

2004 年 6 月中旬，美国人开始定期追踪他的动向。6 月 18 日，纳克·穆罕默德在英国广播公司发表的讲话中提到，他的头顶总是盘旋着一只奇怪的小鸟。

就在此时，一只奇怪的小鸟——“捕食者”锁定了他的位置，向他所在的大院发射了一枚“地狱火”导弹。爆炸撕掉了纳克·穆罕默德的左腿和左手，导致他当场毙命。数日后，一个名叫扎希德·侯赛因的巴基斯坦记者来到村里，看到纳克·穆罕默德的墓碑已经成了人们拜谒的地点。墓碑上写着：无论是生还是死，他都是一名真正的普什图人。

中情局与三军情报局的官员就如何公布这次袭击的消息进行了讨论，并决定将这次暗杀归功于巴基斯坦，因为纳克·穆罕默德曾让军方颜面扫地。这一谎言持续了数年之久。巴基斯坦军方高级发言人肖克特·苏丹少将对美国之音电台表示：“‘基地’组织的包庇者纳克·穆罕默德以及其他 4 名武装分子在巴基斯坦军队发动的一次火箭袭击中丧生。”

靠拢“阿塔”，引狼入室

4个月后，面带戚容、眼神空洞、双肩佝偻的阿什法克·佩尔韦兹·卡亚尼将军接管了三军情报局。除了普通简历上该有的以外，美国间谍对他几乎一无所知。卡亚尼处事沉着，总是烟不离手。他出生在一个军人家庭，从小在旁遮普省干旱贫瘠的杰赫勒姆市长大。1971年，卡亚尼成了一名陆军军官。当时，巴基斯坦军队刚刚在一场为期13天的战争中被印度打败，并失去了部分领土，这部分领土就是后来的孟加拉。就像大多数巴基斯坦军官一样，卡亚尼认为，为了维持生存，巴基斯坦不得不经常处于挣扎之中。因此，在做出任何军事决定之前，这个国家必须首先确定，上述决定将对该国防御印度的能力产生何种影响。

卡亚尼虽然头脑冷静，但他身旁的却多是些鲁莽之徒。2001年底，巴基斯坦的武装组织“虔诚军”对印度新德里的议会大厦发动了致命袭击，这两个不共戴天的有核国家眼看就要擦枪走火。当时，作为陆军指挥官，卡亚尼负责在印巴边境集结巴基斯坦军队。他不仅暗中控制了紧张局势，而且始终与印度军方保持联系，避免让一场冲突升级为核战争，从而在巴基斯坦赢得了人们的赞誉。两年后，他负责调查2003年12月的总统遇刺案，并赢得了穆沙拉夫将军的信任。

由于擅长左右时局且深藏不露，卡亚尼接管三军情报局后不久，中情局总部虽然对他颇有怨言，但又不得不佩服。在会议上，他能够很长时间一言不发，仿佛睡着了一般。但是，当被某个话题触动后，他就会慷慨激昂讲上几分钟，然后重新陷入沉寂。卡亚尼酷爱吸烟，甚至到了着迷的地步，无论他走到哪里，头顶上总是会出现一圈烟雾。

卡亚尼很少谈起自己，即使涉及这个话题，人们也很难弄清他究竟说了些什么，因为他讲话时总是含含糊糊。他的前任哈克将军仪表考究、老于世故，但卡亚尼却不拘形迹、率真朴实。在访问华盛顿特区时，他坚持要轿车司机先把他带到马绍尔服装折扣连锁店购买西装和领带。最重要的是，为了得到自己想要的东西，他可以毫无怨言地耐心等待。美国的一位高级间谍回忆道，在一次冗长的会议上，卡亚尼花了半个小时一丝不苟地卷好一根香烟，但他只吸了一口，便轻轻捻灭了烟头。

卡亚尼将军接管三军情报局之后，巴基斯坦领导人越来越相信，美国人已经失去了在阿富汗开战的兴趣。伊拉克战争分散了华盛顿对阿富汗的注意力，以至于伊斯兰堡的士兵、间谍和政客都一致认为，巴基斯坦西邻的动乱危及伊斯兰堡政府只是时间问题。据几名当时掌权的巴基斯坦官员回忆，正是在这个阶段，三军情报局决定与阿富汗塔利班开展积极交往，以促使阿富汗的未来朝着有利于伊斯兰堡的方向发展。

卡亚尼将军熟读历史，并深知阿富汗血雨腥风的过去与美国在该国发动的战争有莫大关系。数十年来，他一直在研究阿富汗。对于 20 世纪 80 年代，阿富汗义军是在何种形势下战胜超级大国苏联的，卡亚尼了如指掌。作为一名年轻的巴基斯坦陆军少校，他曾在堪萨斯州的莱文沃思堡就读，并撰写了一篇关于苏阿战争的硕士论文，题目是《阿富汗抵抗运动的优势与缺陷》。当时，苏联在阿富汗开战已近 10 年，其总理戈尔巴乔夫已经开始撤军。在长达 98 页的论文中，卡亚尼观点清晰、措辞犀利，详细分析了阿富汗抵抗运动是如何重创自负的苏军，并增加了“苏联进驻阿富汗的代价”。

卡亚尼的这篇论文无异于为巴基斯坦在外国军队占领阿富汗期间暗中操纵该国制定了蓝本。他写道，“巴基斯坦可以利用代理民兵在该国制造混乱，并有效控制这一团体，从而使伊斯兰堡避免与占领军直接对峙”。卡亚尼指出，在一个缺乏民族特性的国家，阿富汗抵抗运动必须在部落体系中寻求支持，以逐渐削弱阿富汗中央政府。至于巴基斯坦，卡亚尼认为，伊斯兰堡很可能不希望与苏联展开“正面冲突”，至少不希望因阿富汗抵抗运动而走上对抗道路。有鉴于此，要想确保巴基斯坦的安全，必须使阿富汗抵抗运动处于“可控范围”。

在接管三军情报局后，卡亚尼清楚，决定阿富汗战争胜负的不是山区据点的那些士兵，而是华盛顿感觉敏锐的政客，因为美国难以容忍长达数年的血腥冲突。他研究过当年苏联在阿富汗的下场，而现在美国的情况跟当年的苏联如出一辙。卡亚尼在论文中写道：“在苏联目前开展的军事行动中，最显著的特征在于，有越来越多的证据表明，苏联也许不会纯粹依靠军事手段解决问题，即彻底击败阿富汗抵抗运动。”

“这很有可能是因为，苏联已经意识到，这种军事解决方案必然会造成巨大的、甚至难以承受的人力、政治与经济损失。”

2004 年，在莱文沃思堡的图书馆里，卡亚尼的论文与其他一大摞研究文献一起被束之高阁。这些论文均出自前往堪萨斯州学习美国军队作战方式的外国军官的手笔。他的论文就像是为另一种不同类型的战争——秘密游击运动而编写的指南。这篇论文发表 20 年后，论文的作者成了其国家间谍机构的首脑，而此时正是将其付诸实施的最佳时机。

第7章

饭碗之争升级：谁来指挥秘密战争？

THE WAY OF THE KNIFE

The untold story of USA’s secret war

海外黑狱的曝光令中情局吃尽苦头，明明拘禁和审讯恐怖分子是总统首肯的，如今说翻脸就翻脸，他们时刻面临着吃官司蹲牢房的危险。与之相比，直接猎杀恐怖分子却带来无上荣光与金钱。一时间，猎杀恐怖分子倒成了中情局与五角大楼誓死争夺的香饽饽……

THE WAY OF THE KNIFE
The untold story of USA’s secret war

你们完全可以矢口否认（犯罪行为），这应当是我们的一大优势。

——“黑水”公司创始人恩里克·普拉多

谁放走了“基地”老二？

2005年初一个寒冷的下午，中情局局长波特·戈斯来到南弗吉尼亚州佩里营的训练基地，参加新一届办案人员从“农场”毕业的庆祝仪式。按照传统，中情局局长需要到训练基地参加每一届学员的毕业典礼。短暂的培训过后，这些学员将很快结束正常的生活，开始从事卧底活动。有时候，他们甚至还会处于极度危险之中。戈斯的一名助理打断了正在进行的仪式，向戈斯转达了一条紧急信息。几分钟后，这位中情局局长及其保镖登上一架“黑鹰”直升机，向北驶去。但他们并没有返回兰利总部，而是径直飞往五角大楼会见国防部长拉姆斯菲尔德，因为美国即将对巴基斯坦发动军事突袭。

一名为中情局工作的巴基斯坦特工向美国提供了一条宝贵的情报：“基地”组织头目将在巴贾尔举行高级会议，那里是巴基斯坦西部一个荒无人烟的部落地区。这名特工一直在追踪“基地”组织三号人物阿布·法拉杰·利比的下落，他发现，阿布·法拉杰·利比偶尔会骑着一辆红色摩托车出现在巴基斯坦的山村附近。这名特工告诉中情局的联系人，参加这次高级会议的不仅有利比，还有本·拉登的副手艾曼·扎瓦赫里。

双方匆匆制定了袭击方案，但戈斯与拉姆斯菲尔德不得不考虑到其中的风险。按照计划，36名海军海豹突击队员从C-130运输机上跳伞，在距离会议地点不远处着陆。接着，海豹突击队员将对举行会议的院子发起突袭，抓获尽可能多的“基地”组织成员，在将他们押往集合地点后，用直升机越过阿富汗边境带回美国。戈斯呼吁由军方实施这次行动，他的意见得到了参联会主席斯坦利·麦克里斯特尔的支持。麦克里斯特尔瘦骨嶙峋，是一个严格的禁欲主义者，从2003年起担任参联会主席。

但拉姆斯菲尔德及其高级情报助理史蒂芬·坎伯恩反对这项方案。他们认为这太冒险了。拉姆斯菲尔德要求为这次行动增加几十名陆军突击队员，一旦情况有变，他们就可以协助海豹突击队员脱离困境。最终，这支入侵队伍增加到150余人。拉姆斯菲尔德知道，如此大规模的行动不可能瞒过巴基斯坦总统穆沙拉夫。另一个表示反对的是中情局驻伊斯兰堡站长。麦克里斯特尔在半夜将他叫醒，并告知一大批武装精良的美国士兵将进入巴基斯坦。“这是一个坏主意，斯坦利，你也许会杀掉一两个‘基地’组织的成员，但结果得不偿失。”这名站长对麦克里斯特尔说，“因为你在侵略巴基斯坦。”

与此同时，一批海豹突击队员正坐在位于阿富汗东部的帕尔旺省的巴格拉姆空军基地中的一架C-130运输机里，等待这次行动的最后指令。几个小时后，他们得知，上级取消了这次行动。

拉姆斯菲尔德的担心在很大程度上与情报有关。情报来自中情局的一名线人，但拉姆斯菲尔德认为，仅凭此人的只言片语不足以在巴基斯坦西部冰雪覆盖的山区贸然开展行动。在他看来，中情局历来的表现都不值得信赖。2005年初，这个间谍机构做出的情报分析都不甚准确。伊拉克战争失败后，中情局始终没有恢复元气。当时，他们曾断定萨达姆藏有大批化学与生物武器，因此在随后的数年里，人们对中情局的所有情报都半信半疑。关于巴贾尔行动的讨论到此结束，这让局长戈斯感到十分泄气，但他对此无能为力。当中情局表示扎瓦赫里有 80% 的可能参加这次会议时，拉姆斯菲尔德根本不相信，而只有他才能对突击队员发号施令。戈斯的一名助手回忆道："这就像你的老爸告诉你，这个周末你不能用车了。"

然而，除了情报的可信度之外，这次事件再次令人沮丧地表明，"9·11" 袭击发生数年后，国际反恐战争仍然处于混乱与无序之中。无论是中情局还是五角大楼，都没有一个在伊拉克与阿富汗以外开展秘密战争的统一方案。这两个机构仍然囿于地盘之争，以使白宫认为应当由自己负责全球猎杀行动。此外，两者的趋同之势越来越明显：在巴基斯坦暗杀纳克·穆罕默德以后，中情局正发展成为一个危险的准军事机构；而五角大楼也大幅增加了间谍活动，以支援这场特种战争。双方之间不存在明确的基本规则，因此一旦出现紧急情况，比如"基地"组织即将在巴贾尔部落地区举行集会，没有现成的方案可供执行。

海外黑狱曝光，CIA 惨成替罪羊

2004 年 5 月，中情局检察长约翰·赫尔格森发布了一份令人不安的内部报告，加速了中情局开展秘密行动的步伐。在这份长达 106 页的报告中，赫尔格森驳斥了中情局拘留与审讯项目赖以存在的基础。这份报告对中情局官员是否可以在秘密监狱里进行酷刑审问提出了质疑，认为他们有可能面临刑事指控。赫尔格森暗示，包括水刑、剥夺睡眠和利用诸如幽闭、恐吓等在内的审讯手段，有可能违反了《联合国禁止酷刑公约》，该公约明文禁止使用"残忍的、非人道的或有辱人格的方式对待或惩罚囚犯"。中情局曾经对几名囚犯动用过水刑：首先给囚犯套上面罩，并将其固定在一块木板上，然后向其面部浇水，创造出一种濒临溺死的感觉。仅在1个月之内，中情局就对“9·11”袭击的主犯哈立德·谢赫·穆罕默德实施了183次水刑。

水刑是司法部授权使用的审讯技巧之一，但赫尔格森的报告详细列举了中情局在秘密监狱里毫不顾忌的种种行径，并表示这些“惨无人道”的拘留与审讯手段“不仅未经授权，而且没有被记录在案”。此外，为了逼迫囚犯吐露实情，还有人佯装要将他们处死。中情局的一名审讯人员甚至抄起正在飞速转动的钻机，对准了囚犯的头。

中情局的秘密监狱从最初泰国曼谷一处简陋的设施发展到现在遍布世界各地的监牢。一开始，曼谷的监狱代号为“猫眼”，但后来中情局官员认为，这个名称似乎有种族歧视之嫌，因此变更了这一代号。反恐中心主任何塞·罗德里格斯希望这些监狱成为常设机构。中情局抓获的第一批囚犯被关押在曼谷，其中包括阿布·祖巴耶达赫与阿布德·拉希姆·纳希里。但是，随着中情局及其合作的间谍机关开始在阿富汗、巴基斯坦和其他国家抓获越来越多的囚犯，罗德里格斯和反恐中心的其他官员认为，中情局需要建立更多监狱。

虽然中情局的拘留和审讯计划即将成为布什政府打击“基地”组织政策中最有争议的一部分，但中情局建立秘密监狱的方式却平淡无奇。罗德里格斯在反恐中心成立了一个能与外界的承包商合作的工作组。在这些监狱即将竣工时，中情局雇用了一家小型供应公司，以购买马桶、管材、耳塞、寝具和监狱所需要的其他设施，其中一些设备是承包商们从塔吉特和沃尔玛购进，然后用飞机运往监狱的。其中一座监狱位于布达佩斯闹市一栋毫不起眼的大楼里，还有两座分别在立陶宛和约旦。实施水刑的设备是用从当地购买的木板组装而成的。

这些监狱的规模不大，仅能够关押五六名囚犯。牢房的设计也十分特殊，便于中情局的审讯人员开展刑讯。例如，有些墙壁的表面覆盖了一层较为柔韧的胶合板，以减少碰撞时造成的冲击。为了防止囚犯互相串通，所有囚犯每天都要单独监禁 23 小时。剩下的 1 个小时用于进行锻炼，由戴着黑色滑雪面罩的中情局保安将囚犯押出牢房。就像美国国内的监狱一样，中情局也在监牢中实施奖惩制度。如果囚犯表现良好，就可以得到书籍和DVD；反之，就会取消他们所有的娱乐活动。中情局，这个在二战后建立的情报机构，本是为了让美国总统了解周边的世界，现在却演变成了美国的秘密惩治部。

早在赫尔格森的报告出笼之前，对中情局审讯活动的担心就已经渗透到布什政府的各个部门，但只有少数官员清楚其中的内幕。因此，白宫与中情局之间有时候会产生一些奇怪的争论。比如，2003 年 6 月，白宫准备参加联合国为声援遭受酷刑者而举行的纪念活动。为此，白宫的新闻办公室草拟了一份措词温和的声明，表示美国将“率先垂范”以及“致力于在世界范围内消除酷刑”。但事实上，美国并没有“率先垂范”，因此这份声明草稿让中情局的一些高级官员感到十分不安。中情局的总法律顾问斯科特·马勒告诉白宫，考虑到布什总统曾经授权中情局采取的审讯方式，他对这则新闻稿表示担忧。马勒说，兰利最担心的是，一旦政治风向有变，中情局有可能成为替罪羊。最后，这则新闻稿没有向外界公布。

检察长赫尔格森的报告也暗示了中情局内部存在的某种恐惧之情。这份报告写道，参与拘留活动的一些官员担心他们有可能“在美国或其他国家面临司法问题，而届时美国政府将不会为他们撑腰”。白宫和司法部曾经对这个项目表示支持，局长乔治·特尼特也呼吁由中情局负责审讯囚犯，但兰利的一些资深人士却认为，他们这是在重蹈覆辙：中情局似乎并没有从丘奇委员会调查“伊朗门”丑闻这一事件中吸取教训。他们相信，总有一天中情局会遭到报应，到时候布什政府会利用检察长的这份报告作为绞索，将中情局置于死地。

这份报告为终止中情局的拘留与审讯计划拉开了序幕。在随后的几年中，虽然这些秘密监狱没有关闭，偶尔也会有新的囚犯被押往那里，但中情局最终停止了实施水刑和其他粗暴的审讯手段。在布什政府急于设法终止秘密监狱项目的同时，兰利的高级官员也开始谋求向五角大楼移交囚犯的途径，而那些没有被移交的囚犯仍将继续遭受牢狱之苦。

作为全球反恐战争的急先锋，中情局的反恐中心遭到了最大的冲击。数年来，反恐中心致力于追捕“基地”组织成员，在中情局以及位于巴基斯坦、埃及、约旦等国的其他秘密地点对囚犯进行审讯，并利用审讯结果追捕更多恐怖分子嫌疑人。他们认为，有朝一日，这种战略会指引中情局找到本·拉登的老巢。

但是现在，白宫改变了立场，因此反恐中心的官员不得不重新考虑这场秘密战争的行动计划，而武装无人机与定点猎杀行动从总体上为中情局提供了一个新的方向。在开展了长达数年的拘留与审讯行动后，中情局早已不堪重负。肮脏隐秘的审讯工作与定点猎杀行动根本不是一个档次的，相比之下，后者似乎更加干净，且大大减少了个人色彩，因此受到了共和党与民主党的追捧。此外，在操纵无人机时，驾驶员可以位于距离战场数千英里以外的地方，让这个行动看起来似乎毫无风险。就在赫尔格森的报告出笼一个月后，中情局在巴基斯坦暗杀了纳克·穆罕默德，并且开始从中看到了自己的未来：中情局不是看管恐怖分子的长期狱卒，而是消灭美国仇敌的军事机构。

“黑水”受聘成“暗杀合同工”

“9·11”袭击发生一年后，中情局提出了一个暗杀项目，但随后被取消。2004 年，罗德里格斯试图恢复这个项目。按照这个项目的计划，中情局将成立准军事刺客小分队，在欧洲、中东和南亚追杀恐怖分子嫌疑人。2001 年 12 月，当罗德里格斯及其在反恐中心的同事恩里克·普拉多首次提出这个项目时，副总统迪克·切尼批准了他们的提议。但实际上，中情局与人们从电影中看到的形象完全不同，其内部没有可供调遣的刺客队伍，而这项方案将使中情局更趋近于好莱坞大片中那个能够呼风唤雨的间谍机构。但中情局局长乔治·特尼特从未授权开展任何行动，于是这项计划最终被束之高阁。

与罗德里格斯一样，普拉多也是中情局驻拉丁美洲处的资深特工，曾在 20 世纪 80 年代的尼加拉瓜内战中发挥过重要作用。1996 年，普拉多被调到反恐中心。“9·11”袭击发生后的几个月里，在有关“基地”组织的问题上，普拉多为罗德里格斯提供了不少帮助。2001 年 12 月，在与切尼会晤后，普拉多奉命为中情局招兵买马，用于执行暗杀行动。

在 2004 年罗德里格斯决定重启这项暗杀计划时，他的好友普拉多已经离开中情局，前往美国“黑水”公司就职。凭借与国务院、五角大楼和中情局签订的价值数千万美元的合同，这家私人军事公司开始急剧扩张。因此，罗德里格斯想到了一个看似简单但却令人瞠目的解决方案：他决定将暗杀行动外包给“黑水”公司的雇员。

“黑水”公司的创始人埃里克·普林斯本就是布什政府的爱将，而现在他正伺机渗入美国的间谍机构。时机刚好就在他的眼前。由于喀布尔和巴格达的大型秘密工作站找不到足够的人手，中情局只得求助于“黑水”公司，聘请私人保安执行秘密任务，包括保护中情局官员、搜集情报和开展追捕行动等，这些任务从前只有接受过专业训练的中情局特工才能执行。后来，中情局甚至雇用“黑水”公司为飞往巴基斯坦的“捕食者”和“死神”无人机加装炸弹和导弹。

普林斯定期邀请中情局的高官前往肯塔基州参加德比赛马节，或者到“黑水”公司地域辽阔的训练场上打猎。他还利用高额薪水成功挖走了一些中情局高级官员，包括普拉多和前反恐中心主任科弗·布莱克。

在为“黑水”公司效力期间，普拉多开始向政府部门兜售他早先在中情局制定的行动计划。

普林斯并不认为将战争外包是一件匪夷所思的事情，而将其视作数百年来战争的自然演变。有一次，在造访兰利时，他向中情局高层推荐“黑水”公司的“快速反应队伍”，宣称中情局可以利用这支队伍在世界各地执行准军事任务。从一开始，他就语出惊人。他说：“从建国之初开始，美国就依靠雇佣兵来巩固国防建设。”但中情局官员最终拒绝了这项计划。

“黑水”公司向来以行动鲁莽而闻名，2007 年 9 月发生的一次事件进一步巩固了人们的这种认知。“黑水”公司的雇员在巴格达的一个交通站杀死了 17 名伊拉克人，从而使普林斯及其公司在伊拉克成为灾难的象征。普林斯哀叹，尽管他“自掏腰包从事各种情报活动，以维护美国的国家安全”，但国会中的民主党却将他渲染成一个战争投机分子。虽然他的确“自掏腰包”，但“黑水”公司开展秘密项目的资金大都用于研制那些能够兜售给政府部门的产品，并从中捞取数千万美元的报酬。他曾经向中情局在巴基斯坦的办案人员推荐隐形飞机，还向亚洲的特工兜售从中国偷渡中情局线人的计划，让他们使用海军海豹突击队员的换气器一路潜到停在海底的潜艇上。

“黑水”公司的中情局前官员想方设法扩大该公司与中情局的业务。有一次，中情局的高级律师甚至打电话给“黑水”公司，警告说一些前中情局官员可能违背了有关“旋转门”的法令。该法令禁止退休的政府部门雇员到他们曾经任职的机构进行游说。“黑水”公司内部的一封电子邮件透露，除了为中情局效力，普拉多还试图说服食品和药品管理局，利用“黑水”公司在外国训练的间谍队伍，开展“监听监控、挖掘真相以及干扰破坏等行动”。“如果行动失败后，你们完全可以矢口否认，这毫无风险。”他写道。

正因如此，罗德里格斯才做出大胆的决定，将中情局的秘密行动外包给这家美国私人公司。中情局与普林斯、普拉多签订了秘密服务合同，后者开始计划对潜在的袭击目标进行监视。其中一些人与中情局 2001 年暗杀计划的名单不谋而合，包括巴基斯坦核物理学家卡迪尔·汗。由于秘密行动的负责人是普林斯和普拉多，所以从理论上讲，美国不会插手干涉此事。普林斯和普拉多希望，“黑水”公司的刺客小分队最终处于中情局的控制之下，但是在执行任务期间，他们将拥有相当程度的自主权。“当时我们正在发展单边行动的能力，并且确保这些行动不会受到追查，”普林斯后来在接受《名利场》杂志采访时表示，“因为行动一旦失败，我们不可能指望中情局的站长、美国大使或者其他任何人帮助我们摆脱困境。”

一旦情况有变，他们不指望任何救援。但是，就像 2001 年的暗杀计划一样，在将秘密行动外包给“黑水”公司后，中情局仍然没有开展任何暗杀行动。普林斯和普拉多负责训练“黑水”公司的刺客队伍，但这支队伍最终没有被派往前线猎杀恐怖分子，而普林斯将其归咎于中情局“由来已久的软骨病”。

既然包括罗德里格斯在内的高官都对该项目表示支持，那中情局为何没有开展猎杀行动？令人称奇的是，其原因并非出于中情局或白宫有法律方面的顾虑。尽管中情局的律师同意让普林斯和普拉多参与暗杀行动，但中情局的高层根本不相信，在对外界隐瞒中情局开展暗杀行动一事上，“黑水”公司代为出手能起到什么实质性的作用。此外，“黑水”公司还在世界各地成立了一系列分公司，用于掩护其为中情局开展的秘密行动。但对外国政府来说，要想查个水落石出并非难事，最终还是会追踪到普林斯和中情局的身上。

“你外包的次数越多，你推诿的可能性就越大，”一名曾经参与终止“黑水”公司暗杀行动的中情局高级官员表示，“但你也放弃了对这项行动的控制权。所以如果某个人搞砸了，你也同样难辞其咎。”

就像 2001 年的暗杀计划一样，“黑水”公司策划不周的暗杀行动同样属于政府部门严加保守的秘密。按照规定，即使在退休以后，反恐中心的前官员汉克·克伦普顿也不能谈论他为该项目工作的有关细节。但在接受采访期间，克伦普顿说，让他感到困惑的是，美国似乎仍然认为，使用武装无人机进行遥控暗杀与训练刺客开展暗杀行动是两种截然不同的做法。

他问，如果美国准备批准中情局开展一次暗杀行动，那中情局为何不行动？“我们始终没有讨论过如何运用以及向哪里部署这支危险的力量。用‘地狱火’导弹对阿富汗、巴基斯坦的部落地区、索马里或也门的某个敌人发动袭击似乎不成问题。在那些地方，这好像只是战争的一个组成部分。”他继续说道。

但是，克伦普顿反问，如果恐怖分子嫌疑人出现在巴黎、汉堡或者其他无法出动无人机的地方：“我们就需要派遣中情局或军方的特工，在当地将其击毙。”

“但是，”他说，“这却被视作暗杀。”

对于备受争议的拘留与审讯项目，中情局每遭受一次责难，就会促使其领导人更加倾向这个畸形天平的另一侧：对中情局来说，开展猎杀行动无疑比监禁恐怖分子嫌疑人更加划算。2005 年底，国会通过了《被囚人员待遇法》。其中一项条款规定，禁止使用“残酷的、非人道的以及有辱人格的”方式对待美国羁押的任何囚犯，包括中情局秘密监狱里的囚犯。现在，中情局监狱内的秘密行动人员随时有可能因为工作而遭到起诉，而刑事调查与国会听证就像噩梦般始终困扰着兰利。

出于同样的担心，罗德里格斯下令销毁了数十卷录像带，其中详细记录了“基地”组织成员阿布·祖巴耶达赫与阿布德·拉希姆·纳希里在接受中情局审讯期间遭受的种种酷刑折磨。当时，罗德里格斯已经被提升为行动指挥部负责人，负责中情局在全球所有的秘密行动与间谍活动。他担心，从这些录像带上可以清晰地看到中情局卧底人员的外貌，因此关于秘密监禁行动的细节一旦泄漏出去，这些官员也许会面临司法指控与人身威胁。2005 年 11 月初，他向中情局的曼谷站发去一封密电，而录像带就藏在当地工作站的保险柜里。罗德里格斯下令，使用工业级粉碎机将这些录像带销毁。随后，这些录像带被放进一台配有 7 个不锈钢刀片的碎纸机进行粉碎，再用真空吸尘器吸出后装进了塑料垃圾袋里扔掉。

然而，即使罗德里格斯销毁了秘密监禁项目的早期证据，但中情局仍然面临着不可预见的风险。《被囚人员待遇法》颁布数日后，中情局局长波特·戈斯致信白宫称：在司法部就中情局审讯手段是否违背了这项法案做出判决前，中情局将终止所有审讯活动。

在收到这封信后，白宫的官员大为光火。国家安全顾问史蒂芬·哈德利认为，戈斯是在威胁白宫，是试图为将来的审讯打掩护。圣诞节当天，哈德利打电话到这位中情局局长家中，指责后者“袖手旁观”。但戈斯毫不动摇，而白宫的官员也意识到，除非他们采取措施安抚中情局，否则这个华盛顿最疑神疑鬼的机构绝不会停止担忧。

这项任务落在了布什总统的幕僚长安德鲁·卡德的身上。卡德驱车前往兰利总部，试图打消中情局的顾虑，但他的来访无异于一场灾难。在人头攒动的会议室内，卡德向在座的中情局官员致以问候，为他们所作的牺牲和辛勤的工作表示感谢。但他拒绝明确表示，中情局官员是否可能因为参与了拘留与审讯活动而承担刑事责任。

会议室里鸦雀无声。在办公室主任帕特里克·默里的怂恿下，波特·戈斯打断了卡德。

“你是否可以向大家保证，政府不会对执行这个项目的人们弃之不顾？”戈斯问。卡德没有正面回答这个问题，而是勉强地笑了笑。

“我想不妨这样说，”他答道，“每天早上，我敲开椭圆办公室的门，然后走进去说：‘赦免我吧，总统先生。’”

他的回答引起了强烈的反响。在被问到布什总统是否会保护中情局的官员免遭司法审查时，白宫的幕僚长竟然暗示，一旦被起诉和定罪，他们只能等待总统的赦免。

但中情局很难接受卡德的说法。

五角大楼越管越宽

布什总统的一些助手开始将中情局看作一个麻烦的讨厌鬼。在拘留与审讯项目上，中情局局长与白宫产生了龃龉，而副总统切尼也认为，中情局的分析师反对伊拉克战争，并暗中向国会议员和媒体透露了不利于战争的消息。一开始，布什与切尼试图抵制“9·11”委员会提出的建立国家情报局以掌管美国16个间谍机关的建议，但白宫也有人从中看到了益处——这可以让中情局安分守己。

中情局遭到削弱后，国防部长拉姆斯菲尔德得到了机会。虽然伊拉克每况愈下的局势让他及其部下的乐观主义备受打击，但国防部并没有停止在战区以外开展秘密战争的脚步，而这在历史上应该属于中情局的职权范围。2004年，拉姆斯菲尔德发布了一道密令，这道密令在五角大楼内部被称作“‘基地’组织执行令”。它扩大了特种作战部队在十几个国家进行猎杀、追捕和从事间谍活动的权力，并赋予总部位于布拉格堡军事基地的联合特种作战司令部在从北非到菲律宾的弧形地带开展秘密行动的新权限。

“9·11”袭击发生后，拉姆斯菲尔德曾将联合特种作战司令部比作克伦威尔的“新模范军”。这道命令允许他们深入叙利亚、索马里和巴基斯坦等地。在新的授权下，联合特种作战司令部开始执行高度机密的任务，并且不定期地向国会成员通报，这一切公众几乎一无所知。

现在，联合特种作战司令部成了国防部最耀眼的明星。2007 年，特种行动的预算相当于 6 年前的 2 倍多，将近 80 亿美元。这只是五角大楼用于购买舰艇和战机开支的一小部分，但它足以使联合特种作战司令部雇用更多秘密行动人员和购置更多设备与物资，以便海军海豹突击队和三角洲特种部队开展为期数日或数周的秘密行动。现在，联合特种作战司令部不再仅限于执行 24 小时的人质救援行动，它甚至可以自行发动战争。

联合特种作战司令部在伊拉克开展的行动证明了这一点。斯坦利·麦克里斯特尔将军的特遣队接管了打击伊拉克境内以约旦恐怖分子阿布·穆萨布·扎卡维为首的“基地”组织分支机构的任务。该国的恶性暴力事件此起彼伏，扎卡维在美索不达米亚的“基地”组织分支宣布对美军车队以及什叶派圣地遭到的毁灭性袭击负责。叛乱开始几个月后，当地的指挥官意识到，在随后的数年中，美国将不得不派遣越来越多的军队进入该国。因此，拉姆斯菲尔德及其高级情报顾问史蒂芬·坎伯恩决定授权联合特种作战司令部放手一搏，以打击这支伊拉克叛乱中最凶险的力量。

特遣队的总部位于巴格达北部巴拉德空军基地的一座旧飞机库中，其原则是“为情报而战”。最初，用于绘制恐怖组织示意图的白板上一片空白。麦克里斯特尔意识到，问题主要在于美国在伊拉克的各个军事司令部之间缺乏有效沟通。按照现行制度，他们很难共享任何情报。“我们开始重新审视敌我双方，”他后来写道，“要想知己知彼并不容易。”有报告称，伊拉克军队在费卢杰市附近擒获了扎卡维，但由于没人清楚这名约旦恐怖分子的长相，所以扎卡维竟然在不经意间被释放。

特遣队最终制定了行动计划，准备对扎卡维的老巢发动夜袭。这项行动不仅是破门而入和开枪扫射，麦克里斯特尔认为，重要的不是敌方的死亡人数，而是在审讯和突袭地点获得情报。这些情报可以将他们带到下一个恐怖分子嫌疑人的安全屋以及更多“基地”组织高级成员的藏身之所。按照他们的设想，只需要把一根针插进血管，他们就可以了解整个身体的情况。

为了确保特遣队不会像在阿富汗开展的特种行动那样，因五角大楼与中情局之间的对抗而陷入险境，麦克里斯特尔开始拉拢中情局在伊拉克的官员，并说服一名高级官员每天早上和他一起听取特遣队的战况汇报。在数千英里开外弗吉尼亚州一栋毫不起眼的政府大楼里，分析人员每天都会从前一天晚上在伊拉克突袭中获得的U盘、手机和电脑硬盘中筛选情报。

不久之后，白板上写满了扎卡维组织成员的名字和化名，每个名字之间都用黑色记号笔连接。对于这样一个没有固定结构的恐怖组织是如何开展行动的，人们只能依靠推测。

拉姆斯菲尔德在五角大楼内部发起了一项调查，并于2005年完成了调查报告，对联合特种作战司令部的迅速发展表示支持。调查报告建议，军方“必须加强在各个敏感禁区内开展长期行动的能力”。换句话说，就是在尽可能多的地方同时发动秘密战争。这份报告出自联合特种作战司令部前司令维恩·唐宁将军和中情局前秘密行动官员迈克尔·G.维克斯之手，后者曾经在苏联入侵阿富汗战争期间向阿富汗运送枪支，并在《查理·威尔逊的战争》（*Charlie Wilson's War*）一书中详细记述了这一经历，从而声名鹊起。这份调查报告正中拉姆斯菲尔德的下怀，其主要结论是，特种作战部队应当在布什政府打击“基地”组织和其他恐怖组织的战争中发挥更大作用。报告指出，特种作战部队可以被派往伊拉克和阿富汗，但未来战争不应当仅限于这两个国家。报告写道：“未来的战争还将发生在那些目前没有与我们交战的国家。”

五角大楼甚至开始在伊朗执行危险的间谍任务。特种作战部队利用经由伊拉克东部边境进入伊朗的商务班机，收买特工使用伪造的身份越过边境，以搜集伊朗西部军事基地的情报。这些外国特工包括伊朗人和科普特教的基督徒，因为他们可以声称准备开车到伊朗购买水果和其他货物，从而轻而易举地通过伊朗边境的安检。但这种危险行动的次数极其有限，所以五角大楼很难从中得到有价值的情报。此外，五角大楼没有被授权开展破坏行动或杀死伊朗革命军的士兵。

当时，五角大楼的一名高级情报官员表示，这项行动真正的目的是在伊朗建立大规模的情报网络。一旦布什总统或者其继任者决定入侵伊朗，这个情报网络就可以大显身手。就像五角大楼在非战区开展的很多其他军事行动一样，伊朗的行动在名义上是为了“未雨绸缪”。

迄今为止，士兵与间谍之间的界限变得越来越模糊。在前往世界各地执行秘密任务上，虽然中情局仍然拥有比五角大楼更加广泛的权限，但自 2004 年拉姆斯菲尔德颁布密令后，人们越来越难以区分哪些是军方的任务，哪些是中情局的任务。在伊拉克，麦克里斯特尔将军与中情局关系融洽，但军方在伊朗开展的行动并没有与中情局事先协调。很多秘密特工正潜伏在世界各地最阴暗的角落，因此如果两者之间协调出错，就有可能酿成弥天大祸，或者错失良机。

2005 年，由于认为巴贾尔的行动计划仓促、风险过大，拉姆斯菲尔德取消了这项行动。随后，五角大楼和中情局分别开展了调查，试图找到其中的问题，并确保将来不会重蹈覆辙。这次调查发现，按照现有的体制，两者都无权在伊朗与阿富汗以外的某个国家开展紧急行动。虽然五角大楼和中情局同时在世界各地开展秘密行动，但如果机会来临，需要在巴基斯坦等国开展秘密行动，无论是国防部长还是中情局局长都无权执掌大局。2006 年，五角大楼和中情局试图明确分工并划分界限，以确定由谁来掌管秘密战争的每一条战线。

双方决定，由史蒂芬·坎伯恩代表五角大楼，中情局副局长、海军中将阿尔伯特·卡兰德代表中情局进行磋商。实际上，究竟是由中情局还是联合特种作战司令部负责在某个特定国家开展秘密行动，取决于一系列因素：该国是否愿意批准特种部队进入其领土？中情局与该国情报机关之间的关系如何？中情局在当地的站长是否乐意将控制权拱手让给联合特种作战司令部？

巴贾尔事件发生后，巴基斯坦成了双方争夺的主要国家。穆沙拉夫总统虽然允许发动无人机袭击，但强烈反对美国在部落地区交火。他虽然表示"祸事经常会从天而降"，但绝不允许美军从阿富汗越过边境进入巴基斯坦。因此，在华盛顿的大部分人看来，试图让穆沙拉夫同意在北瓦济里斯坦和巴贾尔等地开展特种地面战役，完全是白费力气。

中情局提出了一个解决方案。为了让特种部队进入巴基斯坦，可以将他们交由中情局掌管，根据《美国法典》第50篇关于秘密活动的授权开展行动。届时，特种作战部队的士兵将摇身一变，成为伪装成平民的间谍。他们可以无须通知穆沙拉夫，在巴基斯坦开展行动。

在谈到这项方案时，一名中情局的前官员称，特种作战部队"相当于被纳入了中情局局长的麾下"。6年后，为了让载有海军海豹突击队员的直升机从阿富汗的贾拉拉巴德机场起飞，越过边境进入巴基斯坦发动突袭，五角大楼与中情局故伎重施。在这次突袭中，海豹突击队员杀死了本·拉登。但当天夜间，他们仍属于中情局管辖。从理论上说，中情局局长莱昂·帕内塔负责了这次狙杀行动。

其他国家的行动由联合特种作战司令部掌管。在已经驻扎有特种作战部队的菲律宾等国，突击行动正在不断升级。2006年，有情报称，2002年巴厘岛恐怖袭击策划者之一乌玛尔·帕特克躲藏在菲律宾南部的丛林中，因此美国军方的一架无人机向这处疑似恐怖分子营地的地点发射了导弹。马尼拉政府对外界宣布，这是"菲律宾的一次军事行动"，但这次导弹袭击并没有击中帕特克，而是炸死了其他一些人。军方始终没有确定，其中有多少人是乌玛尔·帕特克的追随者，有多少是无辜的妇女、儿童。

特种行动迅速激增的预算让联合特种作战司令部得以购置新的窃听设备，以便突击队员深入巴基斯坦领空搜集情报。比奇飞机公司的飞机会定期从阿富汗机场起飞，在越过阿富汗与巴基斯坦交界处的山脊后，转变成一座空中飞行的手机信号塔。在这些比奇飞机中，有一种名叫“台风盒”的设备，其中保存着军方间谍怀疑由巴基斯坦武装分子持有的几十个手机号码。当有人使用其中一个号码时，这种设备可以立即识别出来，并准确定位其使用地点。即使有人将这部手机关闭，联合特种作战司令部也能打开手机，并显示使用者的精确坐标。

在与中情局达成新的协议后，联合特种作战司令部的特工将伪装成平民，化身中情局的特工，深入巴基斯坦开展情报行动。在巴贾尔的行动被取消后的次年，中情局第二次得到信息称，“基地”组织的军事领导人将再次在巴贾尔的部落地区举行集会。

一年多来，达玛多拉村一直处于中情局的监控之下，因为“基地”组织俘虏阿布·法拉杰·利比曾经告诉巴基斯坦的情报官员，有一次他在达玛多拉村民巴克普特·可汗家中见过艾曼·扎瓦赫里。2006 年 1 月，中情局对达玛多拉村发动了无人机袭击，但没有找到扎瓦赫里。几个月后，当有情报称“基地”组织成员将再次在达玛多拉村召开集会时，一队海豹突击队员被派往该村。

按照新的安排，中情局和军方仅用了几个小时就完成了情报分析，并批准了这次行动。当中情局接到线报时，美国中央司令部（USCENTCOM）司令约翰·阿比扎伊德将军正在华盛顿。阿比扎伊德闻讯立即跳上一辆黑色 SUV，跟随车队一起向兰利疾驰而去。阿比扎伊德和波特·戈斯很快就突袭的细节达成一致意见。随后，数架直升机立即从阿富汗起飞，载着一队海豹突击队员穿过边境后在巴贾尔着陆。

这支小分队冲进大院，迅速将院子里的几个人扭翻在地，然后用手铐铐了起来。接着，他们把囚犯押入直升机，带回了阿富汗。

在兰利的反恐中心，一群中情局官员正围坐在一个监视屏幕前，收看从“捕食者”上发回的视频。此时，这架无人机正在达玛多拉村一座院子的上空盘旋，机身下方的摄像头就像一只专注的眼睛，让身处数千英里以外的官员得以观看行动的实况。在这次行动中，海豹突击队员没有抓获“基地”组织的高级头目。但达玛多拉村的行动证明，他们完全可以在不为人知的情况下进入巴基斯坦执行抓捕行动，然后在巴基斯坦政府一无所知的情况下越过边境返回阿富汗。

★ 第8章 ★

索马里乱局：从内战到代理人战争

THE WAY OF THE KNIFE

The untold story of USA's secret war

1993年美国出动精锐部队前往索马里“维和”，却遭到当地民兵袭击，两架“黑鹰”直升机被击中，美国大兵尸体被游街示众，此事一度令美国颜面尽失。如今风闻索马里又成为“基地”大本营，白宫不得不再次出击：从纠集当地的恶棍军阀，到直接指使埃塞俄比亚出兵……这一次，“黑鹰坠落”事件会否再度上演？

THE WAY OF THE KNIFE

The untold story of USA's secret war

我和我的国家反抗这个世界。我和我的部族反抗这个国家。我和我的家人反抗这个部族。我和我的兄长反抗这个家庭。我反抗我的兄长。

——索马里谚语

只要是反恐，与流氓合作也无所谓

2006 年春，中情局在肯尼亚首都内罗毕市的官员将火箭筒、迫击炮和 AK-47 突击步枪装进一架没有任何标志的运输机，然后将这批货物运到索马里军阀占领的飞机场。除了上述武器以外，飞机上还放着几箱现金，用于向每个军阀支付大约 200 万美元，以对他们在反恐战争中提供的帮助表示感激。尽管这群军阀历来自相残杀，但当中情局打开手提箱后，他们又若无其事地开始了合作。为了取悦华盛顿，他们甚至为这种合作关系取了一个动听的名称——“恢复和平与反恐联盟”。但鉴于穆罕默德·阿布迪·哈桑和穆罕默德·肯卡尔·阿弗拉赫等军阀向来暴虐成性，不能不说这个名称是一种莫大的讽刺。即使在中情局内部，“恢复和平与反恐联盟”也成为笑柄。一些美国间谍甚至将其比作电影《007》中的全球恐怖组织“魔鬼党”。

反恐中心主任罗德里格斯刚刚签署了一项由内罗毕间谍制定的计划，即增加向当地军阀运送枪支与资金的数量。这些军阀已经说服美国人，他们可以协助后者在这个混乱与贫穷的国家，打击日益猖獗的极端主义威胁。1993 年，其中几名军阀曾经派出枪手，暗杀陆军突击队和三角洲突击队员，但 2002 年却被中情局收买。他们协助中情局追捕"基地"组织在东非的成员，然后暗中将他们从索马里押往中情局的秘密监狱。在华盛顿的撮合下，这群军阀暂时团结在一起，虽然他们只是一群乌合之众，但无疑让 2006 年的秘密行动显得更加正式。

由于伊拉克的混乱局面日益加剧，美国不得不从阿富汗战场调走大批士兵与间谍。新一代年轻人也开始拿起武器反抗美国。当时，美国各间谍部门之间流传着一份秘密情报报告的草稿，宣称极端主义正在向世界各国蔓延。这份报告断定，伊拉克战争引起了极端分子的高度关注，加剧了他们对美国的仇恨，导致更多人开始支持在全球开展恐怖活动。

这份被列为国家情报评估文件的报告预言，随着地区武装组织的激增，日益分散的全球恐怖活动将进一步趋向分裂。世界格局正在发生剧变。北非、东非和阿拉伯半岛的贫困国家也将变得越来越动荡不安。

在也门，23 名与"基地"组织有染的激进分子利用汤匙和折断的桌腿挖掘地道，成功地从当地监狱逃脱。他们很可能得到了也门情报部门成员的帮助，因为从苏联入侵阿富汗时起，他们就开始对这些激进分子从事的活动表示同情。在谈到这次事件的内奸时，一名也门官员向《纽约时报》解释说："要知道，早在阿富汗圣战运动期间，这些官员就曾经将犯人从首都萨那的监狱送往巴基斯坦。人们一旦建立联系，这种关系就不会轻易改变。"国际刑警向全球发布紧急警告，试图将这 23 人绳之以法，但最终却不了了之。这些激进分子仍然待在也门，最终成了阿拉伯半岛"基地"组织的中坚力量。

其次是在索马里，一个身材敦实的小个子男人开始声名鹊起。他戴着一副杏仁状的眼镜，下颌突出的一绺胡须用指甲花染成了红色，他就是索马里"法院联盟"舒拉会议的首领谢赫·哈桑·达赫·阿韦斯。"法院联盟"是一个由部落长老、富商和权贵组成的松散联盟，这些人希望通过严格执行教令，结束混乱局面，恢复索马里的秩序。数年来，温和派一直在联盟内占据主导地位，保护民众免遭残暴军阀统治，因此在索马里深得人心。2005 年底，阿韦斯对“法院联盟”的影响日甚，而该组织逐渐发展成了他在港口城市麦加建立的法庭的翻版，鼓吹严格执行教令，定期对作奸犯科者进行惩罚，例如对通奸者施以石刑，斩断盗窃者双手等。

数年来，阿韦斯一直是美国通缉的恐怖分子嫌疑犯。中情局认为，他与“基地”组织在东非的分支有瓜葛，而后者制造了 1998 年肯尼亚与坦桑尼亚的大使馆爆炸案。阿韦斯经常抛头露面，大摇大摆来往于迪拜以及索马里的各个城市。他的身边有一群年轻忠诚的枪手，这群人自称“青年党”。青年党经常在摩加迪沙的街头游弋，追捕和暗杀任何据信效忠于索马里过渡联邦政府的人。索马里过渡联邦政府由联合国建立，不仅软弱腐败，而且在国内毫无实权。凡是被怀疑为美国从事间谍活动的当地人都会被当场击毙。

几年前，中情局就撤销了索马里的常设工作站，因此监控该国情况的任务就落在了邻国肯尼亚的秘密行动人员身上。“9·11”袭击发生后，中情局局长波特·戈斯决定，必须加大对非洲的投入，重启此前被关闭的一些非洲工作站。因此，内罗毕站迅速发展壮大，获得了更多资金与人员。2005 年底至 2006 年，内罗毕的间谍向兰利发回急电并警告说，阿韦斯及其青年党徒的影响正与日俱增。中情局的一些报告表示，“法院联盟”内年轻的极端分子，有可能为“基地”组织提供帮助，在索马里建立新的据点。这些人中有一个名叫亚丁·哈什·法拉赫·埃罗的阿富汗战争老兵，此人后来成了早期青年党的首领。

尽管本·拉登及其追随者希望在索马里建立大本营，但数年来，在这个饱受战争蹂躏的国家，“基地”组织遇到了与美国同样的问题——难以在此地立足，其原因归根结底都是不了解索马里。“基地”组织曾计划在阿富汗战争开始后逃往索马里，但该计划以惨败告终。在抵达索马里后，这些阿拉伯极端分子发现，这里的部落和亚部落文化令人头晕眼花、茫然失措，他们每做一件事都会遭到部落长老的敲诈。这些部落不仅没有团结一致，将西方国家赶出索马里，反而同室操戈、自相残杀。此外，索马里人向来以传播流言蜚语而闻名，因此根本不会保守秘密，这一点经常让外来者感到怒不可遏。总之，这个兵荒马乱的非洲沿海国家似乎与巴基斯坦、阿富汗有着天壤之别。

当时，无论是军方还是华盛顿的情报界都并不清楚上述情况。中情局驻内罗毕站发来的报告虽然有些危言耸听，但还是引起了白宫的注意。问题是如果索马里重蹈阿富汗的覆辙，美国将何以应对？1993 年摩加迪沙之战中的“黑鹰坠落”事件始终困扰着五角大楼。美国陆军将领已经明确表示，如果政府准备再次对索马里进行军事干预，他们将立即递交辞呈。此外，伊拉克与阿富汗战争已经让美军元气大伤，五角大楼很难再抽出多余兵力部署到这个非洲之角。布什政府认为，索马里的问题必须解决，因此白宫向中情局求助，希望后者组建一支代理军队在摩加迪沙作战。而这也正是“恢复和平与反恐联盟”成立的起因。

对于他们与华盛顿之间的关系，“恢复和平与反恐联盟”的军阀不仅没有秘而不宣，反而到处吹嘘。美国人的交易技巧也不见得高明，因为显而易见，这个联盟只不过是中情局的一个幌子。当地媒体对中情局向索马里运送枪支与美元的事情进行了报道。此外，中情局的官员还为这些军阀提供了联络信息，以便他们需要更多补给时进行联系。摩加迪沙有传言称，中情局的人甚至给了他们一个电子邮件地址，一旦这些军阀需要更多军火与资金时，他们就可以通过电子邮件告知中情局。

美国驻内罗毕大使馆的官员因中情局的拙劣做法产生了内部分歧。1998 年的爆炸摧毁了大使馆的大楼，现在这座堡垒般的大楼是后来重建的。虽然整个行动由中情局在肯尼亚的站长全权指挥，但当地的外交官开始向国务院发回电报，对中情局暗中支持索马里军阀可能产生的不良后果发出了警告。在其中一封电报里，内罗毕大使馆的二把手莱斯利·罗描述了非洲官员对中情局此举的愤怒之情。国务院驻索马里官员迈克尔·佐利克也向华盛顿发去一封措辞尖锐的电报，批评中情局支持当地军阀的政策，抱怨他们把枪支送给了索马里最大的恶棍。很快，佐利克被调往乍得。

正如上述官员警告的那样，这些秘密行动让中情局颜面扫地，不仅没有削弱极端组织的力量，反而使索马里的天平向另一边倾斜。索马里人开始对"法院联盟"表示拥戴，希望借此消除索马里的外国影响，最终结束导致该国巴尔干化 (Balkanization, 一个国家或政区分裂成多个互相敌对的国家或政区的过程。——译者注) 的军阀统治。2006 年 5 月，在与东非和也门大使举行会晤时，美国官员已经看到摩加迪沙大事不妙。由于没有人知道接下来该怎么办，大使们一致同意将讨论的重点从"在索马里首都开战"转向"由美国采取积极措施，协助重建索马里的政府机构"。

在索马里人将中情局支持的军阀赶出摩加迪沙之后，中情局在索马里的状况由僵持转为溃败。"法院联盟"已经在首都站稳了脚跟，而对华盛顿来说最糟糕的是，摩加迪沙之战进一步助长了阿韦斯及其青年党极端武装分子在"法院联盟"内部的影响。

中情局反恐中心前任官员汉克·克伦普顿被调往国务院，担任反恐协调员。他坐在自己的办公室里，仿佛看到了一场即将上演的灾难。这个职位有一个华丽的名称——无任所大使（亦称巡回大使，是外交使节的一种，他不是常驻某国的使节，而是政府中的一种专职，也有临时委派的。无任所大使的任务是代表国家元首与有关国政府商谈某一重要问题、递交国家元首亲笔信件或者视察驻外使领馆的工作等。——译者注），但实际上只不过是一个经费拮据甚至偶尔会陷入停顿的外交机关。对克伦普顿来说，中情局在索马里开展的冒险活动是华盛顿的典型做法，即一旦难以用其他方式解决问题时就采取秘密行动。在索马里，如果你不知道该怎么办，你会怎么做？“给你钱，给你枪，拿去吧。”他说。

“离开了外交政策，秘密行动就难以奏效，”他说，“要是你能讲清楚，2006 年或现在，美国政府在索马里的外交政策究竟是什么，我就给你 10 美元。”

中情局驻内罗毕的站长成了国内尖刻批评的最佳靶子。于是，罗德里格斯将内罗毕站长调回美国。中情局决定暂停在索马里的一切活动。由于“法院联盟”已经在摩加迪沙掌权，布什政府开始将其视作恐怖政权。在 2006 年下半年发表公开讲话时，国务院非洲政策高级官员詹达伊·弗雷泽宣称，“法院联盟”与“基地”组织之间存在直接联系，并直言不讳地将该联盟称为“恐怖组织”。

蠢蠢欲动的雇佣军

中情局在索马里的惨败，让布什政府暂时对当地的极端势力无计可施。但是，在政府部门难以涉足的地方，一些私人军事公司和承包商看到了新的机会，他们急于从东非的混乱局势中牟取利益。

美国政府开出的条件无可挑剔：他们不愿意向索马里派遣军队，但乐于提供资金，支援其他人进入该国。2006 年年中，索马里变成了外包战争的战场。

就在中情局扶植的军阀逃离摩加迪沙一周以后，一架从弗吉尼亚州北部出发的客机载着精英装甲公司总裁米歇尔·巴拉林飞往内罗毕，此人名下的这家小型公司主要向洛杉矶县消防局出售防弹衣，但从未揽下过五角大楼的大宗生意。然而，巴拉林野心勃勃，不甘心只充当一个三流的国防承包商。2006 年 6 月，她来到肯尼亚，计划私下会见联合国支持的索马里流亡政府首领阿卜杜拉希・优素福・艾哈迈德。会见地点是内罗毕酒店的豪华套房，艾哈迈德就住在那里。

这件事情不能不令人啧啧称奇，一个腰缠万贯的女继承人竟然准备会见索马里软弱无能的过渡政府临时总统。在此之前，巴拉林已经多次造访非洲之角，并受到索马里政界某些部门的追捧。她自称是凭借训练和培育利比扎马（一种通体雪白、名闻遐迩的马术用马。——译者注）发家的。无论走到哪里，巴拉林都打扮得珠光宝气。她总是挎着路易威登的提包，佩戴着价值连城的珠宝，身穿古驰牌的时装。索马里是世界上最贫困的国家之一，如果说她这样做是为了向这个国家的民众炫耀，那她只要用上半身或者下半身就可以达成目的了。索马里人甚至为她起了一个外号叫“阿米拉”，即阿拉伯语中的“公主”。

巴拉林来自弗吉尼亚州西部。20 世纪 80 年代，在这个坚定的民主党之州，她成了共和党的候选人，并因此声名鹊起。她还利用罗纳德・里根的声望，试图赢得西弗吉尼亚大学所在地摩根敦的国会议席。1986 年，年仅 31 岁的巴拉林参加了竞选，她的大部分资金来自比她年长几十岁的第一任丈夫。此人曾经参加过诺曼底登陆，并且依靠地产开发而发了财。为了筹集竞选资金，她还在一次政治募捐活动上弹起了钢琴，炫耀自己精湛的演奏技巧。她强调西弗吉尼亚州的家庭观，指责民主党言而无信，批评对手在竞选的最后几周将纳税人的钱用于印刷盲文版的《花花公子》杂志。有一次，她的对手拒绝参加辩论，她索性剪下一块硬纸板，在上面贴上他的肖像，然后自己开始了辩论。但最后，巴拉林还是在选举中输得一败涂地。

第一任丈夫过世后，她嫁给了曾做过酒保的吉诺・巴拉林，后者后来成了华盛顿乔治敦私人俱乐部的所有者。两人经常在弗吉尼亚州的家中举办聚会，最终被列入了记录“华盛顿社交名流”的《绿皮书》中。对于当地的富家大室来说，这本书无异于一本权威宝典。1997 年，她向一名记者表示，她很高兴与自己所有的朋友、邻居和其他“马术运动支持者”一起，被列入《绿皮书》当中。“这本书象征着过去的处事方式有待改变，”她说，“象征着一种更加高尚的生活方式。”

当时，巴拉林夫妇住在弗吉尼亚州马卡姆的一座庄园里，他们为这座庄园取了一个牛气冲天的名字：“野狼峭壁”。这里曾经属于美国南北战争中南军的骑兵指挥官特纳·阿什比，阿什比曾在斯通威尔·杰克逊率领的谢南多厄河谷之战中一举成名，人称“南军黑骑士”。但上流社会的马球赛和游园会似乎无法满足米歇尔·巴拉林的雄心壮志。从20世纪90年代到21世纪初，她先后开展了一系列商业投机活动，从房地产开发到国际金融再到出售防弹衣。

就像巴拉林自己描述的那样，在华盛顿共济会一个朋友的安排下，她与索马里的美国人举行了一次非正式会晤。正是前者让她对这个饱受战乱之苦的国家产生了兴趣。从此以后，米歇尔逐渐转变成了“阿米拉”，并多次造访非洲。很快，这名每个周日都会在教堂演奏管风琴的虔诚基督徒开始迷恋苏菲主义的教义。苏菲主义是伊斯兰教的一个神秘主义分支，一度风靡印度次大陆和北非。在奥斯曼帝国瓦解后，苏菲主义产生了大量崇尚武力的分支教派，但在索马里，苏菲主义仍然被广为信奉。巴拉林认为，在索马里推行苏菲主义是消灭极端瓦哈比教派有害影响的最佳途径。在沙特阿拉伯富商的资助下，瓦哈比教派在非洲之角赢得了一席之地，建立起激进的宗教学院和清真寺。

巴拉林在索马里开展的公关工作让她看起来就像是一个富有的空想主义社会改良家。她在索马里推行不切实际的发展计划，但这些计划同样具有阴暗大胆的一面。在“法院联盟”占领摩加迪沙后，巴拉林看到，她可以利用索马里大片无人监管的土地建立抵抗运动基地，将极端势力赶下台，同时在该国进行商业投机。于是，这个来自弗吉尼亚州的养马人一头扎进了索马里的乱局之中。

在拜见索马里流亡政府首领艾哈迈德时，巴拉林谈到了在索马里北部港口城市柏培拉建立基地的计划。这座城市有一座废弃的机场，美国航空航天局 (NASA) 曾经把这里作为航天飞机的紧急着陆点。巴拉林认为，这个地方既可以作为一个商业交通中心，也可以用于训练打击青年党的力量。作为一个在内罗毕酒店寻求避难的政治傀儡，艾哈迈德总统很难认可巴拉林的计划。但这次会面结束后，巴拉林显得神采飞扬。几天后，她匆忙写好一封电子邮件，发给了美国的几个商业伙伴，其中包括佛罗里达州"ATS 全球"私人保安公司的总裁克里斯·法里纳。

"伙计们，我成功地会见了艾哈迈德总统及其幕僚，"巴拉林写道，"他已经指定总统的礼宾长作为我们现阶段的联系人。"在邮件的末尾，巴拉林暗示，中情局已经获悉了她的计划，她正准备会见纽约的中情局联系人。

但法里纳叮嘱她要谨慎行事，并在回信中警告，不要在毫无准备的情况下轻举妄动。"如果没有后续力量对首次行动进行支援，强行进入摩加迪沙的行动必将重蹈奠边府的覆辙。"法里纳写道。1954 年，法国在印度支那的奠边府战役中一败涂地。

法里纳还告诉巴拉林，中情局也许不是开展这项行动的最佳搭档。考虑到索马里最近发生的事情，这无疑是一条明智的建议。"与五角大楼合作也许胜算更大。"他写道。

巴拉林接受了他的建议。但直到 2 年之后，她才终于说服五角大楼提供资金，让她前往索马里开展冒险活动。

"让埃塞俄比亚代我们出兵"

"法院联盟"占领摩加迪沙后，该地出现了数年来未曾出现过的平静，这座长期处于割据状态的城市开始向外界开放。在此之前，那些距离海湾仅有咫尺之遥的孩子们从来没有见过大海，因为他们不能擅自闯入敌对军阀的领地。但现在，他们可以自由地在海滩上嬉戏。

然而，当年夏天，在夺取了“法院联盟”的控制权后，青年党发布了一系列公告，让很多索马里人开始反对新任领导人。除了禁止播放外国影片，禁止踢足球，他们还要求所有妇女都必须蒙上面纱。其中最不得人心的是对阿拉伯茶的禁令。阿拉伯茶是一种具有致幻作用的绿色嫩叶，几乎所有索马里男子都喜欢每天咀嚼，从而进入一种令人愉悦的轻微的迷幻状态。

由于担心东部邻国成为“基地”组织新的庇护所，埃塞俄比亚官员向布什政府提供了一系列情报。华盛顿也开始担心，“法院联盟”会在摩加迪沙施行有损美国利益的行为。埃塞俄比亚人与索马里人之间的仇恨由来已久。20 世纪 70 年代，两国在埃塞俄比亚的欧加登地区展开了领土之争，这场冲突后来演变成冷战时期的一场代理人战争——美国支持索马里，苏联为埃塞俄比亚提供军事补给。就像在世界上的其他地区一样，苏联战败后，非洲各国开始重新结盟。90 年代，由于担心原教旨主义的蔓延，华盛顿将基督教徒占多数的埃塞俄比亚视作美国天然的盟友。

因此，2006 年夏，当埃塞俄比亚官员开始公开讨论入侵索马里以及取缔“法院联盟”和青年党的可能性时，华盛顿的一些人从中看到了机会。虽然中情局纠集当地军阀的计划以失败告终，但埃塞俄比亚军队也许可以成为美国在索马里进行战争的新代理人。“法院联盟”占领摩加迪沙数周后，美国中央司令部（USCENTCOM）司令约翰·阿比扎伊德将军在出访东非期间，访问了埃塞俄比亚首都亚的斯亚贝巴，并在美国大使馆会见了军方、中情局与国务院的官员。在这次会议上，他问道，如果埃塞俄比亚军队将坦克开往摩加迪沙，他们有可能需要哪些东西？

阿比扎伊德明确表示，虽然美国不能强迫埃塞俄比亚入侵索马里，但可以确保这次行动大获全胜。随后，他还会见了埃塞俄比亚官员，提出与他们分享美国有关“法院联盟”在索马里军事部署的情报。返回华盛顿后，美国国家情报局局长约翰·内格罗蓬特授权间谍卫星瞄准索马里，要求提供埃塞俄比亚军队的清晰图像。2006 年，一名驻扎在亚的斯亚贝巴的美国官员表示：“是为了促使埃塞俄比亚为我们出兵。”

此外，埃塞俄比亚东部盛产咖啡的地区有一座军事基地，美国计划从那里对索马里发动突袭。因此，埃塞俄比亚入侵索马里可以为美国的行动提供掩护。2006 年夏秋之交，埃塞俄比亚军队入侵索马里的可能性越来越大。于是，美国派出海军工程小组来到距离亚的斯亚贝巴以东约 300 英里的德雷达瓦。美国官方对外界宣称，海军工程小组到这里是为了开展人道主义救援行动。当时，滂沱的大雨在德雷达瓦周边的平原地区造成了广泛的洪涝灾害，高达 10 英尺的水墙冲进了镇里，上万民众在洪水中流离失所。海军工程小组开始协助灾民搭建帐篷，为他们提供紧急医疗救助。

但是，除了救援物资以外，前往德雷达瓦的 C-130 运输机还运送了大批战争物资。与此同时，作为联合特种作战司令部秘密行动的一部分，海军海豹突击队小分队和三角洲突击部队也陆续进入埃塞俄比亚，代号“88 特遣队”。他们计划利用埃塞俄比亚入侵索马里作为掩护，趁机进入该国，追捕“法院联盟”成员。

根据拉姆斯菲尔德于 2004 年发出的命令，陆军突击队员可以渗入传统上不属于军方势力范围的国家。这道命令也是美军在索马里开展行动的依据。2007 年 1 月初，第一支埃塞俄比亚坦克纵队在隆隆声中越过边境，炮兵连开始向索马里南部“法院联盟”的军事据点发动猛攻。与此同时，“88 特遣队”开始进入该国并开展行动。随行的还有来自五角大楼秘密间谍部门“灰狐”的监视专家，该部门的代号后来被变更为“橙子特遣队”。这支队伍携带有专门设备，可以通过截获“法院联盟”

指挥官的手机通讯，对他们进行精确定位。

除了特种作战部队以外，2 架配备有 105mm 榴弹炮和格林机关枪的 AC-130 武装直升机也在埃塞俄比亚东部的机场降落。1 月初，武装直升机对索马里南部沼泽地带的一个小渔村发动了袭击。他们得到情报，青年党首领亚丁·哈什·法拉赫·埃罗就藏在拉斯坎波尼村。在发动密集攻击数小时后，美国与埃塞俄比亚的军队在废墟间寻找，发现了一本血迹斑斑的护照，上面印着埃罗的名字。美国人推测，如果在袭击中受伤，埃罗不会支撑太久。但是，没有人知道他究竟去了哪里。两周以后，AC-130 武装直升机对另一名青年党指挥官再次发动袭击，但未能命中预定目标，而是误伤了当地平民。

2007 年初在索马里开展的秘密行动有得也有失。在美军军方和情报部门的支援下，埃塞俄比亚从索马里南部发动了闪电战，导致“法院联盟”军迅速撤退。但是，联合特种作战司令部未能擒获或杀死任何“法院联盟”高级指挥官或 1998 年对美国大使馆进行炸弹袭击的“基地”成员。除了追捕行动小有收获外，可以说，埃塞俄比亚大规模占领索马里的行动不啻于一场灾难。

布什政府也在暗中支持这次行动，认为埃塞俄比亚军队能够将“法院联盟”逐出摩加迪沙，并为联合国扶植的过渡政府提供军事庇护。虽然美国达到了第一个入侵目标，但一贫如洗的埃塞俄比亚政府不愿意继续把资金花在出兵索马里和维护腐败的过渡政府上。战斗结束几周后，埃塞俄比亚的高官宣布，他们已经完成了军方的目标，并且开始公开讨论从索马里撤军。

埃塞俄比亚军队不分青红皂白地对宿敌发动了一场血腥的战争。他们利用拙劣的城市战术，向人烟稠密的闹市与居民区投掷炮弹，导致数以千计的平民丧生。此外，埃塞俄比亚军队毫无纪律可言，士兵到处进行疯狂的掠夺与强奸。一名年轻男子在接受非营利性组织“人权观察”

采访时说道，他曾经亲眼目睹，埃塞俄比亚人杀死了他的父亲，强暴了他的母亲和姐妹。

埃塞俄比亚军队对摩加迪沙的占领为青年党招兵买马提供了契机，这个极端组织开始发展壮大。叛乱者在路边埋设炸弹，并且采取了伊拉克与阿富汗极端分子成功使用过的其他战术。外国武装分子开始大批涌入索马里，其中一些人谈到了阿布·拉加尔，在中东人的眼中，这个协助埃塞俄比亚军队进驻麦加的人是一个臭名昭著的叛徒。这些外国武装分子大都来自摩洛哥和阿尔及利亚。但也有人来自明尼苏达州。就在埃塞俄比亚入侵索马里后不久，20 名来自明尼阿波利斯小摩加迪沙居民区的美国学生登上飞机，准备前往索马里对基督教侵略者发动圣战。其中包括一个名叫希瓦·艾哈迈德的社区大学辍学生。艾哈迈德喜欢打篮球，他的大多数时间都在打零工和背诵说唱歌曲的歌词。在得知埃塞俄比亚入侵索马里后，他顿感怒火中烧，于是返回非洲之角，加入了青年党。

次年 10 月，他驾驶一辆装有炸药的汽车，来到索马里北部邦特兰地区的一座政府大楼前。

他成了美国有史以来第一个自杀式炸弹袭击者。

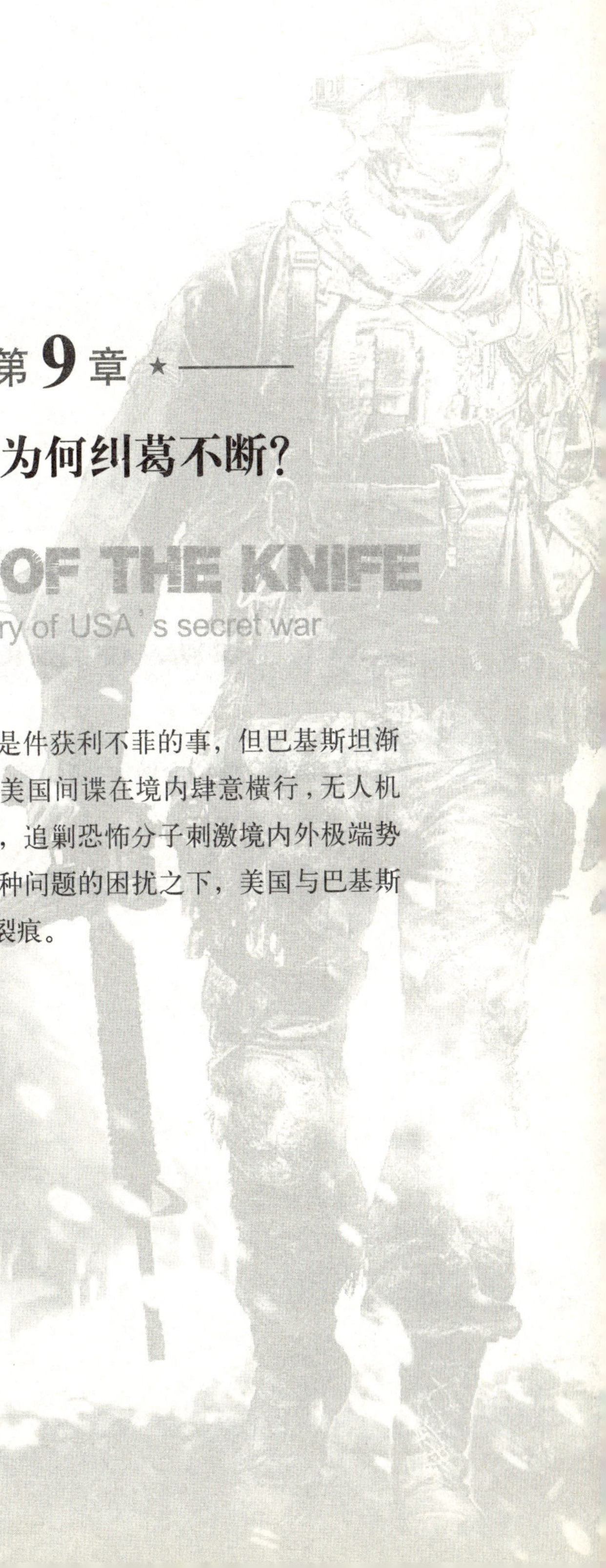

——★ 第9章 ★——

美巴关系为何纠葛不断？

THE WAY OF THE KNIFE

The untold story of USA's secret war

傍上美国大款应该是件获利不菲的事，但巴基斯坦渐渐发现事实并非如此。美国间谍在境内肆意横行，无人机时常擅自开展猎杀行动，追剿恐怖分子刺激境内外极端势力惹来血腥报复……种种问题的困扰之下，美国与巴基斯坦之间的关系出现巨大裂痕。

THE WAY OF THE KNIFE
The untold story of USA's secret war

在镜海的荒原里，蜘蛛会做什么呢，暂停它的作业？象鼻虫会迟到吗？

——出自 T.S. 艾略特的《枯叟》

部落地区沦为“国中国”

没过多久，阿特·凯勒就发现了中情局官员在巴基斯坦任职的第一定律：你待得越久，知道得越少，而当你必须卷铺盖走人时，你将什么情报都不知道。

2006 年年中的某一天，凯勒乘坐直升机抵达中情局基地。中情局基地地处南瓦济里斯坦部落地区，毗邻重镇瓦纳。此时巴基斯坦间谍活动的形势，俨然是詹姆斯·耶稣·安格尔顿笔下 21 世纪版的“镜海中的荒原”。冷酷无情而又充满传奇色彩的安格尔顿一度担任中情局反情报科主任，他曾援引他所钟爱的 T.S. 艾略特的诗句来描述冷战时期美苏之间风谲云诡、惊心动魄的间谍战。而几十年后，在巴基斯坦上演的这场情报角逐战，与历史相比有过之而无不及。

凯勒被调到巴基斯坦山区负责该地区情报工作时，“基地”组织正在试图将此地发展成新的军事基地。稚气未脱的凯勒显然不是这一职位的最佳人选。他此前从未踏足巴基斯坦，也不懂当地的语言，而他在伊朗参与导弹项目的经验，在这里也毫无用武之地。但是，由于伊拉克战场几乎抽调了所有有过中东任职经历的中情局官员，阿富汗和巴基斯坦地区的谍报工作急需人手。阿特·凯勒毛遂自荐，申请了一个在阿富汗的职位，但最终却被调到了巴基斯坦。

“他们需要的是一个会说达里语、乌尔都语或普什图语，经验丰富且对目标了如指掌的人，”他说道，“但他们最后却选了我。”

在军队、大学和传媒界摸爬打滚了10年后，凯勒于1999年加入中情局。早在高中时期，凯勒就对国际事务有着浓厚的兴趣，但对于以后的职业规划，他却不甚清晰。20世纪90年代初，凯勒加入了美国陆军。他参军的目的仅仅是为了轻轻松松地赚到大学学费。他说道：“18个月后，我坐在茫茫沙漠中，问我自己：‘我怎么会走到如今这步田地？’”

在协助科威特迅速驱逐伊拉克军队的“沙漠风暴”行动中，凯勒只不过扮演了一个无足轻重的角色。他被派到一家降落伞装备公司，但整个行动并不包含空降任务，所以他所在的小分队一直无所事事。在行动开始的前一天晚上，他和其他小组成员被送到沙特阿拉伯的沙漠腹地守卫一个后勤基地，确保在坦克入侵伊拉克时为美军提供物资保障。

离开美国陆军后，凯勒进入美国北亚利桑那大学上学。大学期间，他决定今后要么做个记者，要么加入中情局。毕业后，他任职于《亚利桑那共和报》体育版。在即将被调到时政版时，中情局联系了凯勒，说他的工作申请已经被批准了。

凯勒最初任职于中情局的反武器扩散中心，具体职责是防止大规模杀伤性武器的扩散。他的第一次海外任职是在维也纳，也就是国际原子能机构总部所在地。中情局希望维也纳站的特工们能在国际原子能机构内部发展线人，从而获取该机构的一些秘密决议。但在“9·11”袭击事件之后，中情局开始为国际原子能机构提供一些极为敏感的情报，以期国际原子能机构能够制裁伊朗、伊拉克和朝鲜。

由于工作原因，凯勒对伊朗发展弹道导弹的情况了如指掌，但在当时，伊朗还不是中情局最为关注的对象。2002年夏末，凯勒的上司从兰利总部出差归来后，和中情局维也纳站的官员们一起聊天。

“当时一直都有传闻说美国可能会入侵伊拉克，并对伊拉克宣战，这是真的吗？”凯勒记得自己当时提了这样一个问题。“我们随后就从总部陆续听到了很多可笑的消息，因为上面正在紧锣密鼓地为合法出兵伊拉克寻找佐证。”他说。

“你记不记得在电影《从海底出击》（*Das Boot*）里，当主人公把潜艇开到海底深处，铆钉从潜艇表面弹出，在海底一通乱射的情景？”凯勒的上司向众人问道，“现在中情局的总部就是这种状况。”

在这场注定失败的入侵无果而终后，作为伊拉克武器核查小组成员，凯勒两次短期出访伊拉克。这支中情局领导的武器核查小组分别于2003年和2004年两次，在阿富汗多个地点巡查萨达姆·侯赛因有名无实的生化武器项目。然而从一开始，凯勒就知道自己的工作毫无意义：对任何能够说出伊拉克武器存放地点的人，中情局不但给予现金奖励，还考虑对他们重新安置。伊拉克的科学家们完全有理由为美方提供情报，但他们却一再坚称伊拉克并不存在这些武器。即便如此，为了填写审讯次数，好向兰利总部交差，凯勒和他的同事们不得不对同一名科学家反复地问同样的问题。他们之所以这么做，是为了让总统布什和副总统切尼在面对美国公众时可以宣布：伊拉克的武器搜查工作仍在继续。

2006年，凯勒抵达了尘土飞扬的中情局基地。基地位于巴基斯坦南瓦济里斯坦的一个小镇。2004年，巴基斯坦军队曾动用火炮和武装直升机与纳克·穆罕默德的武装力量在该镇交火。基地附近是沙凯村的一所宗教学校，政府军与瓦济里斯坦的部落武装在此地达成了停火协议。当凯勒到达时，当地正处于脆弱的和平时期。巴基斯坦政府军刚和另一位年轻的武装分子头目贝图拉·马哈苏德签订和约。2004年纳克·穆罕默德在无人机袭击中被杀后，贝图拉·马哈苏德接过了浸满鲜血的旗帜。马哈苏德对和谈毫无诚意，他和巴基斯坦军队之间打打停停，借着停火的幌子巩固自己在南瓦济里斯坦的军事力量。但2006年，巴基斯坦的军事领导人却不想在部落地区发动另一场战争，因此当凯勒抵达瓦纳时，巴基斯坦的士兵和间谍们都无心恋战，因为他们都不想引火上身。

其结果是，中情局官员和南瓦济里斯坦当地三军情报局特工之间的关系颇为紧张。但直到到达瓦纳，凯勒才切身体会到这种关系是多么让人沮丧。凯勒接替的是一个叫吉恩的中情局官员，吉恩年纪稍长，满目沧桑。在向凯勒交接工作时，吉恩告诉凯勒，巴基斯坦军队很少外出巡逻，几乎整天都待在他们的军事保护区内。吉恩说道，无论他多努力地劝说对方，巴基斯坦的军方和间谍都不愿意挑战贝图拉·马哈苏德在南瓦济里斯坦建立的蕞尔小邦。

与纳克·穆罕默德不同的是，贝图拉·马哈苏德对新闻报道毫无兴趣。他几乎不接受任何采访，而是严格遵守传统的教义，拒绝拍照。他几乎没接受过正规教育，即使在宗教学校的日子也屈指可数。2006年，贝图拉·马哈苏德领导着大约5 000个绝对忠诚的部族武装分子排除异己，对叛徒杀而诛之，毫不手软。甚至有传闻说贝图拉·马哈苏德曾经暗中帮助巴基斯坦军队抓捕他的导师——只有一条腿的武装头目阿卜杜拉·马哈苏德。没了阿卜杜拉·马哈苏德，贝图拉就能全权接管武装分子在南瓦济里斯坦的政权。早在2004年，美国在关塔那摩海军基地释放了阿卜杜拉·马哈苏德，后又对其展开追捕。当巴基斯坦军队包围了阿卜杜拉在俾路支省的家时，他手持一枚手榴弹放在胸前，引爆火线自杀身亡。

在贝图拉·马哈苏德的领导下，这一小股军事武装力量以“巴塔”的名义迅速壮大。贝图拉·马哈苏德的权力和影响力也急速膨胀。和由穆拉·奥马尔掌权的阿塔相比，贝图拉·马哈苏德的巴基斯坦队伍显得更咄咄逼人。阿塔长期得到巴基斯坦三军情报局的暗中支持，而贝图拉·马哈苏德这支新生的武装力量却在伊斯兰堡、卡拉奇和其他多所城市大量使用自杀式爆炸袭击挑衅政府军，意在将巴基斯坦士兵和间谍赶出部落地区。他们将此称为“自卫圣战”，是一场保护部落地区不受巴基斯坦军方管辖的自卫反击战。在他们看来，巴基斯坦人是他们土地上的外邦人。

除了依靠部落地区，这支武装队伍几乎孤立无援，和外界毫无联系。但在 2006 年的瓦纳，贝图拉·马哈苏德的统治地位却坚不可摧。他的支持者们在南瓦济里斯坦实行暴政统治。他们伺机而出，暗杀任何可能与美国或巴基斯坦政府合作的部族官员。小偷被绞死在村子的街道上，通奸的则被石头活活砸死。瓦纳的集市上，小贩们甚至公开售卖用乌尔都语讲述的巴基斯坦侦察兵被斩首的 DVD。这部虐杀式的电影画面血腥，惨不忍睹。它一半宣传，一半恐吓，赤裸裸地传达着这样的信息：巴基斯坦政府军最好放弃对部落地区的控制，乖乖待在自己的营区里。此外，贝图拉·马哈苏德还强迫瓦纳的理发师们在店里摆放这样的告示：根据教法，男子禁止修面，理发店不提供修剪胡须的服务。有抗命不遵的，贝图拉·马哈苏德就下令烧毁他的店铺。类似暴政的例子不胜枚举：中情局在瓦纳的基地只能每两周收到一次燃油供给，因为只有在指定的日期，武装分子才允许巴基斯坦军队的卡车使用公路。

情报探子的艰难时光

在瓦纳附近的巴基斯坦军事基地内，中情局的办公楼就在基地内一栋砖砌的院子里。一支巴基斯坦特种作战部队的小分队驻守在美国人的楼房外负责守卫。但是凯勒不久就发现，这支小分队与其说是警卫，倒不如说是狱卒。因为中情局的官员们从不被允许离开院子。院子里有几间小屋子，美国特工们只能在房间里吃饭睡觉。为了避免三军情报局会拦截美方的情报，他们只得使用加密的无线电设备和电脑与上级通话。由于水管破裂，小小的基地里污水横流，空气中弥漫着阵阵恶臭。屋顶表面的石膏常常成片脱落，砸在床上、盘子里，以及通讯设备上。吉恩曾经有一次试图游说中情局伊斯兰堡站在基地院子里建一个壁球场。他告诉上级，考虑到壁球在巴基斯坦军官中受欢迎的程度，壁球场可以帮助中情局官员与巴基斯坦特工建立联系。但他的请求遭到了拒绝。

一开始，凯勒和他在三军情报局主要线人之间的关系并不顺利。这很大程度上要归咎于吉恩在离开南瓦济里斯坦之前上演的一出恶作剧。在直升机准备飞离瓦纳的当天，吉恩交给凯勒一张用乌尔都语写的便条。他嘱咐凯勒，让他在和三军情报局的同行第一次见面时交给对方。凯勒完全看不懂乌尔都语，他遵照嘱托将便条忠实地交给了三军情报局的官员。对方是名哈塔克部族成员，他看了便条后却并不觉得有趣。他将便条的内容翻译给凯勒听：

“永远都别信任一个该死的哈塔克人。”便条上写道。

“吉恩觉得这么做很好玩，”凯勒说，“真是多谢了，吉恩。”

由于瓦纳的巴基斯坦人和美国人之间隔阂越来越深，在凯勒的任期内，他在南瓦济里斯坦监管的大多数情报搜集工作都未经三军情报局的批准。吉恩留下了一张名单，上面列举了中情局在当地发展的巴基斯坦线人的姓名和联系方式。吉恩走后，凯勒开始接管整个秘密情报网络。但对于一名身在瓦纳的美国白人特工而言，想要避开三军情报局的耳目，私自运营一个由巴基斯坦人组成的谍报网络绝非易事。这些巴基斯坦线人没法到中情局基地来，三军情报局的人会立即认出并逮捕他们。而凯勒想要在基地外和他们见面的举动也可能让他们身处险境。

与此相反，在国界线另一边阿富汗境内的中情局官员们，日子则要好过得多。到 2006 年，中情局已经在阿富汗东部的霍斯特和阿萨达巴德等城市建立了一系列小型基地。他们不断从这些基地输出特工，让他们到巴基斯坦境内的部落地区搜集情报。阿富汗的中情局特工们可以在基地附近的城市和线人接头。此外，中情局开始从兰利向阿富汗的重点区域调派情报分析员，这些分析人员在筛选人力搜罗来的各种小道消息后，将其与各个情报站的卫星监控和窃听内容进行比对，最终排查出武装分子在巴焦尔和瓦济里斯坦的具体位置。3 年后，在其中一个基地，即霍斯特的查普曼营，中情局的特工们犯了一个大错。为他们服务的一名线人，一直被美国人视为安插在恐怖组织的高层间谍，事实上却一直在为恐怖分子工作。中情局中了这个线人的圈套，造成 7 名中情局官员被杀，成为自 1983 年贝鲁特美国大使馆爆炸案以来中情局史上最为血腥的一天（普利策奖得主乔比·沃里克曾著《三重间谍》一书详述此事。——译者注）。

由于无法和线人见面，即使是最重要的线人，凯勒也只能和他通过计算机保持联系。不但如此，在南瓦济里斯坦的数月内，在与情报提供者之间没有任何面对面接触的情况下，凯勒还要小心翼翼地甄别间谍网里的双面间谍。他将这段经历与在伊拉克战争最黑暗时驻守巴格达的西方记者做了个类比：无法在大街上自由行走，只能从伊拉克记者那搜集到信息和言论。

凯勒的情况是，他首先把电报发给中情局的电脑工程师，工程师在将情报编译成密码后，再发送给为中情局工作的巴基斯坦线人。每个线人都有一个特殊的通讯设备来接收消息。巴基斯坦间谍每月可以得到几百美元的工作报酬，但他们必须抽出一部分钱雇佣其他线人（或称“下级线人”）为他们提供南瓦济里斯坦“基地”组织的动向。下级线人完全不知道他们服务的最终对象，甚至有人认为他们的报酬来自于三军情报局。有时凯勒得到的情报，在最终送达他那里之前，已经经过了 3 个甚至 4 个线人。

凯勒在南瓦济里斯坦期间，中情局的主要监视目标是一名化名为阿布·卡巴布·马斯里的埃及化学专家。他是本·拉登核心集团的一名成员。马斯里曾经指挥“基地”组织成员在阿富汗的德伦塔训练营进行化学武器和其他有毒物质的实验。美国人认为马斯里就躲在南瓦济里斯坦地区，并悬赏500万美元买他的人头。但中情局却连此人的长相都不甚清楚，2006年初，中情局承认在通缉马斯里的告示中使用了错误的人物图片。在随后张贴的告示中，原来的照片被替换成了一个黑色的头像剪影。

由于掌握的情报极为有限，南瓦济里斯坦的中情局特工们往往要极大地依赖未经核实的小道消息。凯勒收到的某条情报便是其中之一。有消息称，马斯里会偶尔光顾瓦纳市集的某一家商铺。凯勒于是告诉他的巴基斯坦线人去雇佣一个住在市场附近的下级线人，让他找机会去那家店铺侦查。他们随即开始在这家店铺安排人力监控，想知道马斯里是不是那里的常客，并偷偷拍下他的照片。接下来，他们计划在店里安装监视器，试图发现马斯里来此接洽的对象是谁。

这次行动是否有效，凯勒不得而知。也许这不过是为了抓捕马斯里而设的天罗地网中的一部分。不同地区的特工们通常对其他城市发生的活动一无所知，即便两个基地之间仅仅相距十几英里，也没法知道另一基地加密电报的内容。尽管只能以管窥豹，凯勒仍然恪尽职守地将自己得到的情报毫无隐瞒地发给伊斯兰堡的情报分析专家。

这么做的结果是，循环报告的现象时有发生。有一次，凯勒的一名线人提供了一条消息，称有人在西北边境省（开伯尔－普赫图赫瓦省）的第尔谷见到了本·拉登。凯勒将这条信息发给了伊斯兰堡，建议中情局派一名特工到第尔谷调查此事。

中情局伊斯兰堡站站长收到凯勒的电报后恼羞成怒。就像猫王死后他的影迷还坚称目击过猫王的身影一样，任何有关本·拉登的消息，都会让兰利方面极为兴奋。即便只是捕风捉影的谣言，兰利总部也会责令巴基斯坦的特工们立即调查。早在几个月前，战区特工们就已经排查并否定了第尔谷的有关传闻。而现在，伊斯兰堡站却要再次向兴致勃勃的中情局领导们解释为什么不必理会凯勒的情报。伊斯兰堡站站长不顾航行颠簸，亲自飞到瓦纳向凯勒大发雷霆。

“他们费了一番口舌才证明这是在造谣，”凯勒回忆道，“而现在，我却把这个吸血鬼又唤醒了。”

CIA 借救灾上演“木马计”

凯勒不知道的是，2006 年，为了再次抓捕奥萨马・本・拉登，中情局在短时间内向巴基斯坦和阿富汗地区增派了大量特工人员，凯勒的任职不过是整个庞大军事行动的一部分。兰利总部的高级官员们痛苦地意识到，公众关注的焦点早已从“基地”组织转移到了伊拉克战争上，然而中情局内部对于本・拉登的搜捕却仍然举步维艰。驻伊斯兰堡的特工和兰利反恐中心的官员势同水火，驻伊斯兰堡的特工嘲笑兰利喜欢动用“捕食者”无人机，称他们就像是一群“摆弄玩具的小男孩”。中情局伊斯兰堡站长认为，在 2005 年和 2006 年，中情局的无人机袭击虽然还并不频繁，但却常常建立在错误情报的基础上，导致许多无辜平民伤亡。这么做除了在巴基斯坦国内激起强烈的反美情绪外，毫无好处。与此同时，无人机打击也让巴基斯坦政府陷入了不得不为美国的袭击向公众说谎的尴尬境地。

而即使在中情局总部，官员们的日子也不平静。媒体曝光了负责监管战地特工行动处某些官员和局长波特・戈斯及其助理们之间的明争暗斗。除此之外，秘密行动处与中情局其他部门间也是冲突不断。2005 年末，波特・戈斯召回所有高层官员参加管理会议，意在缓和管理层之间的紧张关系。在会议上，监管情报分析员的中情局情报处副处长公开抱怨战地特工们的傲慢无礼。在他看来，这些人的权利大到可以呼风唤雨。而秘密行动处主管罗德里格斯则针锋相对地咆哮道："你们都醒醒吧！闻一闻这狗娘养的咖啡！"罗德里格斯恼羞成怒，他提醒在场的每一个人，和那些坐在办公室里养尊处优的情报分析员不同，他的卧底们每天都生活在恐怖分子的"枪口刀尖"之下，九死一生。

罗德里格斯的喜怒无常有时也在秘密行动处内部引发不满。到2006年初，他已经几乎不和反恐中心主任罗伯特·格雷尼尔说话了，而当初提拔格雷尼尔担任反恐中心的人却也是他。格雷尼尔曾在伊斯兰堡站任站长，他处事圆滑老练，在很多方面都和罗德里格斯截然相反。格雷尼尔将中情局的反恐范围拓展到了阿富汗和巴基斯坦以外的地区，要求特工们更多地关注出现在东南亚和北非的威胁。考虑到2001年以来间谍规模的急速壮大，格雷尼尔认为反恐中心亟待重整机构，以避免人员冗余。成立在90年代、代号为"亚力克站"的中情局本·拉登搜索小组就在此期间改制并重新命名。

但在罗德里格斯看来，格雷尼尔的举动只会扰乱对本·拉登的追捕。他从反恐中心内部调派了另一名官员接替格雷尼尔。这名官员名叫迈克，是个形容枯瘦、烟不离手的工作狂（迈克现今仍是一名地下特工，在此不便公布他的全名）。迈克早年在非洲卧底多年，并皈依了伊斯兰教。他衣橱里的衣服都是清一色的黑和灰，就像他的行为举止一样沉闷干练。有人称他为"黑暗王子"，并预言他将最终掌管中情局自越战以来最大规模的猎杀行动。

2006年，当迈克接任反恐中心主任一职时，他首先面对的任务就是实施一项计划，用以支持中情局在阿富汗和巴基斯坦的卧底，消除喀布尔站和伊斯兰堡站之间的内讧，并重新调整中情局总部的工作人员。他在兰利自助餐厅外、离星巴克咖啡店不远的地方建起了许多半圆形的巨大活动房，作为规模不断壮大的本·拉登搜捕小组的办公之地。这项计划被称为“炮弹行动”，作为新计划的一部分，几十名情报分析员被派到了喀布尔及伊斯兰堡,他们与当地情报人员并肩作战,共同追查“基地”组织头目们的蛛丝马迹。

然而，最重要的是，中情局再次向战地增派了卧底间谍，希望能不依靠巴基斯坦独自开辟出情报来源，阿特·凯勒便是其中之一。随着美国在阿富汗开战，中情局官员进驻喀布尔易如反掌。最大的问题来自于巴基斯坦。三军情报局时刻监控着美国官员入巴签证申请的数量，并一直密切关注中情局派向伊斯兰堡站的特工人数。兰利方面急需想出更多的办法来掩护美国间谍秘密进入巴基斯坦。

2005年10月8日早晨，克什米尔山区发生了大地震，瞬间将穆扎法拉巴德市夷为平地，并造成巴基斯坦北部大片山体滑坡。但对中情局而言，这却是个千载难逢的好机会。巴基斯坦官方最初估计地震造成了近9万人的死亡，其中大约有1.9万名儿童因为校舍房屋倒塌而丧生。数以亿计的国际援助涌向巴基斯坦克什米尔，几乎同一时间，一组美国军用直升机从阿富汗边界进入巴基斯坦境内,实施人道主义救援。自此，“切努克”军用直升机成为了克什米尔地区的定期访客，当地巴基斯坦人用他们的方言称这些直升机为“慈悲天使”。

但美国人并不只是在大发慈悲。地震发生几个月后，在三军情报局毫不察觉的情况下，中情局开始利用自己在克什米尔的救援行动悄悄向巴基斯坦输送美国间谍。为了避开耳目,他们乔装成救援人员和工程师。三军情报局的官员们虽然怀疑美国的救援是特洛伊木马，为的是偷运更多情报人员到巴基斯坦，但面对克什米尔的灾情，为了稳住人道主义救援，巴基斯坦军方和情报机构也只能按兵不动，因此没有对美国救援人员进行过多盘问。

可能多年之后，中情局会最终从增员巴基斯坦的行动中受益，但在当时,他们却所获甚微。根据一名兰利前高层的估计,“炮弹行动”期间，美国在巴基斯坦的卧底总数大约激增了10%～20%。以致当时的中情局官员们一度担心，大量美国卧底派驻巴基斯坦会刺激三军情报局做出更为严密的监视行为。

但中情局有一个难题却无法解决：能够派遣到阿富汗和巴基斯坦的久经沙场的谍报人员十分有限，中情局总部捉襟见肘。兰利的领导人们求贤若渴，他们开始把一些刚刚从中情局"农场"佩里营毕业的情报新人派往前线。"我们只能退而求其次，把那些没有足够经验的人派到战区，"一名负责此次行动的特工回忆道，"但即使这样，我们的选择也非常有限。"

人员重组后，对本·拉登的追捕计划之一便是找到本·拉登用于传递情报的线人。中情局此前已经零零碎碎地搜集了本·拉登最密切的某个线人的一些情报。有了线人的消息，就能追踪到巴基斯坦"基地"组织成员的行踪，由此可以对恐怖组织第二层和第三层的内部运行结构有更好的了解。

2006年春天，当迈克尔·海登将军从波特·戈手中接过中情局局长一职时，中情局"已经深入渗透到敌方，2006年获得的有关'基地'组织的情报要远远多于2001年或2002年"。海登说道："实际上，我们已经培养出了可靠的情报来源。"

2006年8月，在海登访问巴基斯坦后不久，中情局和三军情报局联手逮捕了拉希德·拉乌夫，此人曾策划使用致命化学粉末和早餐饮料"果珍"混合，在伦敦炸毁几架横跨大西洋的客机。拉乌夫在巴基斯坦部落地区遥控指挥整个阴谋，因此他和潜藏在英国执行爆炸的小组一直保持联系。他们筹划这项计划已有两年时间，以至于参与者们开始感到倦怠。英国军情五处不但建立了监察网络，还通过窃听密切关注着拉乌夫团伙的一举一动。

在三军情报局得到极端分子们即将实施爆炸的消息后，巴基斯坦情报机关最高将领阿什法克·佩尔韦兹·基亚尼将军立即告诉秘密行动处主管罗德里格斯，巴方准备在拉乌夫从部落地区乘公共汽车去旁遮普省巴哈瓦尔布尔市的路上将其抓获。罗德里格斯当时正在伊斯兰堡视察，他当即下令中情局官员在巴哈瓦尔布尔附近设立监察点，重点监听拉乌夫的手机通话，并将情报随时传达给巴基斯坦军队。在这样的情况下，巴基斯坦政府军不费吹灰之力就逮捕了拉乌夫。

军情五处对巴基斯坦的举动大为光火，拉乌夫被捕无疑会惊动身处英国的其他参与者，牵一发而动全身。英国对于巴基斯坦与英属印度划分地域一事一直耿耿于怀，因此他们既不信任也不依赖三军情报局，他们甚至怀疑基亚尼将军急于逮捕拉乌夫根本是有着其他不可告人的目的。仓促之中，英国警方只得在其他25名嫌犯逃窜之前将其全部抓获，与此同时，他们却在担心已有的证据是否足以指控这些嫌犯。

虽然并没因此获得本·拉登的任何消息，但中情局还是卓有成效地阻止了2006年8月的这一起爆炸。海登形容追踪本·拉登情报人员的工作是“擦板投篮”，他们就像是在追赶本·拉登的影子，总是被错误的情报包围，还经常陷入人员短缺的窘境。

比如，巴基斯坦的中情局特工们曾经追踪阿布·艾哈迈德·库威蒂到绿树掩映的阿伯塔巴德市一幢杂草丛生的建筑物里，事实上本·拉登就藏匿于此，但中情局的审讯人员却被误导，认为库威蒂不过是个无名小卒，毫无价值。这是因为“9·11”袭击的主要策划者哈立德·谢赫·穆罕默德此前告诉中情局的审讯官，库威蒂已经退休了。

中情局在关押穆罕默德时施用了包括水刑在内的极端审讯手段，但穆罕默德的供词中仍存在大量可疑之处。他的供词哪些是真，哪些只是为了应付审讯官而说的假话，成为美国政府内部激烈辩论的话题。一年后，当另一名被拘押的犯人向审讯人员供认，库威蒂确实是本·拉登的主要情报员时，中情局才终于证实这条情报。

"哈卡尼"是巴基斯坦的战略资产?

虽然中情局不断增员巴基斯坦，但巴基斯坦情报机构仍然没有足够的人手去调查每一条线索。三军情报局对美方间谍的管制更是让情报工作雪上加霜。在南瓦济里斯坦任职时，阿特·凯勒曾经关注过一个"基地"组织的嫌疑赞助人，其绰号为哈吉·奥马尔，他在"基地"活动频繁的地段拥有4栋建筑物。像吉恩一样，凯勒也向伊斯兰堡的上级致电，请求对哈吉·奥马尔的楼房实行空中监视，排查进出人员。一来他拥有的人手根本不足以监视4幢建筑物，二来人力监视也要冒更大的风险。

据凯勒称，他给上级的电文重点是:"这个家伙和'基地'组织的后勤保障密切相关，他绝对是个线人，也许能为我们所用。但是如果不开始监视，我们怎么能知道他的真面目?"然而鉴于南瓦济里斯坦部落当时的和平局面，三军情报局不允许美军使用"捕食者"无人机进行侦查。凯勒的建议只得被搁浅下来。

南瓦济里斯坦这场变幻莫测而又前所未有的战争让凯勒见识了三军情报局内部拜占庭式的运作方式。三军情报局内部混乱无章，就仿佛是有的车轮在顺时针转，有的却在逆时针转。三军情报局负责反恐行动的C指挥部，常常帮助中情局官员追捕"基地"间谍。三军情报局白沙瓦站前站长阿萨德·穆尼尔此前一直在C指挥部任职。但C指挥部的反恐官员却频频与S指挥部的谍报人员意见相左，而S指挥部一向因为姑息塔利班、"哈卡尼网络""虔诚军"等武装组织而臭名远扬。此前，巴基斯坦将这些恐怖组织视为对抗印度的重要筹码。在苏联入侵阿富汗期间，S指挥部为圣战游击队员提供军事培训；到了90年代，他们则帮助塔利班夺取政权，壮大势力；而在2001年之后，他们又对阿富汗境内各种极端武装组织之间的厮杀坐视不管，唯恐这些恐怖分子调转矛头，将枪口指向巴基斯坦。

关于 S 指挥部，几乎找不到任何公开的记录。虽然在苏联阿富汗战场上，中情局曾与 S 指挥部的间谍有过工作接触，但美国情报人员对于 S 指挥部的印象也只有一个模糊的轮廓。中情局的特工们花了多年时间处心积虑地收集有关 S 指挥部的片言只语，最后情报分析员们一致同意，自 2001 年以来，S 指挥部一直身处三军情报局最敏感的前沿，暗中维系着巴基斯坦与极端武装分子之间的联系，以期在未来能为政府军所用。

S 指挥部是否定期下令恐怖分子对驻扎阿富汗的美国和北约军队实行军事打击，这个话题仍然存在争议。但通过美国在巴基斯坦的电子监控网，更具体地说，是通过美国对三军情报局总部截获的通话记录看，巴基斯坦的情报人员确实和“哈卡尼网络”的间谍在电话中讨论过此事。但巴基斯坦官员对此却矢口否认，声称这不过是间谍战中的伪装术而已。但在私下，他们却下令情报机构和“哈卡尼网络”之流的武装组织秘密合作，以保护巴基斯坦的西部侧翼。2008 年，美国情报机构甚至截获了基尼亚将军一次电话记录，他在电话中称“哈卡尼网络”为“战略资产”。面对扑朔迷离的时局，阿特·凯勒不久便明白，“中情局里有些人说，‘三军情报局肮脏不堪’，而另一些人则说‘三军情报局能够帮助我们’，”凯勒说道，“实际上，他们说的都对，这就是问题的所在。”

可以说，在 2006 年夏天，美国和巴基斯坦南瓦济里斯坦情报人员之间的关系极为微妙，而在北瓦济里斯坦，情况也大同小异。但由于巴基斯坦政府尚未与武装分子在北瓦济里斯坦签署和平协议，中情局和三军情报局的合作显得更为密切。他们共同在米兰沙赫一个由废弃校舍改建的基地里工作，离镇里哈卡尼最大的宗教学校不到 1 英里。在那里，两国谍报人员并肩作战，以期发现另一名“基地”组织高级成员哈立德·哈比卜的行踪。

随着追捕哈比卜行动的展开，中情局将凯勒调派到了北瓦济里斯坦。即便这样，凯勒仍然要负责南瓦济里斯坦的行动部署，并通过电子通讯和他的线人保持联系。被关在瓦纳的基地时，凯勒一直也只能远程办公，所以这次调动对凯勒的工作影响甚微。凯勒和其他中情局官员们指挥“捕食者”监视着米兰沙赫外的卡车车队和楼房里的进出人员，希望能找到足够信息对哈立德·哈比卜发动攻击。三军情报局则另外从自己的线人那里获取情报，最终和美方“捕食者”及电子窃听到的情报汇总。

但这种合作也有局限之处。凯勒刚到米兰沙赫时，基地总指挥给了他一个忠告：“如果不想让塔利班分子也知道的话，就别告诉巴基斯坦陆军情报处。”

巴基斯坦陆军情报处是有别于三军情报局的独立情报机关，和三军情报局的S指挥部相比，该机构被怀疑与塔利班和“哈卡尼网络”有着更为深厚的关系。在凯勒抵达米兰沙赫的几周前，三军情报局和中情局突袭搜查了“哈卡尼网络”宗教学校，但却一无所获。中情局官员事后从线人那了解到，巴基斯坦间谍此前曾暗中通知“哈卡尼网络”武装分子，警告他们将有突袭。

对于解除“哈卡尼网络”，巴基斯坦政府显得模棱两可，凯勒虽然备感沮丧，但也对巴政府的用意心知肚明。美国不会永远被牵制在阿富汗战场，而盲目地将“哈卡尼网络”变成自己的敌人可能会招致两种后果，无论是哪一种，都会让伊斯兰堡深陷泥沼。在最好的情况下，巴基斯坦军队也会与“哈卡尼网络”分子在山区陷入无休止的混战。这么做倒不如与“哈卡尼网络”暗中联手，挫伤印度在阿富汗的势力。而最糟的情况则是，巴基斯坦一旦与“哈卡尼网络”开战，战事很可能向东线蔓延，最终对巴基斯坦的固有领土造成打击。

鉴于这两种结果，在2006年年中，巴基斯坦军方官员开始悄悄计划在北瓦济里斯坦展开和平谈判，就像南瓦济里斯坦的局势一样。虽然凯勒和他的中情局同事们一再警告三军情报局的同行，与“哈卡尼网络”和谈可能带来灾难性的后果。但是他们的意见并没有得到重视。2006

年 9 月，在北瓦济里斯坦，巴基斯坦政府签署了一份停火协议。而这份停火协议的达成，则归功于中将阿里·让·奥拉克扎伊和“哈卡尼网络”首领的秘密谈判。对华盛顿而言，奥拉克扎伊是个再熟悉不过的人。“9·11”恐怖袭击后，总统穆沙拉夫任命奥拉克扎伊担任部落地区军事总指挥，而奥拉克扎伊一直坚信在巴基斯坦和阿富汗追捕“基地”组织是个愚蠢至极的任务。

奥拉克扎伊此前已从军队退役，穆沙拉夫曾任命他为西北边境省的省长，这让他得以了解部落地区。奥拉克扎伊认为，安抚在部落地区的激进组织，是阻止战线向巴基斯坦内陆蔓延的唯一途径。他利用自己对穆沙拉夫的影响，成功说服总统在北瓦济里斯坦展开和平谈判。

但巴基斯坦还要得到华盛顿的首肯。于是，总统穆沙拉夫决定带着奥拉克扎伊一起到白宫游说，向布什兜售自己的停火计划。两人坐在白宫的椭圆形办公室里，向布什总统详细说明了和谈的好处。奥拉克扎伊甚至提议布什，阿富汗部分地区应该效仿北瓦济里斯坦的和平协议，让美军提前撤出阿富汗。

布什政府的官员们对此各执一词。有人甚至认为奥拉克扎伊是一个摧眉折腰的绥靖分子，是巴基斯坦部落地区的张伯伦。但大多数人都承认，阻止北瓦济里斯坦和平进程的希望寥寥无几。外交风格带着强烈个人色彩的布什，则担心美国在 2006 年给予穆沙拉夫的压力过于繁重，会导致物极必反。此时的布什仍然感念穆沙拉夫在“9·11”袭击案发生后的初期，协助美方追捕“基地”组织的恩情。尽管白宫官员为布什和穆沙拉夫设立了总统专线，好让布什定期对穆沙拉夫施加压力，敦促其在部落地区实施军事行动。但他们却常常对通话的结果感到失望：布什很少在通话中对穆沙拉夫提出具体要求。他不过是感谢穆沙拉夫在反恐战争中的贡献，并承诺美国将继续对巴基斯坦进行经济援助。

在 2006 年末，总统的高级顾问们普遍认为，如果美国对穆沙拉夫施压过大，可能会导致一个噩梦般的后果：公众对巴基斯坦政府的不满会滋生出一个极端激进的政权。而美国一旦失去穆沙拉夫这个伙伴，就会功亏一篑，满盘皆输。这点也是穆沙拉夫本人拿来搪塞美国的利器，他常常警告美国官员，他在巴基斯坦的统治岌岌可危，并提到自己多次遭到暗杀，命悬一线。暗杀是事实，穆沙拉夫的这一招相当奏效，不但稳稳地保住了美国源源不断的经济援助，而且有效遏制了华盛顿提议巴基斯坦进行民主改革的要求。

然而事实证明，无论对于布什还是穆沙拉夫来说，北瓦济里斯坦的和平协议都是一场灾难。“哈卡尼网络”集合自己在阿富汗东部边境的武装力量，建立起了一个流氓政权，在实质上占领了米兰沙赫。作为协议的一部分，“哈卡尼网络”及其他武装组织承诺，停止对阿富汗发动袭击，但在签署协议的几个月后，部落地区跨境入侵阿富汗攻打西方军队的比例反而增加了300%。在2006年秋天的一次新闻发布会上，总统布什宣称，“基地”组织正在“仓皇逃窜”。但真实情况却截然相反。恐怖分子们已经建立起了一个稳固的后方，根本没有理由四处逃散。

在北瓦济里斯坦的和约生效之前，阿特·凯勒就离开了巴基斯坦，结束了他为期5个月的任职。离开之前，他终于完成了最后一件未竟之事：为他在南瓦济里斯坦最为得力的线人送份礼物——一个他从未谋面的巴基斯坦人。这个线人是个狂热的体育爱好者，他在给凯勒的信中写道，中情局一定有办法为部落地区为数不多的线人买一些美国体育器材。凯勒和兰利进行了一通讨价还价，中情局的口气终于缓和了下来，他们把运动器材和其他感光材料一起装上飞机，放进机舱里，运往美国驻伊斯兰堡大使馆。

两年后，布什总统签署了一道秘令，升级了中情局在巴基斯坦的间谍战。本·拉登核心集团成员、埃及化学专家阿布·卡巴布·马斯里在南瓦济里斯坦的一次无人机打击中被击毙，出事地点离中情局在瓦纳的基地仅仅12英里。3个月后，当“基地”组织高级成员哈立德·哈比卜坐在塔帕海村一辆停着的丰田旅行车上时，中情局无人机发射的一枚导弹炸死了他。实施无人机袭击时，凯勒已经返回了美国。从中情局退休后，他一直生活在阿尔伯克基。听到这个消息时，凯勒心中五味杂陈。他不知道自己在2006年做的所有工作，从在瓦纳市集盯梢、到在米兰沙赫的校舍里筛选信息，是否对这两人的落网有些微贡献。

很可能，他永远都无法知道。

第10章

网络游戏暗藏“洗脑”阴谋

THE WAY OF THE KNIFE

The untold story of USA’s secret war

攻心为上，攻城为下。控制人的思想便可不费吹灰之力赢得整场战争。从《伊拉克英雄》到《石油大亨》，这些在中东风行一时的网络游戏背后竟暗藏着五角大楼精心设置的“洗脑”阴谋？通过在游戏里植入美国价值观，五角大楼在中东轻松笼络大批玩家……

THE WAY OF THE KNIFE
The untold story of USA's secret war

万能的沃立舍(沃立舍,中档消费型钢琴品牌,代指音乐)。

——前中情局秘密负责人弗兰克·威斯纳

五角大楼搞起“脑控武器”

在中情局成立的最初40年里，公众对中情局的关注一直集中在策动政变、施计暗杀和走私军火上。而事实上，在冷战时期，这个间谍机构预算中的一大半开销却花费在一个更为隐蔽的项目上。从二战后在欧洲各国斥资无数影响当地领导人竞选，到在东欧集团和东南亚各地建立由中情局资助的电台，黑色宣传和心理战术一度是中情局策反行动的基石。弗兰克·威斯纳是中情局前身战情局的退伍老兵，曾担任中情局秘密行动负责人，他曾指出，打宣传战需要依靠一个思维敏捷、经验丰富的情报机构，这个机构要有能力同时指挥几股不同的力量。他称这种攻势是用“万能的沃立舍”演奏战争之曲。冷战结束后，中情局认为没有必要再在黑色宣传上投入巨资，也不需要再对官员进行心理战术培训。因此在20世纪90年代，中情局大幅削减了这个项目的开支预算。

但这不仅仅是钱的问题。互联网的普及和信息的全球化让中情局所有的宣传活动都面临着前所未有的挑战。美国法律明令禁止情报机构开展和美国媒体报道相悖的宣传活动，并禁止情报机构参与策划有损美国公民利益的竞选。在互联网出现之前，中情局可以雇佣外国记者，让他们在国外报纸上发布虚假新闻，而不必担心这些新闻会被美国媒体知道。但到了20世纪90年代中期，拜互联网所赐，纽约和亚特兰大的网民可以轻而易举就读到巴基斯坦和迪拜网站上的新闻。与此同时，美国国内的新闻媒体也开始更加关注国际局势，并常常在报道中援引国外新闻。如果此时美国发动一场宣传战，那很可能会“搬石头砸自己的脚”，让美国公众受到牵连。因此，中情局很难说服国会领导人发动宣传战，而国会却对于中情局的所有行动都拥有最终审批权。

正当中情局准备放弃宣传攻势之时，五角大楼却在试图填补这一空白。考虑到可能会对本国公民造成影响，美国军方在宣传战方面同样面临着和中情局相似的窘境。但和中情局不同的是，在心理战方面，国会为国防部提供了一个更为宽松的氛围。只要能证明，哪怕只是非常间接地证明，心理战是在为战场上的美国军队服务，五角大楼就可以合法使用心理战。“9·11”袭击之后，五角大楼的权力日益膨胀，国会实际上已经把全世界都设定成了一个战场。军事领导人们不得不面对这样一个让人恐惧的事实：他们的敌人大多居住在美国陆军和海军陆战队到达不了的地方。为了能掌控“万能的沃立舍”，国防部花费数百万美元，用以影响和伊拉克和阿富汗战场相隔万里的中东。

2005年春天，在拉斯维加斯举行的美国广播电视协会展览会上，有一个健壮的男子在科技产品展位间来回踱着步。该名男子的前胸口袋里塞着一盒万宝路香烟，尽管他努力装扮成一名办公用品推销员，但作为一名花了10年时间研究他人战争心理的陆军心理行为专家，他的伪装并不算成功。

此人便是迈克尔·弗朗。幸亏弗朗的特长是研究心理战术，因为他已经不适合再接受体能上的挑战了。他的体型就像是个俄罗斯套娃，肥硕的脑袋和粗壮的脖子下，连接着一个结实的身躯。他患有糖尿病，行动缓慢。但即便如此，他仍精神矍铄，经常激动得大汗淋漓。他说起话来口若悬河，语速很快。每次开会，他总能为自己的观点引经据典，其脱口而出的军事术语多得往往让与会者们瞠目结舌。一个与弗朗密切合作过的军官评价道：“弗朗是个超级聪明的人，但他讲话实在太快，以至于没人敢在中途提出什么问题。因为谁都不希望被看成傻子，也没人愿意承认他们其实压根不知道他在说什么。”因此往往直到会议结束，都没有任何人会反驳弗朗的观点。弗朗总能春风得意地离开，并深信自己刚刚提出的国外作战部署会立即获得上级的批准。

弗朗是土生土长的迈阿密人。他在1972年应征入伍的几个月后，美国总统理查德·尼克松取消了美国的义务兵役制度。弗朗推迟了服役时间，转而在新奥尔良洛约拉大学获得了新闻学和商学学位。大学毕业后，弗朗在北卡罗莱纳州的布拉格堡军事基地度过了他在军队的最初4年，这期间他重点学习步兵战法的基础作战知识。

之后，弗朗得到了提升，被调到加利福尼亚州沙漠地带的欧文堡指挥一支机械化步兵小分队。正是在这里，他开始展现自己的军事才华。当地的一座山崖至今仍被称为“弗朗岭”，用以纪念他在沙漠作战演习中的出色表现。80年代中期，弗朗先在西点军校担任教官，后又在英国桑赫斯特皇家军事学院任职。1991年海湾战争结束后，弗朗重新回到布拉格堡军事基地，在第四心理战术小组担任陆军少校。

像许多军官一样，弗朗偏执地害怕错过美军的任何一次境外军事行动。有时他和同事们开玩笑说，他最害怕的就是有一天五角大楼会将他打入冷宫。但事实上，他几乎每次都留在军事行动的核心层。当巴尔干地区交战各方在俄亥俄州的代顿空军基地签署了和平条约后，弗朗立即被调到波斯尼亚，成为最早进入波斯尼亚的美国人之一。他指挥着一支宣传大队，通过空投传单、电台广播、电视宣传等手段说服当地政府与国际维和部队合作，以此维持当地脆弱的和平。

20世纪90年代，心理战在美军内部还只是无足轻重的作战方式。相比荷枪实弹的实体战争，心理战术被边缘到了辅助地位。只有那些没有步兵或炮兵专长的怪人，才会退而求其次地去研究心理战术。越战期间是心理战术的全盛时期。特种部队和中情局联手合作，在河内和越南北部开展长期的心理攻势。前“绿色贝雷帽”成员罗伯特·安德鲁斯，后来担任了国防部长拉姆斯菲尔德特种作战方面的文职顾问兼指导，就曾在越战中参加过这些联合任务。他在越战中的任务是通过虚假邮件和伪造文件制造混乱，干扰敌军情报。

心理战的部署有时比想象中更为精密。安德鲁斯和其他战友在北越虚构了一个名为“圣剑爱国者联盟”的抵抗组织，他们利用这个组织到处散布虚假情报，声称在北越非武装军事区有一股反对越南共产党的强大武装力量。除了空投传单外，美国间谍还使用没有标记的小炮舰绑架了一批北越渔民。他们蒙上渔民的眼睛，把他们带到岘港外海的占婆岛。情报人员之前已经在占婆岛虚设了一个武装分子的“总部”。他们有意透露给渔民人质，“圣剑爱国者联盟”将发动大规模的游击战，对河内政府实施打击。他们甚至故意游说渔民们加入他们的“抵抗组织”。几个星期后，“圣剑爱国者联盟”的人送给人质们一些礼品袋，里面装着收音机，收音机已经事先被调到了《圣剑爱国者联盟之声》的频道。武装分子把渔民人质们送回越南北部，让他们将“圣剑爱国者联盟”的消息传播到越南各地。根据塔夫茨大学理查德·小舒尔茨教授《越战秘闻录》(*The Secret War Against Hanoi*) 中的记录，在1964～1968年间，前后有1 000多名人质被带到占婆岛灌输“圣剑爱国者联盟”的各种信息。

安德鲁斯和他的小团队还有很多异想天开的主意，比如将一具尸体运到北越的海滩上，往死人口袋里装上一封假造的秘电。他们想象，北越的情报分析员发现这封密电后，一定会破译电报代码，然后把虚假信息报告给他们的指挥官。但华盛顿枪毙了这个想法。安德鲁斯甚至从不知道究竟是谁否定了这个提议。华盛顿"是个有权对好点子说'行'或'不行'的神秘机构。我们对此都唾骂不已"。

洗脑游戏风行中东

到 2001 年 9 月 11 日，迈克尔·弗朗已经退役，开始为美国环城高速公路承包商国际科学应用公司（SAIC）工作。之后不久，该公司就因为承接美国政府的秘密项目而赚得盆满钵满。在"9·11"袭击发生前，弗朗花了多年时间研究如何在海外向敌国传播亲美消息，"9·11"的爆发让他突然置身于一场战争的中心，一场试图赢得中东国家民心的战争。2001 年秋，他和拉姆斯菲尔德的下属一起制定了一个信息作战计划，赢得了美国国防部民防工程的奖章。除此之外，当布什的政府官员无法找到和中东人对话的有效方式时，弗朗也会偶尔出现在白宫的局势分析室里。

不到 2 年后，当美军试图从断壁残垣中重建伊拉克之时，他们和国际科学应用公司签订了一系列的合同，后者因此得到了一笔巨额投资。于是，弗朗前往巴格达，指挥五角大楼奖励给国际科学应用公司的 1 500 万美元的项目，项目的内容是在伊拉克建立一个电视台，即"伊拉克媒体网络"。华盛顿当局认为，半岛电视台和其他阿拉伯网络媒体对美国持有强烈的敌意，"伊拉克媒体网络"的建立，可以与已有的伊拉克媒体抗衡。但该项目开工不久，就出现了各种问题。因为没有支付工人工资，伊拉克员工开始纷纷离开。而"伊拉克媒体网络"的电视网络本身因为技术问题，无法被伊拉克民众接收。短短几个月内，国际科学应用公司花掉了五角大楼拨发的 8 000 万美元，却制造了一个难以收拾的烂摊子。

2003 年 6 月，弗朗被调离该项目。虽然以前的同事评价说，网络平台的困境并不是他一个人造成的。但有一点却毫无疑问：弗朗绝对是个浮夸卖弄的人。他不舍得把自己那辆白色悍马留在美国，而是把爱车运到了伊拉克，开着它在巴格达的大街小巷里招摇过市。车上还挂着马里兰州车商的牌照，恨不得全世界都知道他是美国人。

尽管弗朗高调的行为让同事们颇多意见，但由于他深谙五角大楼拜占庭式的外包制度，国防企业都将他视为无价之宝。相比制造一辆坦克或一架战斗机所需的成本，信息作战项目的花费不过是九牛一毛。弗朗比大多数人聪明的地方在于，他知道类似五角大楼这样坐拥几十亿预算资金的政府机构内部，像自己这样聪明和有抱负的人，完全可以通过管辖政府内部某个不起眼的领域，从而网罗到数百万美元的资金。通过这么做，他可以不费吹灰之力就建立起属于自己的小帝国。

2005 年春天，在参加拉斯维加斯的美国广播电视协会大会之前，弗朗已经知道自己不久之后就会到美国特种作战司令部（SOCOM）心理战术部门任职。在展览会上，他随身携带一叠名片，乔装成办公用品推销员。这么做为的是方便他完成此行的真正任务：找到一家拥有相关技术的小公司，帮助五角大楼在中东开展宣传和情报收集活动。

在展览会召开的两天时间里，弗朗花了好几个小时待在一个叫“弯道媒体”的展台前，“弯道媒体”是捷克的一家小公司，一直从事手机视频的开发。从一开始，“弯道媒体”的工作人员就知道，弗朗根本不是来推销办公用品的。因为弗朗的名片上赫然印着特种作战司令部在坦帕的地址。“弯道媒体”到拉斯维加斯是为了招揽生意，他们没有想到的是能与弗朗见面，而这会让他们这个经营惨淡的小公司得到一笔意外横财。

“弯道媒体”的经营者叫杨·欧博拉姆。欧博拉姆是捷克人，20 世纪 60 年代末因担心受当时局势的影响，他和家人举家逃离布拉格。童年的经历让欧博拉姆在思想上成为了坚定不移的亲美派，他狂热地拥护西方民主思想，希望西方文明能在世界各地广泛传播。80 年代，他先在一家亲美智囊团里工作，之后担任了“欧洲自由电台”的行政主管。互联网和移动电话行业的不断发展，揭示了这个市场利润可观的前景。再加上某个德国富商充足的资金支持，欧博拉姆在2001年创建了“弯道媒体”。在智能手机出现之前，移动通信行业还没有如今这般繁荣，因此“弯道媒体”在最初几年的经营异常困难。

当时，“弯道媒体”只能依靠一些不太光彩的方式生存下去。他们与客户签订协议，由客户提供内容，他们策划营销活动，吸引人们点击客户的网站。消费者可以从网站上下载一个图标到自己的手机上，通过点击手机上的这个图标，消费者可以直接连接到互联网。但是，当时的手机市场还处于旧石器时代，“弯道媒体”很难找到了解此项服务的客户。

为了拓宽客户群，“弯道媒体”开始与色情公司合作，开发将色情视频下载到手机上的路径。一家制作了小成本色情节目《捷克妞》的公司便是“弯道媒体”的合作伙伴之一。在《捷克妞》里，一个男人走在布拉格的街头，搭讪沿途遇到的女人。如果这些女人敢在摄像头前暴露胸部，就能得到500捷克克朗。《捷克妞》的设计者们需要“弯道媒体”把图片和音频转化成手机格式。“弯道媒体”的前任高管比尔·埃尔德里奇回忆说，色情行业似乎是科技公司致富的捷径。“从事这样一个行业，你要么针对色情行业，要么联手情报部门，”他说道，“只有这些人会愿意把钱花在我们的服务上。”

涉足色情行业后，欧博拉姆跑到拉斯维加斯拜访弗朗，这次见面为欧博拉姆进入情报市场提供了重要的机会。早在20世纪90年代，欧博拉姆就曾在巴尔干地区见过弗朗。两人当时共处了几个小时，相谈甚欢。他们从冷战战事聊到柏林墙倒掉后的民族矛盾。他们一致认为，在全世界范围，特别是在中东国家推广美国的理念极为重要。这次和弗朗的见面，对于“弯道媒体”而言，代表着一个千载难逢的商业契机。

在特种作战司令部任职不久后，弗朗就找到欧博拉姆和“弯道媒体”

的其他高管们商谈开发视频游戏的事。他希望整个中东地区的人都能够将这些游戏下载到自己的手机里。对于特种作战司令部而言，这些视频游戏可以同时解决两个问题：在中东，相当多的人不喜欢美国，但美国人却对这些人知之甚少。弗朗开发这些游戏的目的在于希望这些游戏既能在无形中影响用户对美国的看法，也同时收集到这些游戏玩家的个人信息。网络游戏的开发可能提供丰富的潜在情报资源：成千上万的人都会将他们的手机号码和其他个人信息发送到“弯道媒体”，这些信息可以被存储到军事数据库里，国家安全局和其他情报机构可以对这些数据进行分析利用。间谍们不再需要全世界各地寻找情报，情报会自动送上家门。

“9·11”袭击之后，为了搜寻潜在恐怖活动的蛛丝马迹，美国迅速升级了相关计算机软件，弗朗的计划不过是其中的九牛一毛。如果能够收集大量个人信息存储到数据库中，顺着这个思路，计算机程序就可以通过数据筛选，推导出人力情报分析员无法预测的结果。

但有关这些活动的法律规定却相当模糊。因为涉及那些被怀疑和恐怖组织有关的美国公民的个人信息，特种作战司令部的这一举措饱受争议。他们把这些数据储存在一个位于弗吉尼亚的电脑服务器上，一些军方官员们开始担心，他们的所作所为可能违反了国防部对于收集公民信息的法律规定。于是他们绞尽脑汁想要将这些数据转移出美国，最终特种作战司令部负责监管该项目的官员下令让弗朗将这些数据转存到“弯道媒体”在布拉格的总部。他们没有想到，这个举动在接下来一年里，让弗朗和中情局陷入了水火不容的矛盾之中。

2006 年年中，作为五角大楼准备在中东国家推行的试点方案，“弯道媒体”提交了一份长达 27 页的提案报告。报告的开头几段反复强调，作为一种能够直接接触到广大民众的工具，手机有着不可估量的价值：

> 一个热爱运动的亚特兰大妈妈，一个贝都因小贩，一名中国商人，一个美国军人家庭，一名科威特公务员，一位人脉颇广的石油公司高管，一个“基地”组织殉道者，一个友善虔诚的伊朗人，还有一名塞尔维亚叛军士兵，这些人和美国、亚洲、欧洲以及中东的青年有什么共同之处吗？
>
> 答案是，以上所有这些人，无论是成年还是少年，几乎每个人都有手机，他们醒来后的每一分钟，几乎都带着手机。

在报告中，就如何在全世界范围内秘密传播消息，“弯道媒体”向军方提供了一系列可供选择的宣传方式。提案建议使用“引人瞩目的新闻，将特种作战司令部的理念糅合到政治和宗教内容中”，由此可以锁定“危险系数高且不友好目标青少年”。随着时间的推移，五角大楼发布的消息将融合到“这些目标青少年的生活方式中”。报告信誓旦旦地声称，这些方式可以避人耳目，逃过“美国制造”的标签，看起来就像是欧洲某个“贴牌”娱乐公司的商业活动。

“弯道媒体”最终赢得了该项目在2006年8月的招标，一个仅仅价值25万美元的合同。虽然金额不大，但这份合同的象征意义却相当重要。一个来自布拉格的不起眼的科技公司，一直以来依靠兜售手机新闻和色情视频为生，如今却从美国政府机构中最为隐秘、增长最快的部门赢得了第一份合同。随着弗朗和“弯道媒体”合作关系的加深，他在美国特种作战司令部里的部门开始和通信公司签订大量秘密合同，用于中东和中亚的宣传。

特种作战司令部为此抛出了数百万美元的投资，并在此后陆续追加。为了赢得新业务，一些在宣传界资历尚浅或毫无经验的小公司也开始纷纷效仿，把自己包装成“战略通信”型企业。对于“弯道媒体”而言，这份合同既是未来许多合同中的第一份，也标志着一个新时代的开始。

"弯道媒体"就像偶然发现了一个取之不尽用之不竭的靠山。可以说,"弯道媒体"找到了一个会下金蛋的鹅。

在坦帕,特种作战司令部负责宣传的人都知道,想要有效地"影响"中东的认知,美国只能进行暗箱操作。弗朗和"弯道媒体"签订了试点方案合同,委托对方开发视频游戏和其他数字产品。此后不久,弗朗说服"弯道媒体"的高管,建议他们在美国境外注册一间公司,这样既可以和五角大楼做交易,又不会直接影响到美国的声誉。2006 年底,杨·欧博拉姆在塞舌尔群岛注册了一家名为"JD 媒体传输系统有限责任公司"的企业,并专门开设了一个外国银行账户,用以接收来自美国的汇款。

几乎没有什么法律规定可以限制五角大楼在秘密项目上的投资行为,也没有人能够监管弗朗的工作。有时他甚至称自己为"灰色地带的国王"。为了推广自己的秘密宣传战,他处心积虑地想为"弯道媒体"这个挂名公司赢得五角大楼的招标。美国法律规定,在政府招标中优先选用原住民的企业。为了钻这个空子,弗朗设法将"弯道媒体"变成了怀恩多特网络电话公司的合作伙伴,怀恩多特公司位于俄克拉荷马州东部,坐落在一个弹丸之地的印第安部落里。

"弯道媒体"为特种作战司令部开发的第一个大项目是一个射击类游戏,风格模仿了备受玩家喜爱的《使命召唤》系列。游戏的背景设在巴格达,叛乱分子正在巴格达的街头发动恐怖袭击滥杀平民,玩家的任务就是射杀叛乱分子。在游戏中,有一份从叛乱分子总部偷出来的袭击计划,玩家的目标是安全抵达伊拉克警察局,将叛乱分子的秘密计划送交给警方。游戏的名称是《伊拉克英雄》。

这是五角大楼大规模心理战的一部分,行动代码为"本土回声",时间正处于 2007 年布什总统下令美军进入伊拉克的"浪潮"。"本土回声"的重点是打击一大批从也门、叙利亚、沙特阿拉伯和北非部分地区进入伊拉克的外国武装分子。《伊拉克英雄》的游戏背景可以很容易地被修改成其他任何一个中东国家。在呈交给特种作战司令部的报告中，“弯道媒体”列举了13个可以推广此款游戏的国家，只需稍作修改，“弯道媒体”就可以把这款游戏投放到包括沙特阿拉伯、摩洛哥、埃及和约旦在内的国家。在游戏的场景中，“弯道媒体”的设计者们在街道两侧画上了清真寺、老式汽车和棕榈树，这些都是中东国家的地貌特征，因此不需要对整款游戏作大幅修改，只需将对话稍作调整，就可以发布到各个国家。例如，此款游戏的黎巴嫩版里使用的对话反映的就是当地的政治局势。《伊拉克英雄》在黎巴嫩的名字叫《马哈维尔》，马哈维尔是该国一支非常著名的突击队。

“弯道媒体”还为“本土回声”制作了另外两款游戏，一款名为《石油大亨》，让玩家在不断的恐怖袭击中建立石油管道，并保护政府的石油基础设施。另一款是《城市市长》，玩家以城市规划师的角色出现在游戏中，面对一个被恐怖分子夷为平地的虚构城市，玩家将决定如何分配有限的资源来重建该城市。“弯道媒体”在布拉格总部里的一组捷克程序员制作了这些游戏，期间弗朗不断催促“弯道媒体”尽快完成游戏的设计，好迅速销往中东地区。“弯道媒体”和特种作战司令部合作，想方设法推广这些游戏。最简单的方法是手动制作，把这些游戏制成成千上万的记忆卡，在热闹的商业区和集贸市场推销或分发派送。然而，想要更广泛地发布则需要在中东玩家经常浏览的网站和博客上发布广告。这让特种作战司令部可以监控到究竟多少人下载了游戏，更重要的是让特种作战司令部知道到底是谁下载了游戏。

文化渗透或引发美捷外交危机

没有相关的法律规定，人们很难评估特种作战司令部的秘密游戏项目的进展程度，也无法确切知道到底有多少家公司像“弯道媒体”一样，以中东国家的青少年为目标开展宣传攻势，成为五角大楼的承包商。弗朗不断向“弯道媒体”施压，迫使他们推出尽可能多的创新举措。“弯道媒体”甚至提议在中东创建一个服装品牌，邀请中东地区的流行歌手和影视名流做形象代言。甚至有人出主意，建议在中亚和北非偏远的农村地区空投大型平板电视，为了让电视能完好着陆，他们打算用装甲板来包装电视。此外，每个电视都会配备一个大型天线，可以接收和播放从千里之外发出的亲美新闻。

这些荒唐的建议自然没有得到采纳，但随着2007年年底五角大楼在世界各地大张旗鼓的宣传举措，“弯道媒体”仍然被委以重任。他们受聘为特种作战司令部的一个新项目提供技术支持，重点负责北非、中亚、中国及其他地区网站的运营管理。跨区域的网站聘请特约记者撰写新闻报道，并将其发布在类似于《中亚在线》之类的网站上。这些文章态度坚定地报道美国、乌兹别克斯坦及其他亲美独裁政权的正面新闻。

此后，有人泄露了这个项目的相关情报，因而引起了一场轩然大波。为了安抚人心，特种作战司令部不得不放弃最初隐藏在网站背后的计划，他们选择在每个网站主页的底部加上一个小标签，注明该网站由美国国防部运营。但是，国会和国务院的一些官员认为，五角大楼有向美国公众提供真实新闻的基本义务，而作为军事行动的一部分，利用这些网站展开的情报攻势已经违反了五角大楼的职责范围。也即是说，五角大楼越界了。

然而事实上，早在多年以前，这条边界就已经模糊，类似于“弯道媒体”这样的公司，是五角大楼发展心理战术的受益者。弗朗往返于美国和布拉格之间，与欧博拉姆及“弯道媒体”的程序员频频见面。到2008年初，“弯道媒体”从特种作战司令部那赢得了超过500万美元的合约，通常是作为一个更大公司的分包商，或是美国原住民公司的合作伙伴的角色接到合同。欧博拉姆认为，拥有一家美国境内的公司，会更容易赢得政府的机密合约。于是他创建了一个总部设在美国的公司——国际传媒风险投资公司。中情局和五角大楼其他承包商都集中位于佛罗里达州圣彼得堡的一个办公园区里，于是欧博拉姆将他的公司办公地点设在了这些承包商的附近，面朝坦帕湾，与麦克迪尔空军基地的特种作战司令部和美国中央司令部总部遥遥相望。

但中情局的一些官员开始怀疑“弯道媒体”和国际传媒风险投资公司为何能多次赢得美国政府的秘密合约。一家名不见经传的捷克公司，靠着公司里的一小撮计算机程序员为五角大楼开发游戏和网站。弗朗，这名高级文职官员，和这家公司之间究竟是什么关系？中情局在布拉格的情报站开始向兰利发送电报，询问五角大楼的工作安排，他们提醒总部，俄罗斯情报人员可以轻而易举就渗透到“弯道媒体”，影响他们的日常运作。

还有一个更严重的问题。2007 年，特种作战司令部已经悄悄地将储存了美国公民信息的电脑服务器转移到了“弯道媒体”在布拉格的总部。为了避免与国内窃听法案发生冲突，五角大楼的官员们认为转移服务器不失为一个好办法。但这么做不过是权宜之计，作为美国的盟友，捷克政府却对美国人瞒天过海地在捷克国内运行一个高度机密的计算机项目毫不知情。即使在正常情况下，这么做都是侥幸投机。美国的官员们将不得不铤而走险，一旦捷克的情报部门发现美国人的秘密活动，一定会责令他们立即停止，并以拒绝与中情局在其他项目上合作来表达他们的不满。但在此时，美国和捷克的外交关系正处于一个非正常时期。布什政府正在积极拉拢捷克政府，作为白宫导弹防御计划的一部分，美国希望能在布拉格的西南建立一个跟踪雷达站。但捷克政府却对此面露难色，这主要是因为普京领导的莫斯科政府多年来都对布什的导弹防御计划怨声载道，他不断施压，要求东欧各国拒绝美国在他们的国家建立雷达站的要求。

到2008年年中，弗朗的工作发生了变化，他被调到了位于得克萨斯州圣安东尼奥的拉克兰空军基地，那里是联合信息战作战战术司令部的总部所在地。但他仍保留着监管“弯道媒体”和国际传媒风险投资公司的职责，2008年6月，在从阿富汗到得州的回家路上，他最后一分钟决定终止归程，转而到布拉格作短暂拜访，以便和“弯道媒体”的员工见面。

不久之后，中情局驻布拉格站站长和其他美国大使馆官员就获悉，五角大楼在“弯道媒体”的办公室秘密运行着他们的情报数据库。华盛顿方面担心这些数据的合法性，下令停止了相关操作。但现在弗朗就在美国大使馆内，而且频繁到布拉格出差，因此中情局驻布拉格的官员们怀疑弗朗可能正在试图重新恢复这个项目。他们担心，这个夸夸其谈的老烟枪可能打算在布拉格待上数周，以监管他的秘密计划。他的擅自行动，可能会破坏美国政府几个月来有关导弹防御条约的外交谈判。

接下来是一阵紧锣密鼓而又焦躁不安的通话，布拉格、华盛顿和圣安东尼奥的每个人都在试图找出对付弗朗的办法。大家一致认为，答案其实很简单：让他离开捷克，越快越好。弗朗在圣安东尼奥的上司约翰·库齐奥中将联系到了身在布拉格的弗朗，并向他下达了一道斩钉截铁的命令：退掉酒店的套房，迅速赶去机场，乘坐最早的一班飞机离开捷克。弗朗在转瞬之间就被踢出了捷克共和国。“中情局的打压就像一吨重的砖头砸在他头上。”一名曾在圣安东尼奥与弗朗共事的军官如此描述道。

弗朗野心未展，却事与愿违地出现在美国中情局的黑名单上。但他猜测，一向支持他的国防部高官们会庇护他，于是他开始将精力转移到一个新问题上：巴基斯坦日益增长的武装暴力正在越过边界蔓延到阿富汗境内。弗朗决心帮助美国的军事指挥官们解决这一问题，他自信满满地认定，中情局根本没有能力胜任这项工作。弗朗开始对中情局怀恨在心。在布拉格事件后，他开始把中情局定义为“克星”。

仅仅在弗朗被踢出捷克的几周后，一架载有美国国务卿康多莉扎·赖斯和一群美国外交官员的飞机缓缓降落在布拉格机场。当天晚上，在觥筹交错的庆祝晚宴上，赖斯与捷克外交部长卡雷尔·施瓦岑贝格推杯换盏，共同为一个新的导弹防御协定以及美国和捷克共和国之间友好关系的新时代而举杯庆祝。

第11章

王者归来，组建影子中情局

THE WAY OF THE KNIFE

The untold story of USA’s secret war

过分依赖卫星监听，导致中情局的情报收集人才数量不断萎缩，情报效率直线下降，美军对此怨声载道。与此同时，一些私人情报承包商应运而生，小到提供战争情报，大到暗杀目标人物，大有取代中情局的态势。而这些所谓的“影子中情局”到底是CIA口中的“流氓间谍团伙”，还是美军的“救命良药”？

THE WAY OF THE KNIFE
The untold story of USA's secret war

乔治，你还记得退休后的第一法则吗？不要过夜生活，不要无事生非。不要自己开公司，永远不要。

——出自约翰·勒卡雷的《史迈利的人马》

中情局闹起“特工荒”

阿富汗战场最高指挥官大卫·麦基尔南将军已经听够了。接连几个月，私人承包商们不断地在他耳边喋喋不休，宣称他们有办法在阿富汗建立一个涵盖全国、横跨巴基斯坦边境的情报资源网，可以定期向他提供情报。现在，麦基尔南想知道这个计划为什么突然停滞不前。他一直寄厚望于这个情报网络，希望能借此获得更多可靠情报，这样他就不用再依赖中情局那帮酒囊饭袋了。麦基尔南始终怀疑，巴基斯坦间谍是随便将情报丢给中情局，然后中情局便一股脑儿全转发给他。他猜想，私人承包商的情报计划之所以停滞不前，是遭到了五角大楼中某些跳梁小丑的阻拦。但具体是谁，他不得而知。

“我到底要杀掉哪个家伙，才能顺利拿到这份合同？”麦基尔南对手下的工作人员咆哮道。因为他刚刚得知，情报项目的资金仍然没有获得批准。

那是2008年秋季的一天，迈克尔·弗朗就坐在麦基尔南将军身边。这几个月来，弗朗穿梭往返于阿富汗的喀布尔和美国的圣安东尼奥之间，忙着绘制阿富汗南部地区的部落结构并调查阿富汗人对美军的民意动向。弗朗设计了一系列的情报活动，他希望能迅速启动这些项目，为阿富汗的美军将领们提供更多的信息。阿富汗战场局势每况愈下，塔利班已经占领了阿富汗南部和东部地区的大部分领土，他们不但肆意暗杀阿富汗政府官员，而且在坎大哈和赫尔曼德省成立了影子政府。此外，2006 年巴基斯坦政府与南北瓦济里斯坦地区签订了和平协议，这让塔利班和“哈卡尼网络”有机会迅速发展壮大。他们驻扎在巴基斯坦的村庄里，猖狂地袭击驻扎在阿富汗的美国警戒部队。到 2008 年 6 月底，也就是麦基尔南刚刚担任阿富汗战场最高指挥官的这个月里，美军的死亡人数比 2001 年开战以来的任何一个月都多。

抵达喀布尔后，麦基尔南立即意识到，他根本没有足够的兵力与恐怖分子抗衡。此时伊拉克战争仍是布什政府的重中之重，阿富汗的武装冲突被完全忽略。五角大楼隐晦地宣称这么做是“削减兵力的举措”。早在麦基尔南上任之前，阿富汗战场前任最高指挥官丹·麦克尼尔将军在离开阿富汗时，向上级递交了一封抗议信。信中措辞激烈地痛斥了阿富汗战场错误的战略部署。他在信中称，美军指挥官需要更多来自地面部队、直升机和情报机构的支援。但华盛顿却对此不以为意。正如某次国会听证会上，参联会主席、海军上将迈克·马伦说的那样，关于美国政府的政策，“在阿富汗，我们需要量力而行。但在伊拉克，我们却要全力以赴”。

麦克尼尔将军还指责巴基斯坦政府懦弱无能，对恐怖分子放任不管，不肯全力打击境内的反动武装力量，导致叛乱分子越过巴基斯坦边界蔓延到阿富汗。事实上，巴基斯坦已经成为美军指挥官百般指责的对象，美军将领们纷纷声讨巴基斯坦国内不断升级的暴力冲突。早在 2006 年 9 月，为了引起布什政府的注意，麦克尼尔的前任指挥官卡尔·艾肯伯里中将曾收集巴基斯坦政府在部落地区消极抵抗的情况，编撰了一份卷宗呈交白宫。此后，他带着这份卷宗前往华盛顿去做幻灯片演示。在报告中，他谴责巴基斯坦官方对当地武装分子姑息养奸，艾肯伯里甚至特意提到了塔利班头目贾拉勒丁·哈卡尼在北瓦济里斯坦的主要城市米兰沙赫公然开办宗教学校的事，而该学校离巴基斯坦某个大型军事基地还不到一英里。

因此，两年后，当两名记者游说麦基尔南将军，提议在巴基斯坦境内收集情报提供给驻守喀布尔的美军指挥官时，麦基尔南立即表现得兴趣盎然。这两名记者，一位是温文尔雅的 CNN 前高管伊森·乔丹，另一位则是加拿大作家罗伯特·杨·佩尔顿。佩尔顿特立独行，之前写过一系列的旅游书籍，介绍全世界最危险的自然景点，为旅行者提供导游信息。这两人此前因工作结识，在伊拉克战争烽烟四起的时候，两人合力建立起一个名为“伊拉克狙击手”(Iraq Slogger) 的网站，专门发布伊拉克当地记者的新闻评论。这其中既有小道消息，也有战地报道。这个网站拥有一小群忠实的追随者，但最后由于缺乏资金，佩尔顿和乔丹不得不将其关闭。现在，他们计划在阿富汗重新发起一个类似的网络项目。两人已经在阿富汗和巴基斯坦网罗了一群当地记者，准备建立一个新的网站，将其命名为“和平的阿富汗知情人”(AfPax Insider)。不过这一次，他们希望能得到五角大楼的资金支持。

但麦基尔南将军不愿意为一个微不足道的情报网络花费钱财。2008 年 7 月，他在喀布尔与乔丹见面时告诉后者，他想要定期得到某些特殊地区的独家报道，比如那些美军无法涉足的区域以及中情局无法向他提供可靠情报的地方。麦基尔南和中情局驻喀布尔站站长交恶，两人势如水火，几乎从不来往。麦基尔南甚至在员工工作会议上毫不掩饰地表现出他对中情局的不屑之情。在抵达喀布尔几周后，麦基尔南就得出了这样一个结论：中情局在巴基斯坦部落地区几乎没有什么情报来源，更别指望依靠他们来预知恐怖分子的阴谋诡计了。就在他和乔丹见面的前一天，塔利班的武装分子伏击了美国在阿富汗东部瓦纳特地区的哨站，造成9名士兵死亡，27名士兵受伤。

“你能给我些中情局给不了的消息吗？”麦基尔南问乔丹。

由于担心麦基尔南会否定他们的提案，乔丹递给麦基尔南的工作人员一份文件，上面列举了8名巴基斯坦武装分子嫌疑人的手机号码。这是乔丹和佩尔顿的线人费尽心机从巴基斯坦部落地区收集而来的。这位CNN的前高管不再和麦基尔南拐弯抹角，他放下新闻报道的幌子，直截了当地告诉麦基尔南他们的意图。为了能拿下这份政府合同，乔丹开始不遗余力地游说麦基尔南和他的下属，承诺对方他的线人能为美军提供货真价实的即时情报。“那些家伙其实并不想参与到情报工作中去，”曾与乔丹和佩尔顿在该项目工作过的一名军官回忆道，“但他们想拿下这笔订单，而搞情报是唯一办法。”

恐怖分子嫌疑人的电话号码随后被输入了一个保密数据库，储存在巴格拉姆空军基地的联合特种作战司令部。经过比照此前联合特种作战司令部在部落地区一直监视的嫌疑分子的信息，乔丹提供的一部分电话号码确实与之吻合。此外，乔丹还向麦基尔南提供了一些中情局没有的东西：塔利班密探在巴基斯坦的行踪。这是真正能让美军“采取行动”的情报。麦基尔南大喜过望，他立即为“和平的阿富汗知情人”划拨了2 200万美元，并任命前陆军心理行为专家迈克尔·弗朗负责监督，确保资金到位。

弗朗一如既往地依靠他敏感的神经，再一次悄无声息地将自己安排到了美军作战行动的中心位置。2008年下半年，弗朗频繁出席美军在阿富汗的宣传和情报活动会议。但麦基尔南还是常常想不起弗朗的名字，在和下属提到弗朗时，他总是将其称为“那个爱流汗的胖家伙”。

麦基尔南如果因此而低估弗朗的实力，他可就失算了。对乔丹和佩尔顿的情报项目即将产生的影响，这位美军上将也许不曾多想，但让弗朗负责这个项目，却成为2001年以来情报战中最荒诞离奇的情节之一。美国军方与中情局之间的敌对情绪、军方间谍活动的日益频繁，以及战争中愈演愈烈的私人恩怨，所有这些错综复杂的因素纠缠在一起，就像实验室里由各种元素合成的爆炸性物质一样，千头万绪，一触即发。此后，在其他机构的推诿和白宫的调查中，弗朗的命运将比他担心的更为糟糕。他最终没有被送到“北达科他州吹篮球”，而是从这场游戏里彻底出局。

对麦基尔南而言，在批准开发“和平的阿富汗知情人”网站项目后，他很快就发现，即便肩章上有4颗星，也无法保证他能随心所欲。网站项目资金的筹集过程困难重重，其中最主要的阻力来自中情局。

2008年9月5日，弗朗带着几名国防部高级官员离开兰利，前往中情局反恐中心，准备在反恐中心做信息收集计划的汇报展示。与他同行的是美国中央司令部作战处副主任罗伯特·福尔摩斯准将，以及五角大楼情报办公室的文职官员奥斯汀·布兰奇，这个情报办公室是拉姆斯菲尔德在几年前设立的。

几个月前发生的布拉格事件，让中情局的官员们对弗朗心生芥蒂。弗朗对此了然于心，他清楚地知道，一旦中情局觉得五角大楼在侵占他们的领地，必将迅速反击。因此，在讨论这个项目提案时，弗朗始终小心翼翼地选择措辞。他声称，他的承包商们既不是在“监视”，更不是在“收集情报”。他们只不过是在为喀布尔的美军指挥官们调查“舆论氛围”，以此保护美国士兵的安全。正如弗朗后来形容的那样：“我不得不想出一个委婉的说法，来描述我们正在做的事。”

在“9·11”恐怖袭击发生后的7年里，五角大楼已经在间谍游戏中渐行渐远。为了避免触怒中情局，他们创造出一种全新的语言表达方式。比如在解释派遣美军到并没被列入作战计划的地区时，五角大楼声称这么做是为了“熟悉战场”，排除“干扰”。为了避免引起中情局的猜忌，类似的措辞很快就成为军方的流行语。在9月的兰利会议上，弗朗费尽口舌，试图让中情局官员们确信，五角大楼的这一项目将和中情局在喀布尔和伊斯兰堡的情报站点通力合作。即使这样，会议室内仍然阴云密布，与会的数十名中情局官员在听完报告后立即声讨弗朗，谴责这个项目本质上就是秘密的间谍活动。

中情局之行已经颇为不顺，3 个月后的形势则变得更加糟糕。当弗朗飞回阿富汗，向包括喀布尔站站长在内的中情局官员报告项目内容时，会议升级成了一场唇枪舌剑。与会双方开始互相谩骂，喀布尔站站长指责弗朗之所以搜集情报，是为了在巴基斯坦境内执行不可告人的危险任务。“中情局的一个家伙甚至往弗朗的脸上吐唾沫，于是弗朗开始和他对骂。”一名参与了这次会议的军官回忆道。几个星期后，中情局总部的一位律师向五角大楼递交了一份备忘录，正式表达中情局对这个项目的强烈抗议。备忘录称，中情局认为该项目缺乏监督，而且存在安全隐患。

弗朗早就预计到了可能遇到的阻力，在他看来，这是因循守旧的中情局所做的最后挣扎：中情局不惜一切代价保护自己的利益，却忽略了这样一个事实：他们始终无法阻止巴基斯坦武装分子的突然袭击，导致美军的伤亡人数在逐日递增。他坚信，中情局一定是为了既得利益而和巴基斯坦做了一个浮士德式的交易：为了能够在巴基斯坦境内使用无人机，中情局答应巴基斯坦三军情报局，对他们暗中支持塔利班和“哈卡尼网络”的事睁一只眼闭一只眼。弗朗对中情局官员反驳道，根据《美国法典》第 10 卷，收集情报用以保护美军士兵，与五角大楼的宗旨完全相符。无论发生在哪里，都无可厚非。

“影子中情局”神秘现身

在中情局试图阻止白宫批准“和平的阿富汗知情人”之时，美国中央司令部的军事律师正在小心翼翼地审阅该项目的操作细节。但是弗朗深信，他根本不需要等待华盛顿的批复。因此在 2008 年底，弗朗设法从军事应急基金里提前为“和平的阿富汗知情人”调拨了 100 万美元作为种子资金。但除了资金之外，他还面临着另一个棘手的程序问题：伊森·乔丹和罗伯特·杨·佩尔顿都不是政府指定的供应商。弗朗很快就想出了解决方案：把这个项目转移到他非常熟悉的公司名下，也就是杨·欧博拉姆在佛罗里达州圣彼得堡的国际媒体风险投资公司。2009 年 4 月，弗朗又为“和平的阿富汗知情人”项目另外筹集了 290 万美元，所有资金都经由国际媒体风险投资公司的名义转到该网站名下。在赢得政府合同方面，弗朗不愧为一个不择手段的大师，总能利用各种法律漏洞达到目的。他清楚地知道，国会虽然批准了数十亿美元用于伊拉克和阿富汗战场，但对于如何使用这些资金，却从来都没人监管。

然而，佩尔顿和乔丹却对弗朗的用心所知甚少。他们开始怀疑，弗朗对麦基尔南将军拨给“和平的阿富汗知情人”的资金另有安排。但他们只能不动声色地继续工作。佩尔顿定期奔赴阿富汗，四处打听有关部落长老、塔利班密探以及各路军阀的小道消息。他带领着一组便衣军官，在破旧不堪的公路上向东行驶几小时，到巴基斯坦边境收集情报。接着他又飞到西部，前往阿富汗与伊朗接壤的边境，在那和独霸一方的大军阀伊斯梅尔·汗见面，揣测对方支持美国的诚意。

整个行动期间，麦基尔南将军的注意力都放在别处。2009 年 1 月，谣言四起。有人声称，刚刚上台的新总统奥巴马对阿富汗战场的策略大为不满，计划详细审查所有作战人员。同年 5 月，国防部长罗伯特·盖茨飞抵喀布尔向麦基尔南宣布：他出局了。奥巴马总统已经决定，由联合特种作战司令部司令斯坦利·麦克里斯特尔中将接替他的职位。改旗易帜对弗朗来说是个好消息：在与麦克里斯特尔集团的高层成员见面时，他故意表现出一副“情报收集项目早已被批准”的样子。在与美军驻阿富汗高级情报官员迈克尔·弗林少将进行的一次会议上，弗朗提到，他的几支承包商队伍正在巴基斯坦和阿富汗一带执行任务，他们的报告会被源源不断地“塞”进机密军事情报数据库里。

很快，乔丹和佩尔顿的担忧就应验了：他们的确被排挤到了一边。两人开始纠缠弗朗要钱，弗朗只好发邮件给乔丹和佩尔顿，称他发现了另外一个能提供更好情报来源的下家。

7月初，在从阿富汗境外出差回来后，弗朗给乔丹和佩尔顿发了一封电子邮件：“上周末在迪拜和我见面的那两个家伙的生涯，简直就是商业版的《谍影重重》。他们是我见过的与杰森·伯恩最为神似的人。他们不但能说流利的达里语、普什图语和阿拉伯语，而且他们的战区情报网络还在日益壮大。”弗朗写道。他接着提到，麦基尔南将军走了，新上任的阿富汗最高指挥官对投资“和平的阿富汗知情人”毫无兴趣。“让我们把话说白了吧，朋友们，”弗朗写道，“你们是在向政府要钱，从零开始发展你们的业务。而另外两个人已经投资了四年半的时间，他们的情报网络早就建好了。”

而至于这些与“杰森·伯恩”最神似的新承包商究竟是谁，弗朗却并未明说。他只是暗示道，这是个由特别行动部队和中情局的前官员组成的间谍网络。他们既不屑于和畏首畏尾的中情局合作，也不依赖于像三军情报局之类的国外情报机构。这群人组成了所谓的“影子中情局”，处心积虑地四处搜集情报，为特种作战任务提供消息。至于是谁在掌管这个“影子中情局”，弗朗只字未提，只是称他为“老人家”。

杜安·克拉里奇已经77岁了，但他从不甘心安静地退隐江湖，因为这不是他的风格。此外，他还有太多的私人恩怨要解决。由于“伊朗门”事件的牵连，克拉里奇离开了中情局。虽然他一直坚称自己是无辜的，是上级拿他做了替罪羊，但两年后的起诉书却表明，克拉里奇刻意向国会隐瞒了他在“伊朗门”事件中扮演的角色。然而，在克拉里奇看来，他不是过党派斗争的牺牲品。

1992 年圣诞节前夕，乔治·沃克·布什在总统任期即将结束时，赦免了克拉里奇和包括前国防部长卡斯帕·温伯格在内的其他“伊朗门”事件的当事人。克拉里奇因此感到得到了某种程度的平反。他特地把总统的赦免状放进相框，挂在家门口的玄关处。有客人到他家时，进门后第一眼看到的便是这张赦免状。

20 世纪 90 年代后期，克拉里奇出版了一本回忆录，名为《谍海生涯》(*A Spy for All Seasons*)，书中细致地描述了他在冷战期间的丰功伟绩，以及他对共和党的赤胆忠心。1998 年，他以私人顾问的身份开始与当时已经退役的韦恩·唐宁将军一起工作，韦恩·唐宁是前任美国特种作战司令部总司令。

两人提议将成千上万的伊拉克难民组织起来，把他们和美国突击队员一起派遣到伊拉克，借助他们扳倒萨达姆的政权。这份提案得到了伊拉克国民大会主席艾哈迈德·沙拉比的认可，对一直鼓吹伊拉克战争的共和党人来说，艾哈迈德·沙拉比就是他们的耳目心腹。但美国中央司令部却驳回了这份提案，称克拉里奇和唐宁是在异想天开。中央司令部司令安东尼·津尼将军戏谑地将两人的计划称为“山羊湾计划”（暗指 20 世纪 60 年代的猪湾事件。1961 年 4 月 17 日，1200 名由中情局帮助流亡美国的古巴人，在古巴西南海岸猪湾，向卡斯特罗领导的古巴革命政府发动入侵，以失败告终。——译者注）。

2003 年，美国终于开始考虑推翻萨达姆。闻此消息，克拉里奇立即开始四处奔走，筹集资金。尽管各种证据都表明，伊拉克并不存在大规模的生化武器。克拉里奇还是不惜动用各种私人力量，坚持证明这个独裁者在伊拉克各地藏有生化武器。在此期间，他立场坚定地扮演着一个拉拉队长的角色，为美国的各种海外干预行动摇旗呐喊。2007 年的一次采访中，克拉里奇大放厥词，愤愤不平地为中情局许多臭名昭著的行为辩护，声称对世界各国施加影响是美国的责任。

> 任何时候，在我们看来，只要是和美国的安全利益相关的行为，我们都要干预。就算你不喜欢，也必须忍受……这个世界应该学着适应我们，我们可不是好欺负的。

就在同一年，在阿肯色州的一次演讲中，克拉里奇提到，多年来中情局的人力情报不断萎缩。由于过分依赖间谍卫星和电子窃听，中情局根本无法在伊朗和朝鲜得到可靠情报。在他看来，真正的问题来自于那些神经兮兮的律师，是他们把中情局弄得人心惶惶。对于所有稍有风险的人力情报收集活动，他们总是横加阻拦。克拉里奇声称，他开始期待一种新的间谍模式，一个比中情局更小、更精简的机构，一个不用对任何外国政府作揖打躬的情报机构。这个机构的规模可能只有战略情报局那么大，但却能为美国提供各种21世纪的世界资讯，从全球企业信息到国际犯罪集团动向，从恐怖组织情报到跨国机构新闻，这个机构都能面面俱到。

私人间谍并不是一件新生事物。第二次世界大战后，作为战情局局长，威廉·多诺万在得知杜鲁门总统没有任命他为第一任中情局局长后，万分沮丧的他决定组建一个属于自己的情报系统。借助到欧洲出差的机会，多诺万开始从美国大使和当地记者那收集苏联活动的情报，并积极物色可能成为卧底的人选。此外，多诺万还不断向中情局的官员提交各种秘密行动计划。但杜鲁门总统得知多诺万的举动后勃然大怒，骂他是“狗娘养的探子”。自此之后，中情局基本上成功扼杀了私人间谍的各种行动。

退休后的几年里，克拉里奇和兰利的大部分同事都断了联系。但他和一群退休的特种作战人员却一直保持着密切联系。这些退休的官员不但与布拉格堡军事基地的现役突击队员熟识，同时也和阿富汗、伊拉克前沿阵地的工作人员相交甚密。克拉里奇常常嘲讽中情局装模作样笨手笨脚，这些对中情局的批评让他赢得了某些人的拥护，于是他成了这群退休特种作战人员中的一名小骨干。所有的这些，都为他在阿富汗和巴基斯坦建立情报网络提供了基础。

和克拉里奇一起工作的麦克·泰勒是一名前绿色贝雷帽成员，他与别人合伙经营了一家名为“美国国际安全公司”的私人保安公司，总部设在波士顿。除此之外，克拉里奇的情报网络里，既有西方人，也有阿富汗人和巴基斯坦人。克拉里奇认为，这么做可以广泛收集情报，而且不会引起任何人的怀疑。很快，他们就得到了第一份工作——协助解救《纽约时报》的记者大卫·罗德。“哈卡尼网络”在阿富汗东部绑架了大卫·罗德，然后挟持他越过边境，关在位于北瓦济里斯坦的重镇米兰沙赫。在长达数月的折磨里，克拉里奇不断告诉罗德的家人，他在巴基斯坦部落地区的线人能够找到罗德被关押的地方，然后他们要么把情报送交军方，让美军采取军事救援行动，要么和武装分子谈判，释放罗德。

在 2009 年 6 月一个漆黑的夜晚，罗德和随行的阿富汗翻译一起翻过院墙，一路奔逃，找到了巴基斯坦的一个军事哨所，因而获救。在罗德出逃的整个过程中，克拉里奇的探子们并没有起到任何作用。但其他人并不知道这一点。于是，克拉里奇开始利用这一事件大肆宣传，鼓吹自己在该事件中的重要角色，以赢得更多的业务。然而，在阿富汗调查私人绑架案还不足以让克拉里奇的情报生意大展宏图，克拉里奇的目标要比这高得多。他将目光投放到了政府，如果能让华盛顿雇用他的情报网络，他就能够在谍报圈东山再起。

几个星期后，机会就来了。美军正在阿富汗调查另一名美国失踪人员的下落，这次是一位来自爱达荷州的年轻士兵，名叫鲍伊·贝里达尔。2009 年 6 月，二等兵贝里达尔在阿富汗的帕克提卡省突然神秘失踪。相关的报告自相矛盾，毫无价值：有些称他是在巡逻时被武装分子俘虏了，有些则表明他只是纯粹的擅离职守。第二天早晨基地点名时，人们没有见到他的身影,美军指挥官于是派出“捕食者”无人飞机和侦察机,在附近的地区搜索。

几个小时之后，飞机拦截了两个塔利班武装分子之间的对话，这两人通过手持式无线电对讲机讨论如何伏击正在搜寻贝里达尔的美军。

“我们正在等着他们。”

“他们知道他在哪，但始终没找对地方。”

“准备好埋伏。”

“好的，我们有很多炸弹已经就位了。”

“我们一定会成功。”

但美军其实并不知道贝里达尔在哪里。他的身份已经变成了战俘,被贴上“DUSTWUN”的军事标签，意为“服役状态：下落不明”。不久弗朗便亲自接手寻找贝里达尔行动。他很快就在迪拜和克拉里奇的团队成员取得了联系，对方声称他们有失踪士兵的位置信息。弗朗对此兴奋不已,因为他终于有机会可以和传说中的杜安·克拉里奇一起工作了。他开始亲切地称克拉里奇为“老人家”。

私人情报商大发横财

尽管手上还有麦基尔南将军最初授予的 22 万美元，但弗朗并不满足于此。对于间谍行动，他还有更大的野心。弗朗找到了心目中的“杰森·伯恩”，他不再需要伊森·乔丹和罗伯特·杨·佩尔顿提供的人力情报服务。在一封充斥着间谍术语的电子邮件中，他向对方解释道，和他在迪拜见面的、代号为“威利 1 号”的克拉里奇这伙人，“是我见过的最为专业的间谍”，而且他们已经在巴基斯坦的“包裹附近安插了一名线人”。所谓的“包裹”，就是失踪的士兵鲍伊·贝里达尔。弗朗很清楚，自己在巴基斯坦秘密组织间谍网络的举动，已经远远超出了他的职责范围。中情局的宿敌们一旦知道这个私人情报计划，肯定会百般阻挠。弗朗在邮件中写道，他“必须完全保密，避免和我们的敌人正面冲突”。这里的“敌人”，就是中情局。

克拉里奇和他的手下向弗朗承诺，在这个项目的资金到位之前，他们愿意为美军无偿工作。一开始，弗朗没办法将克拉里奇小组获得的情报输入军事情报系统。但最后，弗朗还是找到了暗箱操作的渠道。他先将情报转发到佛罗里达的坦帕，交给他在美国中央司令部和特种作战司令部的朋友，然后这些人再把情报输入美军情报系统。但这些通过特别渠道而来的信息经常混淆视听，引发混乱。不久，贝里达尔的副司令就向喀布尔发了一封电子邮件，疾言厉色地质问这些在巴基斯坦部落地区手忙脚乱的密探到底是些什么人。“对于这样的安排，我感到很不舒服，”他写道，“请你提供这些‘线人’的直接联系方式，这样我们就可以调派一名经验丰富的人力情报官员和一支分析小组参与其中。否则的话，这种行为极易导致情报错误，让美军错失良机。”

2009 年的整个夏天，克拉里奇和他的小组为美军军官提供的情报数量不断扩大。克拉里奇整理了一份详细的档案，列举了“哈卡尼网络”在巴基斯坦的疑似据点，这份档案被输入了美军的机密情报系统，特种作战部队就依靠这份档案名单监视“哈卡尼网络”的活动。

所有这一切，都是克拉里奇遥控指挥的结果。在离前线战场千里之外的加州圣地亚哥县，克拉里奇待在自己的住所里运筹帷幄。在埃斯孔迪多郊区的家里，他一个人担任整个行动的神经中枢，仅凭一台电脑及一部手机和线人们保持联系。一些在坦帕和喀布尔的特种作战人员开始戏谑地将克拉里奇的指挥所称为“埃斯孔迪多 1 号”。由于小组成员们所在的时区比他早 12 个小时，克拉里奇只能选择在晚上工作。他常常彻夜不眠，待在房间里回复邮件。有时，他会一边在游泳池旁散步，一边和线人们通话。

到2009年9月下旬，弗朗终于拿到了这个私人间谍项目的政府合同，获得2 200万美元资金，由洛克希德·马丁负责监管。这仅仅是该项目半年内的费用，到期后还可选择续约。这一非比寻常的新安排让克拉里奇的情报输送更加畅行无阻。无论是市井街头有关塔利班和“基地”组织领导人行踪的风言风语，还是集贸市场里听来的小道消息，甚至是恐怖分子计划袭击美军的具体阴谋，所有消息都源源不断地被输入美军的情报数据库。美军军官们就依靠这些情报部署行动。

克拉里奇的住所就像是个情报交换所，他接收来自战区的情报，将其整理成有逻辑关联的“局势报告”，之后通过一个名为“Hushmail”的加密商业电子邮件，发送给弗朗安插在喀布尔军事指挥所内的某个承包商。另外一些承包商则为国际媒体风险投资公司工作，为此国际媒体风险投资公司发动了一次管理改革，杨·欧博拉姆解雇了大部分高层领导，转而雇佣了一群白发苍苍的特种作战退休人员来经营公司。公司的新首席执行官理查德·帕克曾是1980年臭名昭著的“德黑兰解救人质”的策划者之一。此外，行政管理层还加入了另一名新成员，退役的空军将军罗伯特·霍姆斯。一年之前，霍姆斯还是美国中央司令部的作战参谋，曾和弗朗一起前往兰利推销阿富汗情报收集项目。弗朗安插在喀布尔的承包商，不但负责接收克拉里奇通过Hushmail发来的邮件，还要同时接收弗朗管辖之下的其他情报小组的信息。接到消息后，他们就将其输入美军的机密军事情报系统中。

一旦进入情报循环系统，就再也分不清楚哪些是来自中情局特工和军事情报人员的信息，哪些是来自私人间谍的。五角大楼后来所做的调查显示，克拉里奇的某些报告记录了武装分子在巴基斯坦境内岗哨的具体经度和纬度坐标，以及塔利班分子在阿富汗南部罂粟种植区的活动情况。美军有时会依据报告内容采取行动。根据克拉里奇提供的情报，至少有一次，陆军使用“阿帕奇”武装直升机，在坎大哈东部的一个美军基地附近袭击正在集结的塔利班武装分子。除此之外，联合特种作战司令部也在巴基斯坦境内对一所疑似武装分子据点发射高海拔炮弹。弗朗对此兴奋不已，他常得意洋洋地对同事们吹嘘，自己靠私人间谍网络收集的情报让中情局无地自容。

中情局竟遭“逼宫”！

同弗朗一样，克拉里奇生活中最大的乐趣就是让中情局难堪。他的情报组织不时会卷入五角大楼和中情局之间两败俱伤的明争暗斗中。这种竞争，有时候像格雷厄姆·格林（英国著名的作家，创作了大量间谍小说。——译者注）的小说一样诡诈凝重，有时又像讽刺杂志《MAD》里互相决斗的《黑白间谍》一样荒诞不稽。有一次，为了扳倒阿富汗总统的同父异母兄弟艾哈迈德·瓦利·卡尔扎伊，克拉里奇的情报小组开始挖掘艾哈迈德的背景。艾哈迈德不但是阿富汗南部地区首屈一指的权力掮客，也是中情局在阿富汗的高层线人之一。

自战争开始以来，艾哈迈德已经从中情局那里收到了数百万美元的资金。2009 年，他开始在国内招兵买马募征枪手，为中情局组建一支名为“坎大哈敢死队”(Kandahar Strike Force) 的阿富汗军队。即使如此，包括麦基尔南和麦克里斯特尔在内的美军高层，仍将艾哈迈德视为美军在阿富汗南部的敌对势力。他们认为，正是由于艾哈迈德的介入，阿富汗政府和塔利班分子才会越走越近。

克拉里奇编制了一份卷宗交给驻守喀布尔的美军指挥官，指控艾哈迈德勾结毒贩，私占土地，谋财害命。美军官员希望能通过这份文件趁机削弱艾哈迈德在坎大哈的势力，但此举遭到了中情局的阻拦。最终，中情局取得了胜利，艾哈迈德续手握大权。

但最终，艾哈迈德还是没有摆脱死于非命的噩运。由于树敌太多，在坎大哈的行宫里，艾哈迈德被跟随自己多年的贴身保镖杀害。对方开了两枪，分别击中艾哈迈德的头部和胸部。

为了建立私人间谍网络，虽然知道五角大楼明文禁止政府机构或人员雇佣私人承包商开展间谍活动，但弗朗仍然铤而走险。在弗朗看来，士兵工作和间谍活动之间的界线早已模糊不清，他很轻易就为自己的所作所为找到了合理的解释。因此，当喀布尔的美国官员质问弗朗，是谁授权他这么做时；当弗朗的上司因为接到中情局气急败坏地投诉弗朗操纵流氓间谍团伙的电话而指责他时，弗朗都理直气壮，对答如流，而对方却往往被他呛得哑口无言。

正当国防部准备通过洛克希德·马丁的私人情报项目合同时，美军中央司令部发布了一项声势更为浩大的秘密指令。该指令涵盖了从沙特阿拉伯到也门、从伊朗到巴基斯坦的广大地区，瞬间将美军的军事间谍活动扩大到整个中东。

这项指令由中央司令部司令戴维·彼得雷乌斯将军签署，目的是为未来在整个中东地区作战的行动做“环境准备”，同时也提前为美军完成那些中情局无法完成的任务扫清障碍。指令授予了一些高度保密的机构以及私人承包商更大的权力。其中包括联合特种作战司令部中前身为“灰狐”、后更名为“橙子特遣队”的人力情报搜索小组。这项指令使这些机构能够自主“建立秘密行动所需的基础设施，用于定位、识别、孤立、干扰以及破坏”极端主义网络组织及个别恐怖组织。

作为某个重大行动的一部分，这一指令被命名为“联合非正轨作战小组行政命令”(Joint Unconventional Warfare Task Force Execute Order)。在任职的第一年里，这是奥巴马为美军在战区以外的国家开展军事行动的“借口”。

2001 年以来，军方的秘密情报活动急剧扩张，显得杂乱无序，因此，新政府希望能够拨乱反正。从最初拉姆斯菲尔德敦促美军积极组织人力搜索情报开始，美军的谍报工作变得错综复杂，奥巴马政府也希望能借机对此进行整顿。

然而，包括彼得雷乌斯将军的那份秘密指令在内，都不过是再次强调了布什执政期间的工作内容，并没产生什么特别效果。中央司令部的这一行政命令，导致特种作战官员的权力有增无减，他们越发大张旗鼓地在全球各地开展间谍活动。在一场奥巴马总统不得不面对的情报战争中，这些命令为即将到来的战争绘制了新的蓝图。

彼得雷乌斯将军指令的主要目的是向也门首都萨那增派特种作战人员和建立相关设施，而此时，奥巴马政府在也门的秘密行动也正在逐步升温。然而，在弗朗看来，彼得雷乌斯的指令和他的想法简直是“英雄所见略同”，他早就开始在巴基斯坦和阿富汗地区执行这些任务了。在弗朗看来，彼得雷乌斯将军可以算得上是当代美军中最具影响力的将领了。因此，得到彼得雷乌斯的认可，简直就像得到了教皇的祝福。

但中情局却从未把弗朗看成是救世主。为了安全起见，中情局决定让弗朗彻底出局。2009 年 12 月 2 日，中情局驻喀布尔站站长向华盛顿发了一份电报，详细列举了弗朗的各项罪状。毫无疑问，这份电报为弗朗招来了灭顶之灾。报告不但指控弗朗故意隐瞒上级，私自操控一个非官方的谍报网络，而且还提到了此前发生的布拉格事件，详细解释了弗朗在 2008 年夏天仓促离开捷克共和国的幕后原因。

喀布尔站站长在备忘录中质疑道，在没有和中情局协调一致的情况下，雇佣一伙私人承包商在巴基斯坦上蹿下跳，为五角大楼打探消息，很可能招致灾难性的后果。虽然电报中没有明确的定论，但一些高级官员却坚信，正是因为弗朗的私人间谍提供了错误情报，才让美军在 2009 年年底动用无人机轰炸了位于北瓦济里斯坦地区一处疑似“基地”组织的藏身地点。而这次轰炸直接导致十几名阿拉伯平民死亡，其中包括几名为巴基斯坦三军情报局工作的双重间谍。三军情报局的领导对此大为光火，怒火冲冲地呵斥中情局莽撞冒失。中情局将此归罪于五角大楼，抱怨弗朗的间谍活动愚不可及。

中情局此时已经与弗朗撕破脸了，因此弗朗的支持者也无力再继续保全他。喀布尔站站长的电报引发了白宫当局对弗朗的一系列调查。到2010年春天时，圣安东尼奥拉克兰空军基地的安全人员不但彻底切断了弗朗对秘密计算机网络的使用权限，而且还禁止他使用军方办公室。

弗朗就此被打入冷宫。他没有受到任何形式的指控，因此也无从为自己开脱。针对他的调查记录已成为保密信息，弗朗对调查内容一无所知。为了躲避新闻媒体的曝光，他只能每天都待在自己简陋的公寓里琢磨着该如何为自己辩护。弗朗的公寓位于圣安东尼奥一栋普通的住宅大楼里，当他的私人间谍项目被曝光后，大批记者蜂拥而至，每天都守在大楼门口，对弗朗围追堵截。

弗朗最终成了五角大楼的替罪羊。美军在报告里几乎将所有的罪名都归咎到弗朗头上。他们称弗朗的间谍活动“未经授权”，并指控在私人承包商工作的合法性问题上，弗朗故意误导美军高层。但五角大楼没有对弗朗提出任何刑事指控，只是让他悄悄地从国防部退休了事。

弗朗的确是个投机分子，他总是跳过官方的标准程序，试图找到捷径。这无疑打乱了美军的传统指挥链，让美军上下鸡犬不宁。但在弗朗的世界观里，亲眼目睹了美军士兵在死亡线上痛苦挣扎，中情局却对此束手无策，无法帮助美军赢得阿富汗战场的胜利。在他看来，和这些比起来，他在美军内部引起的混乱根本不值一提。就像他后来说的那样：“眼看生命危在旦夕，而中情局却还是完全依靠外国情报服务。”因此，弗朗认为，他的间谍活动势在必行。

弗朗并不完全是一个流氓商人。整个事件其实都源于阿富汗战场的美军指挥官对中情局毫不信任，以及对弗朗的过分放任和疏于监管。正如五角大楼的调查结论显示的那样，如果说没人把弗朗所做的“各个点连接起来”，那只是因为没人真正想知道他在干什么。

“老板们希望有人能做到这些，”在一次漫长的采访中，弗朗点燃第五根香烟，缓缓说道，“而我做到了。”

弗朗授权给洛克希德·马丁的合同已经在 2010 年 5 月底到期，克拉里奇用于巴基斯坦和阿富汗情报网络的项目资金也花费殆尽。美军没有续签合同，这已经让克拉里奇大为恼火。更让他生气的是，中情局不断从中作梗，致使他的项目前功尽弃。到此时为止，克拉里奇已经向阿富汗的军事指挥官们发出了数百份战区情报。5 月 15 日，克拉里奇传话给喀布尔，告诉美军军官们他将停止发送报告，以便能“安置约 200 名当地情报人员”。

然而事实上，克拉里奇根本无意解散他的情报网络。就在第二天，他立即建立了一个有密码保护的网站，美军军官能够通过这个网站继续查看克拉里奇的网络部署。依靠一些富豪的资助，克拉里奇继续保持着情报网络的运作。为了掩人耳目，克拉里奇特意为自己的秘密组织成立了一个名为“日蚀集团”的皮包公司。他在自己的网站上继续为美军发送情报：三军情报局正在培训武装分子，预备对阿富汗发动袭击；巴基斯坦间谍一直秘密软禁塔利班领导人穆拉·奥马尔，一旦美国军队离开该国，巴基斯坦就会将奥马尔安插到阿富汗南部地区，让奥马尔当其傀儡。还有一份报告推测，奥马尔由于心脏病突发已经被三军情报局送进了医院。

为了打击那些在他看来试图破坏美国战争成果的人，克拉里奇心里盘算着一个又一个宏大的计划。克拉里奇相信，阿富汗总统哈米德·卡尔扎伊正在暗中与伊朗谈判，企图出卖美国以维护自己在喀布尔的统治。坊间一直有传言称哈米德是名瘾君子，为了挖出确凿的证据，克拉里奇精心炮制了一个扳倒哈米德的计划。

这个计划不过是中情局一出肮脏的老把戏：克拉里奇准备在喀布尔

的总统府安插一名内线，这名内线负责收集哈米德的胡须。拿到胡须后，他们会对胡须进行DNA测试，这将证明阿富汗总统在吸毒，同时指示当地密探揭露正在领导坎大哈的总统兄弟艾哈迈德与毒贩勾结的所谓内幕。这样美军就可以抓住哈米德的把柄，让这个阿富汗总统乖乖就范。然而奥巴马上台后，美国政府的外交政策似乎还不想让哈米德退出历史舞台，克拉里奇便放弃了这个计划。

在媒体曝光了克拉里奇的私人间谍网络之后，由于害怕受到牵连，美军官员越来越抵触克拉里奇的情报报告。纵使如此，克拉里奇还是找到了其他发送情报的方式。他委托朋友把情报发给布拉德·托尔之类的军事作家。布拉德·托尔是位著名的惊悚间谍小说家，他将克拉里奇提供的情报发布在自己的博客上，同时还把信息发给在福克斯新闻台任职的奥利弗·诺斯，后者和布拉德·托尔曾因“伊朗门”事件一起遭到解雇。

这一切仿佛是历史的重演，曾几何时，克拉里奇和奥利弗也一度并肩作战。在他们看来，他们的胆魄，无人能及。

★ 第12章 ★

奥巴马的反恐新法：变“铁锤”为“手术刀”

THE WAY OF THE KNIFE

The untold story of USA’s secret war

7年反恐耗尽了美国人的热情，也掏空了美国的钱包。穷得叮当响的奥巴马总统发现，同样是消灭恐怖分子，“手术刀”式精准打击便宜多了，既不需要像阿富汗战争那样大举动用武力，也不需要在当地驻军多年，更不需要费时费力去“改造”整个中东……

THE WAY OF THE KNIFE
The untold story of USA's secret war

我们将继续对外宣称，炸弹是我们的，不是美国的。

——也门总统阿里·阿卜杜拉·萨利赫

直肠炸弹客来袭

为了在斋月里摆出祈愿和平的姿态，沙特准备特意为一名即将自首的恐怖分子召开一次招待会。沙特情报部长甚至派出自己的私人飞机，前去也门迎接这名“投诚者”。据称，此人名叫阿卜杜拉·阿西里，是个弱不禁风的年轻人。沙特备将阿西里送往红海沿岸的沙特第二大城市吉达。依据斋月的习俗，王储穆罕默德·本·纳伊夫将在吉达的宅邸里主持祈愿仪式。纳伊夫命令下属，在进入他的行宫时，可以免去对阿卜杜拉的搜身检查。

几天前，阿卜杜拉就已经开始和纳伊夫亲王、沙特情报部长以及另一名王室成员暗中联系。他告诉对方，自己愿意提供阿拉伯半岛“基地”组织的相关情报，希望能投靠沙特间谍机构。两年前，阿卜杜拉加入了“基地”组织的一个分支机构，该机构最近更名为阿拉伯半岛“基地”组织，简称AQAP。由于纳伊夫长期在沙特和也门打击极端分子，阿拉伯半岛“基地”组织一直对纳伊夫怀恨在心。2003年，也门的恐怖分子在沙特境内发动了一场为期20个月的暴力袭击。他们炸毁政府大楼，燃烧石油设施，破坏外国人住宅区，甚至对西方人施以斩首酷刑。纳伊夫对此进行了血腥的镇压，他下令逮捕了沙特境内的几千名犯罪嫌疑人，并对这些人严刑拷打。此外，对于那些在他看来已经被极端分子收买的卖国贼，他直接将他们的名单公布在清真寺内。

纳伊夫因此与“基地”组织结下了不共戴天的仇恨，这让他和布什政府站到了一起。到 2009 年夏天，美国新总统及其幕僚们已将纳伊夫视为不可或缺的盟友。纳伊夫因此常常接待来自华盛顿的政要。2009 年 5 月，纳伊夫在沙特首都利雅得会见了一位美国的资深外交官理查德·霍尔布鲁克。美国总统奥巴马刚刚给霍尔布鲁克布置了一项任务，让他负责在阿富汗和美国之间进行斡旋，争取一个双方都可以接受的结果，以结束阿富汗战争。霍尔布鲁克请求纳伊夫，希望沙特阿拉伯能在这场让美军狼狈不堪的战争中援助美国。但纳伊夫却警告霍尔布鲁克，比起军事规模不断升级的阿富汗战场，美国还有一个更大的隐患。他说：“我们有一个问题，那就是也门。”

纳伊夫为霍尔布鲁克一一列举了美国的潜在敌人。比起阿富汗，也门的部落地区更同情“基地”组织；而且，相比阿富汗，也门更容易遭到“基地”组织攻击。纳伊夫认为，由于总统阿里·阿卜杜拉·萨利赫的懦弱腐败，也门肯定会走向穷途末路。鼠目寸光的萨利赫已经将视野“缩小到了萨那”，他的治国之道就是保证他的大本营，也就是也门首都的安然无恙。

纳伊夫还告诉霍尔布鲁克，虽然萨利赫一直想方设法控制也门的各个部落，但并不奏效。相反，总统的势力还在不断地被削弱。现在，萨利赫准备将大权逐渐过渡给他羽翼未丰的儿子。但很显然，他儿子还没有和也门的各个部落建立起密切的联系。纳伊夫提醒美国，如果美国要支付在也门的作战费用，那么不要用现金付款。因为现金一旦到账，也门总统和他的幕僚们就会迅速将这笔钱转移出国。

“这些钱最终会被汇入到他们在瑞士银行的账户里。”纳伊夫告诉霍尔布鲁克。

但在也门境内那些“基地”组织深深扎根的地区，沙特政府已经开始投资项目，发展经济。沙特希望可以利用这些项目争取民心，分散当地人对极端分子的支持，“引导也门人将极端分子视为罪犯，而非英雄”。在会面结束时，霍尔布鲁克向纳伊夫王子承诺，美国总统奥巴马将与沙特共同协作，铲除在也门不断增长的“基地”组织武装力量。

在和沙特谈判了3个月后，年轻的恐怖分子阿卜杜拉·阿西里同意投降。在纳伊夫看来，这是一个难得的契机。阿卜杜拉是沙特一直追捕的阿拉伯半岛“基地”组织中的85名成员之一。其兄易卜拉欣也是该组织的成员。此前，易卜拉欣曾因试图参与2003年的伊拉克暴乱而被逮捕过。在沙特阿拉伯的监狱里，易卜拉欣内心对沙特的仇恨与日俱增，他对沙特和美国之间的盟友关系也恨之入骨。在他看来，沙特不过是美国主子的走狗而已。沙特认为，在阿西里兄弟中，易卜拉欣要危险得多。易卜拉欣曾接受过炸弹制造方面的培训，因此精通藏匿炸弹的各种方法，常常能想出创造性的办法来隐藏爆炸物。考虑到沙特可能会对计划中的“投降者”阿卜杜拉起疑心，怀疑这是阿西里兄弟为了报复纳伊夫亲王而精心制作的陷阱，易卜拉欣特别设计了一种炸弹，可以逃过标准的安全检查。在年轻的阿卜杜拉登上沙特王室的喷气式飞机飞往吉达之前，易卜拉欣让一组医生通过外科手术将一种名为“戊四硝酯”的塑胶炸药植入了阿卜杜拉的直肠。

易卜拉欣无疑是一个制造炸弹的天才。但即使这样，他的致命阴谋却往往因为引爆者的失误而功亏一篑。他的弟弟阿卜杜拉携带着秘密炸药从也门飞往吉达，在顺利抵达纳伊夫亲王的行宫后，紧张万分的阿卜杜拉踏进了纳伊夫的会客室。在离纳伊夫亲王还没有足够近之前，阿卜杜拉便惊慌失措地将手伸进长袍，过早地引爆了炸弹。炸弹瞬间将阿卜杜拉炸成了两半，在瓷砖地上留下了一个冒烟的大坑，房间里血肉四溅。

这次暗杀虽然失败了，但它却标志着阿拉伯半岛“基地”组织已经能在也门之外的地区实施恐怖袭击了。这次爆炸发生后，在“基地”组织内部，恐怖分子因为该人体炸弹的笨拙而尴尬不已。但在袭击发生不久后的声明中，他们却没有表露出丝毫的羞愧。在这份沾沾自喜的声明中，“基地”组织称，沙特人应该对此感到尴尬，因为阿卜杜拉轻而易举地躲过了沙特的安全检查，这在沙特历史上是前所未有的。与此同时，“基地”组织的武装分子还夸下海口称，他们正在对沙特王室设在也门的间谍网络逐一排查，最终会将其连根拔起。

袭击发生后，利雅得的沙特王室陷入了一片恐慌，华盛顿也开始对沙特的局势保持高度关注。恐怖分子在声明中叫嚣，他们会发动更多的袭击：

> 暴君啊，等着瞧吧，我们一定会攻破你的堡垒，叫你痛不欲生。我们很快就来了。

“手术刀”比“铁锤”更管用？

在奥巴马宣誓就任美国第 44 届总统后的第二天，纳伊夫亲王接到了来自华盛顿一位老朋友的电话。电话的另一端是中情局的前任高级官员约翰·布伦南。在奥巴马参议员参加总统竞选期间，布伦南曾担任过奥巴马的顾问。如今，布伦南已被任命为奥巴马的白宫高级反恐顾问。然而，这并不是布伦南当初期待的职位。因为在总统竞选期间，大家纷纷猜测，一旦奥巴马当选美国总统，布伦南将是接管中情局的头号人选。布伦南的确资历出众：他出生在一名爱尔兰后裔的家庭，从小在新泽西州长大。从福特汉姆大学毕业后，布伦南在中情局担任了几十年的情报分析专家，能说一口流利的阿拉伯语。虽然他只是一名情报分析员，没有担任过谍报人员的经历，但布伦南有着其他人鲜有的特殊经历：20 世纪 90 年代，他曾担任过中情局驻利雅得站站长。布伦南体型壮硕，面容严肃。他的面孔看起来就像是在石灰岩上雕刻出来的，一副大萧条时期拳击手的模样。

但布伦南接管中情局的梦想却在奥巴马当选总统后的过渡期被彻底击碎。布伦南此前认可中情局用严刑审讯秘密犯人的言论被挖出来再次大做文章，人权活动家们对此百般责难。在 2002 年秘密监狱计划开始时，布伦南正担任乔治·特尼特局长的高级顾问，因此他和这个项目有着千丝万缕的关系。奥巴马多次谴责中情局的这个项目是“9·11”恐怖袭击后美国历史上难以抹去的污点。为了避免在参议院引起一场冗长混乱的口舌之争，布伦南退出了中情局的职位竞争。

白宫的职位对于布伦南而言，不过是个为了安抚他而设的虚职，他的办公室位于白宫西翼的地下室内，连扇窗户都没有。即使这样，在奥巴马宣誓就任总统后没多久，布伦南就将自己的办公室变成了一场秘密战争的神经中枢。上任后的奥巴马希望由白宫直接接管美国的暗杀计划，这赋予了布伦南一个美国史上独一无二的角色：一部分扮演刽子手，另一部分充当美国总统的头号忏悔人，还有一部分则担任公共发言人，竭力掩饰奥巴马在中东地区暗杀美国公敌的行为。

早在利雅得担任站长时，布伦南就已经和纳伊夫亲王交往甚密。2009 年 1 月的一天，布伦南在电话中信誓旦旦地告诉纳伊夫，奥巴马总统将继续执行布什总统的方针，一如既往地致力于铲除恐怖分子。在奥巴马当选总统后的过渡期内，布伦南曾和奥巴马国家安全小组的其他高级官员齐聚中情局兰利总部，听取中情局汇报记录在案的各项秘密行动方案。在这次为期两天多的会议中，中情局反恐中心负责人、化名为“迈克”的卧底官员告诉国家安全小组：就在去年夏天，布什总统提升了无人轰炸机的袭击频率，中情局正试图将更多的间谍输入巴基斯坦。在总统竞选期间，奥巴马曾多次表示，他会将注意力集中在巴基斯坦、阿富汗以及对本·拉登的追捕上。奥巴马还承诺，他会重新将战略重点调整到所谓的“正义战争”上，纠正布什在伊拉克发动的“不义之战”。上台后的奥巴马保留了中情局副局长斯蒂芬·卡佩斯在兰利的职位。在这次会议上，布伦南告诉“迈克”和卡佩斯，奥巴马很可能会继续在巴基斯坦开展无人机袭击。

奥巴马、布伦南以及新政府的其他高级官员之所以将无人机轰炸作为美国反恐的主要工具，还有另外一个原因。在竞选期间，奥巴马屡次批评布什的秘密拘留和审讯手段有损美国的国际形象，因此在执政后的第一个星期里，奥巴马宣布关闭关塔那摩湾的秘密监狱，并禁止中情局使用“9·11”袭击以来实施的任何强制审讯手段。这一决定立即遭到了前副总统迪克·切尼的反对，切尼批评此举是一个乳臭未干的新总统在以牺牲国家安全为代价玩弄政治。切尼警告道，如果恐怖分子在奥巴马执政期间对美国发动大规模袭击，那么奥巴马将成为千古罪人。

切尼的责难发生在他离开白宫后不久。按照传统礼节，至少在新政府执政的最初几个月内，即将下台的政府要员往往不会对准备执政的新总统有过多指摘，切尼显然违背了常理。但切尼的批评不失为一个警告，预示着奥巴马在国家安全问题上一旦有任何“示弱”的举动，都将成为共和党攻击新总统的利器。

中情局的专职律师约翰·里佐也和新的政府团队一起参加了这次会议。因为曾帮助中情局取得司法部对“拘留及审讯”项目的批准，里佐已经颜面扫地。在会议上，奥巴马的幕僚们态度强硬，这让里佐吃惊不已。他说：“因为无法审讯犯人，所以他们干脆大开杀戒。虽然幕僚们没有直接说出这句话，但他们的暗示却明确无误，一旦禁止审讯，剩下的就只有杀戮。”

正如里佐所说，虽然审讯犯人的程序并没有真正消失。但对于新政府而言，拘留和审讯犯人，显然已成为一条荆棘满布的道路：即便已经决定在一年之内关闭关塔那摩监狱，奥巴马的团队仍然担忧，抓捕俘虏并移交外国政府同样会引发自由主义者的批评，他们很可能会谴责美国是在把酷刑外包给外国政府。相比严刑逼供，直接杀掉这些恐怖分子反而没那么麻烦。在民主党内部，还没有明显批评奥巴马使用无人机轰炸的声音。与此同时，共和党也很难因为新总统对恐怖分子“过分”打击而有所微词。此时的政治气候，已经决定了这场秘密战争将持续升级。

兰利为期两天多的会议是第一个信号，暗示着与前任乔治·布什和约翰·切尼相比，奥巴马总统对中情局和联合特种作战司令部的依赖程度将有过之而无不及：这两个组织将成为美国在全球各地开展军事行动的主要工具。“9·11”恐怖袭击的 7 年后，伊拉克和阿富汗战争不但耗尽了美国公众的热情，也掏空了美国人民的钱包，美国已经没有余力再次大动干戈。更重要的是，秘密战争的作战方式在这 7 年中得到了重新校准和完善。奥巴马政府认为，秘密战争将是最合适的作战方式，既可以避免大规模的军事行动，又能有效消灭恐怖分子。他们不需要动用武力推翻外国政府，不需要在被占领国驻军多年，也不需要耗费时间精力同化整个中东。奥巴马政府的做法，正如布伦南在一次演讲中提到的那样：在战区之外作战时，美国完全可以使用轻巧的“手术刀”，而不是沉重的“铁锤”。

帕内塔：中情局的贵人

奥巴马并不是第一个热衷于秘密行动的民主党总统。此前的约翰·F.肯尼迪不但批准了古巴的猪湾行动，而且支持过越南秘密战争的不断升级。虽然吉米·卡特在竞选期间对中情局的投机行为大肆批评，但在白宫的最后两年里，他也亲笔签署了一系列的秘密行动。

在入主白宫的所有人中，奥巴马是第一个在越战之后成长起来的总统。奥巴马没有经历 20 世纪 60 年代和 70 年代一系列风云突变的政治风波，因此他不像老一辈美国政客那样对中情局总是嗤之以鼻冷嘲热讽。除此之外，奥巴马对美国的海外影响力也颇为乐观。在 2010 年的一次采访中，奥巴马曾告诉记者鲍勃·伍德沃德，他“可能是第一位年轻的越战没有在其成长中占核心地位的美国总统”，因此奥巴马在成长中不曾遭遇任何“因为越战问题而引发的矛盾”。可能正是中情局的所作所为导致越战期间美军和民众之间的仇视情绪。但有一点却很清楚，对于中情局，奥巴马与婴儿潮时期出生的克林顿有着截然不同的态度。

奥巴马之所以如此重用中情局，并不只是因为他的年龄和他成长的时代，也并不只是因为每天的情报简报让他对威胁美国国土安全的恐怖分子越来越担忧。除了以上两点外，还有一个不可忽略的事实：奥巴马的第一任中情局局长莱昂·帕内塔在维护和扩大中情局利益方面，可谓不遗余力。他对中情局势力发展的殚精竭虑，只有里根政府时的威廉·凯西能与之匹敌。

乍一看，帕内塔几乎是最不可能接管中情局的人选。除了 20 世纪 60 年代在美国陆军有过一次为期两年的短暂任职外，帕内塔既没有专业的情报工作背景，也没有丰富的军事行动经验。即使是在代表北加州某个沿海城市担任民主党国会议员期间，帕内塔也从未在五角大楼以及中情局的监督委员会工作过。帕内塔外表面看起来不愠不火，一副和蔼谦恭的样子，实际上却是个剽悍骁勇的武夫和老辣的谈判高手。他常常满口污言秽语，说脏话的频率和说介词的频率一样高。在担任克林顿总统的参谋长时，帕内塔曾经和情报界有过些许接触。但时过境迁，此时的中情局已和当日迥然不同。

当帕内塔接手中情局局长的职位时，他竟然完全不知道中情局正在世界各地猎杀美国公敌。2009 年初，中情局使用无人机在巴基斯坦大肆杀戮的新闻已经开始被记者们广泛报道。即便如此，刚刚上任的帕内塔还是对中情局的工作汇报吃惊不已。他无法相信，自己即将成为一场秘密战争的军事总指挥。在参议院的审议听证会召开之前，中情局的专职律师约翰·里佐曾帮助帕内塔准备了一份简报。“在走进兰利大门时，他还是一张白纸，对情报工作一无所知。”里佐说道。在军事问题上，帕内塔的确缺乏实战经验，但他对美国政府工作的通达老练却为他弥补了这一缺憾。一贯偏执的中情局在帕内塔身上找到了他们亟需的两种素质：在白宫内部德高望重的地位和呼风唤雨的影响力，以及更重要的一点——帕内塔愿意为了中情局的利益与该机构在华盛顿的所谓“政敌”斗争到底。

帕内塔的这两种特质很快就受到了考验。在一场长期争执不休的法律辩论之后，白宫高层们决定解密一份政府内部备忘录。这份备忘录是布什在执政早期授权中情局使用特殊审讯方法的报告。对于中情局审讯犯人的方式，帕内塔早在审议听证会上就提出了他的看法。他毫不含糊地称这些手段是彻头彻尾的“酷刑”。当中情局的上上下下听闻帕内塔的这一声明时，他们开始怀疑，这个新来的中情局局长将是斯坦斯菲尔德·特纳第二。在中情局看来，第 10 任局长斯坦斯菲尔德·特纳从不真正关心中情局的利益，他不过是民主党总统派到兰利的一个局外人，目的是掌管一个在白宫看来已经完全失控的间谍机构。

然而，局势很快就发生了逆转。帕内塔成了中情局的英雄，兰利的许多官员对他爱戴有加。但与此同时，其他人却批评帕内塔和此前的多届局长一样，对中情局唯命是从。在上任一个月之内，帕内塔就设法推迟了白宫对外解密审讯备忘录的脚步。与此同时，他还发起辩论，迫使白宫重新考虑是否有必要将审讯方式的所有细节公诸于世。毕竟，这个“拘留和审讯”计划早已弃置不用。

此时的帕内塔已经切身体会到了中情局的秘密行动处在兰利的巨大影响力，他们的权力远远超过了普通的谍报部门。卡佩斯及反恐中心的其他官员都提醒帕内塔，备忘录的解密将会对反恐中心的士气造成严重打击。这个提醒暗含着这样一个警告：在还没弄清楚怎样从办公室走到食堂之前，帕内塔就可能永远失去中情局秘密行动处的支持。华盛顿多年的工作经验让帕内塔清楚地明白这些话背后的含义：如果一意孤行，他很可能会成为另一个约翰·M. 多伊奇，或者波特·戈斯。这两位前任中情局局长都曾与秘密行动处矛盾不断，他们在中情局的任期因此险象环生，难以长久。想到这些，帕内塔妥协了。

在第一次作为中情局局长出国访问时，帕内塔听闻了白宫准备解密并公开中情局审讯备忘录的计划。在此之前，美国公民自由联盟根据《信息自由法》对中情局提起了诉讼。根据一名联邦法官的判决，白宫决定公开备忘录。得知消息后，帕内塔立即给奥巴马的办公厅主任拉姆·伊曼纽尔打电话，敦促他务必推迟公开备忘录。在克林顿主持白宫之时，帕内塔就与伊曼纽尔彼此熟识。正是借着伊曼纽尔的提携，帕内塔才谋到了中情局局长的位置。伊曼纽尔答应了帕内塔的请求，为了不让备忘录公诸于世，在接下来的几周里，帕内塔开始在白宫四处奔走，积极游说众人。帕内塔的努力赢得了伊曼纽尔的支持。于是美国历史上演了莫名其妙而又几乎前所未见的一幕：一个曾经公开指责中情局违反美国法律、动用酷刑的人，突然之间就调转阵营，阻拦人们将中情局的丑行公之于众。

最终，帕内塔输掉了这场辩论，总统奥巴马按原计划下令公开了备忘录。但对于这个新上任的中情局局长而言，这一结果已经不重要。帕内塔坚持要求白宫召开辩论的举动，已经向中情局的所有人员证明了他在新政府内部的影响力。更重要的是，在一个对于秘密行动处至关重要的问题上，他申明了自己的立场。正如许多中情局官员看到的那样，帕内塔借此传达了这样的信息：他是中情局的一分子。

然而，对于帕内塔的老板、至少是纸面上的老板而言，情况则完全不同。已经晋升为海军上将的丹尼斯·布莱尔从克林顿时期起就开始担任中情局和五角大楼之间的联络官。从那之后，他就一路高升，迅速跻身海军高级将领行列。在结束自己的军旅生涯时，布莱尔已经是四星上将，统管美国海军太平洋司令部。这个职务赋予他地球表面将近一半的监管权，遍布在数千平方英里（1 平方英里约等于 2.59 平方千米）范围内的美军都要听命于他。但从军队退休后，布莱尔的仕途却急转直下。为了弥补情报部门在“9·11”袭击和伊拉克战争中的失职，在国会和“9·11”委员会的敦促下，布什政府设立了“国家情报总监”这个职位。然而，即使在这个职位诞生的 4 年后，依然没人能说清这个职位的职能。人们一度以为这是个肥缺，上任的人将大权在握，掌管全国各地的情报部门。但拉姆斯菲尔德在国会的盟友成功帮他削弱了这个职位的权力，使得五角大楼保留了大部分的情报预算。在经历了这些尔虞我诈的政治斗争后，2009 年初，当布莱尔被任命为“国家情报总监”时，五角大楼和中情局都深信，布莱尔不过是个有名无实的傀儡总监。

更糟糕的是，围绕在奥巴马总统身边的是一个关系密切的顾问团队。这个团队陪伴奥巴马经历了一次次艰苦卓绝的竞选战役。布莱尔还曾借用 1934 年中国共产党在长达几万英里的战略转移时起的名字，称这些人为“走长征的人”。而现在，布莱尔很快就意识到，在这个密切合作的小团队里，他不过是个局外人。在与帕内塔的早期摩擦中，布莱尔的怀疑被得到了证实。布莱尔当时试图鼓动当局将美国的高级间谍派驻到海外去。但按照传统，派驻海外的任务会自动落到中情局各分站站长头上。这并不算是个重大事件，但帕内塔和他的副手卡佩斯却将此视为对中情局的威胁。于是他们开始游说白宫拒绝布莱尔的计划。2009 年夏天，就在这项提议已经快被人们淡忘时，布莱尔决定不再等待白宫的批复。

他发布了一条命令，直接对海外任命做了更改。在一次语气强硬的短暂通话中，布莱尔将他的决定告知了帕内塔，而后者恼羞成怒，摔了布莱尔的电话。

“那家伙根本是个该死的混蛋。”帕内塔对聚集在他办公室的助手们吼道。第二天，中情局的所有海外站点都收到了一份措辞强烈的秘密电报。电报的内容言简意赅：无视布莱尔的指令。曾经大权独揽的布莱尔还不习惯有人违抗他的命令。他转而向奥巴马的国家安全顾问詹姆斯·琼斯发牢骚，抱怨帕内塔不听指令，应该被革职处理。但白宫却站在了中情局一边。

布莱尔一向不看好中情局的秘密行动。在他看来，美国历史上有太多的总统都是在遇到棘手的外交问题，而幕僚们又各执己见时，才求助中情局。而且，秘密行动往往历时多年，对于国家利益而言，用处甚小。

因此，当奥巴马总统在任职的第一年里下令审查中情局的秘密行动时，布莱尔看到了契机。当时中情局正在进行的秘密行动大约有十几项，从巴基斯坦的无人机轰炸，到破坏伊朗核计划，布莱尔希望利用这个机会理清每一个项目的脉络，并决定是否继续该项目。但事情不是他想怎样就怎样。

2009 年夏天，中情局所有的秘密行动都得以顺利通过。中情局二把手卡佩斯在会议中据理力争，逐一解释了每项行动所取得的成就，强调继续实施这些行动的必要性。在同年秋天的“负责人委员会”会议上，当奥巴马总统的高级国家安全顾问对中情局的秘密行动项目做出最后裁决时，没有一个方案被撤销。

局势的发展令布莱尔沮丧不已。他找到了国防部长罗伯特·盖茨。布莱尔知道，在中情局摸爬滚打多年的盖茨曾亲历秘密行动败露带来的苦果，而他在白宫也有着举足轻重的地位。盖茨和布莱尔商议，他们应该拟定一套基本原则，用以指导有关秘密行动。他们很快就东拼西凑出了6条无关痛痒的原则，其中包括：秘密行动应定时接受评估，以过渡到非秘密行动；秘密行动不应对“稳定、廉洁并尊重公民人权的民主政府的发展”造成破坏。

当奥巴马总统的高级顾问们聚集在白宫讨论秘密行动方案时，布莱尔将他和盖茨炮制的决策原则分发给了与会代表。他和盖茨希望能将此次会议变成一个论坛，总结中情局在秘密行动中的功过得失。布莱尔试图对每个秘密项目逐一进行辩论，会议变得冗长。他回忆道：“中情局本以为这次会议是通过（秘密行动）计划的例会而已。”会上，布莱尔提出了许多尖锐的问题，他提出的问题越多，帕内塔和副国家安全顾问汤姆·多尼伦就越愤怒。

在帕内塔看来，布莱尔这么做不单是为了哗众取宠，还试图夺走中情局自1947年成立以来就一直被人艳羡不已的一项特权：他们可以直接从美国总统那里获得对秘密行动的批准。帕内塔认为，布莱尔和盖茨拼凑的那些原则对奥巴马总统批准秘密行动的权力进行了不必要的限制。布莱尔的努力再一次失败了。奥巴马政府批准了布什任职期间留下的所有秘密行动方案。中情局再一次获得了胜利，布莱尔在白宫的地位彻底受挫。

即使在奥巴马政府讨论中情局未来的秘密行动方案时，他们也没有想过要结束“定点清除”计划。恰恰相反，在奥巴马执政的最初几个月里，国家安全顾问詹姆斯·琼斯开始带领一批人集中编译一份“猎杀名单”，为无人机在战区以外地区的轰炸做准备，主要包括巴基斯坦、非洲和也门。这份后来被称为《琼斯备忘录》的名单，不过是奥巴马政府为一场即将到来的秘密战争所做的初步规划。大多数人都认为，这场战争一旦开始，就会持续数年，很可能在奥巴马的任期结束后仍会继续下去。这份名单被保存在美国国家安全委员会手中，虽然很多官员试图依照标准严格审查被加入猎杀名单的对象，但执行起来非常困难。

例如，在奥巴马执政初期，中情局并没有获得杀死“巴塔”组织新领导贝图拉·马哈苏德的授权，但他们仍然这样做了。当时，马哈苏德已经成为巴基斯坦塔利班无可争议的领导者。巴基斯坦塔利班在巴基斯坦境内被称为“TTP组织”，当时正在大肆袭击巴基斯坦的军事工程和政府设施。巴基斯坦政府开始向奥巴马政府施压，要求美国通过无人机轰炸铲除马哈苏德，就像中情局杀掉他的前任纳克·穆罕默德那样，美国拒绝了这一要求。

在2009年年初的一次秘密会议上，中情局副局长卡佩斯告诉巴基斯坦驻华盛顿大使侯赛因·哈卡尼，马哈苏德和他的党徒们不曾对美国发动袭击，因此在法律程序上，中情局无法通过杀掉马哈苏德的决议。

巴基斯坦的一些阴谋论者则认为，美国之所以拒绝杀死马哈苏德，有着不可告人的原因：马哈苏德其实是印度派来的一名间谍，美国已经向新德里承诺，他们不会对马哈苏德动手。但由于巴基斯坦方面的不断施压，中情局的律师们开始查阅备忘录，试图为杀掉马哈苏德寻找理由。

他们发现，首先，“巴塔”频频为“基地”组织的恐怖行动提供庇护；其次，恐怖分子到底是在袭击巴基斯坦还是在攻打西方军队，这两者之间的界限已经越来越模糊，因此中情局有充足的理由将“巴塔”的头目们纳入猎杀名单。除了法律程序外，一些白宫官员还认为，如果中情局能帮助巴基斯坦铲除他们的头号敌人，美国也许还能因此获得一些外交利益。

2009年8月初，在一个炎热的夜晚，中情局的无人轰炸机盘旋在南瓦济里斯坦的赞加拉村庄上空，轰炸机的摄像头瞄准了一处房屋的屋顶，马哈苏德和他的几名家庭成员正在屋顶乘凉。

马哈苏德患有糖尿病，当无人机发射出的导弹击中房屋时，他正在静脉注射胰岛素。导弹当即炸死了屋顶上所有的人。巴基斯坦政府对马哈苏德的死讯大喜过望，有华盛顿官员将这次无人机打击称为“正义杀戮”。帕内塔很快就担当起了军事指挥的新角色，他在兰利的工作主要围绕着中情局野心勃勃的“定点清除”计划展开。当然，也有些人认为这个计划过于冒险。作为一个虔诚的天主教徒，在中情局的任期结束时，帕内塔调侃道：“在过去两年里，我说过的‘万福玛利亚’比之前所有时候都多。”

在马哈苏德被杀两个月后，帕内塔带着一张长长的清单抵达白宫，请求上级批准中情局一系列的准军事行动。他试图更频繁地使用无人机打击，并准备向巴基斯坦提出申请，让中情局称为“飞行箱”的无人机能在更广泛的部落地区上空飞行。此前，在副总统乔·拜登的敦促下，奥巴马总统已经同意向巴基斯坦增派间谍，其中许多间谍是在三军情报局不知情的情况下被输入巴基斯坦境内的。

中情局要求扩大无人机打击的提议引起了某些人的不满。一些官员公开质问，为什么一个间谍机构要偏离收集和分析情报的主要职责，转而参与军事行动。在白宫的一次讨论中，参联会副主席詹姆斯·卡特赖特将军问道：“请你告诉我，为什么我们要建立第二个空军？”另一些人则认为，中情局过于沉迷于无人机打击带来的成就，以至于忘记了一个最基本的问题：他们如何保证，利用无人机杀死的恐怖分子比因此而制造出来的恐怖分子更多？虽然颇受争议，但在局势研究室的这场会议结束时，奥巴马总统仍然批准了帕内塔所有的请求。“中情局得到了它想要的。”总统说道。

虽然有了新的资源，但中情局在巴基斯坦部落地区的作战仍消耗大量的无人机、间谍卫星和情报人员。在这种情况下，对于奥巴马的智囊团悄悄向西 3 000 英里推进的另一个战场，中情局的预算已经所剩无几。阿拉伯半岛“基地”组织在 8 月暗杀沙特纳伊夫亲王让华盛顿再次有了紧迫感，除此之外，“基地”组织在也门的下属组织也已经宣布，他们将与西方国家势不两立。

也门沦为反恐第三战场

2009年末，在美国驻萨那大使馆内，只驻扎了少数几个美国士兵和少量间谍。除了在巴基斯坦的中情局站点外，五角大楼从2002年起就向也门派遣了一支特种作战部队。多年的伊拉克战争和阿富汗战争让美军无力顾及也门，但随着伊拉克战争接近尾声，联合特种作战司令部可以指挥更多的海豹突击队投入到新任务中去。

自一年前掌控中央司令部以来，美军在中东的总指挥彼得雷乌斯将军就一直对“基地”组织在阿拉伯半岛不断增长的影响力感到忧心忡忡。

2009年9月下旬，彼得雷乌斯签署了一份秘密决议，向也门和其他地区派遣更多的美国军事间谍。迈克尔·弗朗正是利用这份决议，开始在巴基斯坦收集情报。这份决议还授权美军在也门进行一系列非常规军事行动，包括大范围的窃听和买通当地线人收集情报。

但联合特种作战司令部想要的却不止这些。联合特种作战司令部的司令、海军上将威廉·麦克雷文，想效仿突击队在伊拉克美索不达米亚攻打“基地”组织的战略：在夜间频繁突袭“基地”组织，抓捕恐怖分子，审讯他们并获取情报，然后利用这些情报来部署更多的突袭。这种战略被指挥官们称为“情报循环”模式，已经被再次用于阿富汗战场。因此麦克雷文认为，向也门派驻更多的间谍和部队可以有效削弱“基地”组织在阿拉伯半岛的势力，粉碎恐怖分子袭击美国的阴谋。

然而，麦克雷文雄心勃勃的也门计划遭到了华盛顿的拒绝。白宫官员批驳麦克雷文的计划不切实际，风险过高。也门总统萨利赫绝对不会允许美国地面部队在也门境内设立拘留和审讯中心，更不用说同意麦克雷文在他的国门内进行抓捕和杀戮。

白宫已经与其关闭关塔那摩监狱的计划背道而驰，总统的幕僚们绝对不会对在也门建立一个新的拘留所津津乐道。因此，麦克雷文被告知，他需要找到其他的方式来开展在也门的战争。

对于这场战争，麦克雷文最终找到的是一种颇为怪诞，同时也很鲁莽草率的方式：这本是一场准秘密战争，但有时却因为军事行动中隐藏着的美国间谍而被曝光。美军不但兵力匮乏，而且对恐怖组织领导人的下落没有准确情报，加之也门总统拒绝使用无人机轰炸，美军指挥官们只能依靠海军舰艇向也门海岸发射巡航导弹，以及偶尔利用海洋鹞式战机进行轰炸来持续这场战争，这当然让美军一无所获。但更糟糕的是，在接下来的几年内，美军在也门导致的平民伤亡比“基地”组织在阿拉伯半岛的恐怖袭击造成的伤亡更多。

2009 年 12 月 17 日，美国发动了第一次袭击。美国拦截了恐怖分子在也门南部阿比扬省某个营地的对话，阿比扬省位于港口城市亚丁南部，拥有大片的沙漠和沿海村庄。阿拉伯半岛“基地”组织正准备利用几名人体炸弹袭击美国驻萨那大使馆，而且他们的筹划已经到了最后阶段。当天早些时候，麦克雷文上将通过视频电话会议，向白宫、五角大楼以及国务院官员详细汇报了他袭击恐怖分子营地的作战计划。一般而言，中情局在巴基斯坦的无人机袭击不需要得到白宫的额外批准，但军方的行动却需要得到华盛顿一个小组的许可，这个掌握着生杀大权的小组绰号为“反恐董事会”，由约翰·布伦南担任主席。“反恐董事会”先对某个行动做出裁决，然后将他们的处理结果汇报给奥巴马总统，由奥巴马总统亲自签发军事命令。

奥巴马最终批准了这次行动。第二天，一支在阿拉伯海域巡逻的美军舰队收到了一份密电。几小时后，几枚“战斧”式巡航导弹被发射到了阿比扬省的沙漠营地。当天结束时，也门政府发布了一条新闻，庆祝此次行动圆满成功。新闻称，由也门空军发动的袭击消灭了大约 34 名“基地”组织成员。

次日，总统奥巴马在电话中感谢也门总统阿里·阿卜杜拉·萨利赫的合作，尽管也门军队不过是美军此次行动的替罪羊。当地也门人在恐怖分子营地拍摄的视频显示，导弹碎片上印有美军的标志。同时他们还发现，“战斧”式巡航导弹上装有集束炸弹，集束炸弹被发射到目标后，弹体会打开，将子弹分散到更广的区域，从而造成更大的破坏。死难者中有许多平民，妇女和儿童被炸死的血腥画面在 YouTube 网站上像病毒一样传播开来。半岛电视台播出的新闻里，一名“基地”组织成员在袭击发生后的街头抗议中，扛着一架 AK-47 突击步枪向也门军队喊话。

> 士兵们，你们应该知道，我们并不想打你们。我们之间没有任何问题。是美国和它的走狗之间有问题。不要站到美国那一边！

美国袭击的 3 个星期后，彼得雷乌斯将军前往萨那，与萨利赫总统及其顾问会面并讨论下一步的作战计划。他们遇到了一个新的紧急情况：2009 年的圣诞节，一个年轻的尼日利亚籍男子奥马尔·法鲁克·阿卜杜勒·穆塔拉在阿姆斯特丹登上了一架开往底特律的飞机。缝在他的内衣里的，是也门炸弹制造大师易卜拉欣·阿西里最新的魔鬼杰作。飞机降落后，穆塔拉准备引爆自己身上的炸弹：80 克塑胶炸药。由于炸弹载体的失误，阿西里的精心预谋再一次付诸东流。穆塔拉点着了自己的一条腿，其他乘客立即将他按倒在地，这个倒霉的恐怖分子最后被带到底特律关押起来。这样，奥巴马政府侥幸地避免了执政期内的第一次大规模恐怖袭击。

如果说暗杀纳伊夫亲王是阿拉伯半岛“基地”组织试图在也门之外发动恐怖袭击的第一次尝试，那么流产的圣诞袭击则再次证明，这个组织坚定不移地继承了由本·拉登及其藏匿在巴基斯坦的“基地”组织余党领导的恐怖活动。2010 年 1 月初，当彼得雷乌斯将军的飞机在也门首都降落时，奥巴马政府已经决定升级美国在也门的军事打击。

萨利赫总统对美国将也门变成秘密战场的企图一直颇为不满，因此他和美国官员之间的会晤总是充斥着讨价还价。一场 90 分钟的会议开始了，为了调节会议气氛，彼得雷乌斯首先称赞了萨利赫在打击阿拉伯半岛“基地”组织方面所做的杰出贡献。同时，彼得雷乌斯还告诉对方，他已经向上级请示，要求用几乎双倍的现金支付也门在反恐作战中的开销，由原计划的 67 万美元追加至现在的 105 万美元。

但这个老谋深算的独裁者想要得更多。在提到美国近期的空袭时，萨利赫说道：在阿比扬袭击平民时，美军“犯下了错误”。“战斧”式巡航导弹对于打击恐怖分子不甚合适，只要美国给他 12 架武装直升机，用以突袭恐怖分子的营地，那他们就能有效地避免平民伤亡。萨利赫认为，这么做可以让他有力地打击恐怖组织，同时又防止误伤平民。萨利赫继续道，如果华盛顿不同意这一请求，彼得雷乌斯将军可以向沙特阿拉伯和阿拉伯联合酋长国施压，让这两国分别贡献 6 架武装直升机。彼得雷乌斯也针锋相对地提出了一个条件：允许美国特种作战部队和间谍更进一步地在也门前线活动。彼得雷乌斯道，这样一来，美方就可以从无人机和卫星上下载情报，利用这些情报更精确更快速地打击藏匿着的恐怖分子。

萨利赫断然拒绝了这一要求。他告诉彼得雷乌斯，美国人必须待在中情局和联合特种作战司令部最近在也门首都郊外建立的指挥中心里。但萨利赫也说，空袭可以持续下去。如果美方得知阿拉伯半岛“基地”组织领导人下落的话，在特定情况下，他将允许美军飞机和轰炸机在也门海岸线附近活动，并批准美军进入也门领空。萨利赫称，他会坚持自己的立场，拒绝美方在也门境内作战。

“我们将继续对外宣称，炸弹是我们的，不是美国的。”萨利赫道。

美国正在慢慢深入到另一个国家的腹地作战，但长期的忽视让华盛顿政府对这个国家所知甚少。这一小撮极端分子正在对抗的是世界上独一无二的超级大国，但对于武装分子有多少援军，以及恐怖分子藏身何处，奥巴马政府却一无所知。为了达到自己的军事目的，也门的线人常常故意将错误消息传给美军，因此，美军很难分清哪些是真实的情报，哪些是虚假消息。

2010 年 5 月，也就是彼得雷乌斯与萨利赫会面的 5 个月后，美国的导弹炸毁了也门官员贾比尔·阿尔·沙布瓦尼的汽车。沙布瓦尼不但是马里卜省的副省长，而且还充当萨利赫总统在也门政府和“基地”组织某个小集团之间的联系人。当沙布瓦尼和保镖在路上被炸死时，他们正准备与阿拉伯半岛“基地”组织的线人见面，讨论停战协议。但沙布瓦尼在也门的政敌们告诉美国特种作战部队的却是完全不同的情报：也门官员正在与“基地”组织暗通款曲。美国人于是用高科技打击解决了这一问题。

2010 年 5 月的袭击在也门国内激起了强烈的民愤，萨利赫总统要求美军停止空袭。愤怒的马里卜民众点燃了石油管道，大火持续了数日。美国在也门的战争就此被无限期搁置。

在华盛顿，人们建立起宏伟壮观的纪念碑来铭记美国历史上最伟大的总统们，一块块白色的大理石上，雕刻着他们的名言。政绩稍逊的总统，则会在闹市的酒店拥有以他们名字命名的会议室。2010 年 4 月 6 日，丹尼斯·布莱尔走下楼梯，来到威拉德酒店的负一层。在这里，有一排以沃伦·富兰克林·皮尔斯、米勒德·菲尔莫尔、扎卡里·泰勒、詹姆斯·布坎南的名字命名的会议室。在这里，布莱尔将以国家情报总监的身份发表最后一次讲话。

在这个职位上，布莱尔的错误已经不胜枚举。他知道，无论是在白宫，还是在华盛顿的国家安全情报界，他的支持率都在直线下滑。在这次讲话中，布莱尔表达了他对中情局和秘密行动的担忧。在他看来，这两者已经太出格了。虽然他的措辞充斥着外交辞令，但他传达的信息却非常明确。

他说，在一个情报难以保密、间谍难以隐藏的环境里，美国过分依赖秘密行动。

> 在过去，对于世界上的某些地区，我们只能采用秘密行动予以打击。但是今天，我们完全可以使用更多公开的方式来解决问题。

虽然布莱尔在整个谈话中只字不提中情局，但可以肯定的是，布莱尔的言辞矛头直指在奥巴马执政期间势力不断壮大的中情局。布莱尔公开了他的忧虑，这违反了奥巴马政府的一条基本原则：不对外公开国家安全事务。更重要的是，他向奥巴马总统的一条核心外交政策发出了挑战：利用中情局作为秘密战争的武器。可想而知，布莱尔的讲话让帕内塔和其他中情局高层暴跳如雷。一个月后，奥巴马总统解雇了丹尼斯·布莱尔。

中情局再次如愿以偿。

第13章

败走非洲

THE WAY OF THE KNIFE

The untold story of USA's secret war

以“收集情报”起家的中情局，前脚刚因情报收集能力差而被“影子中情局”逼宫，后脚又因无法预警“阿拉伯之春”而遭白宫嫌弃。为了挽回颓势，中情局不得已与一些流氓间谍机构结盟。而这，恰恰是混乱的开端。

THE WAY OF THE KNIFE
The untold story of USA's secret war

这真是天赐良机！赶快行动吧！

——私人情报商米歇尔·巴拉林

雇佣军集结索马里

2008年9月，一艘名为“费娜”号的乌克兰商船沿着索马里海岸向肯尼亚的蒙巴萨驶去。然而此次出航，“费娜”号将无法抵达最终的港口。在一处险象环生的水域，十几名全副武装的索马里海盗坐着摩托艇朝“费娜”号驶来，他们蜂拥着登上“费娜”号，瞬间占领了商船，劫持了全体船员，包括17名乌克兰人、3名俄罗斯人和1名拉脱维亚人。

走进船舱时，海盗们简直无法相信他们会如此好运：这艘普通的商船竟然秘密装载了33辆俄制T-72坦克、几十箱手榴弹，以及多架高射炮。海盗们不知道的是，这批武器是肯尼亚政府秘密行动的一部分。为了武装苏丹南部的反政府武装对抗喀土穆政府，肯尼亚不惜违反联合国武器禁运的规定，私自偷运这批武器。根据船上货物的价值，索马里海盗们驾轻就熟地设定了整艘船的赎金金额。在劫持“费娜”号后不久，海盗们正式开出了条件：想要安全释放人质、拿回“费娜”号及船上的敏感货物，就必须支付3 500万美元。

得知消息后，美军迅速采取了行动。几天的时间里，美国军舰就包围了“费娜”号。美军还派遣直升机飞到“费娜”号的甲板上空，试图侦查人质的安全状况。但是，由于乌克兰船主拒绝支付海盗提出的赎金，解救人质的谈判在拖延了几周后仍然毫无进展。海盗们对此恼怒不已，于是提出了更换谈判专家的要求。他们在白色床单上草草写下一句话，然后把它挂在了“费娜”号的船舷上。

这句话只有一个名字：阿米拉。

几天之后，米歇尔·“阿米拉”·巴拉林和劫持了整整一船俄制坦克的海盗们开始了释放人质的谈判。虽然巴拉林在此后的声明中表示，在谈判中她没有涉及过任何个人经济利益，但有一点可以确定：为了尽快结束对峙局面，早在海盗们提出更换谈判专家之前，巴拉林就已经开始与几名索马里部落长老接触，与他们商谈赎金问题。巴拉林申辩说，她的举动纯粹是出于人道主义救援。她声称，她之所以为海盗们提供卫星电话，是为了让岸上的索马里部落长老能够和暴徒们沟通，同时使“费娜”号的船员能与家人联系。

然而，“费娜”号的乌克兰船主对这个陌生的弗吉尼亚女人的出现怒不可遏。在乌克兰人看来，巴拉林根本是个不速之客，正是她的出现才导致释放船员和取回货物的代价再次攀升。船舶公司的发言人批评道：“她要明白，这是在向海盗们承诺一大笔她自己根本没法付出的赎金。这不过是给了对方一个虚妄的期待而已。”

这起事件愈演愈烈，甚至引来了乌克兰政府的干预。2009年2月初，在奥巴马上台仅仅几星期后，乌克兰外交部长弗拉基米尔·奥格雷兹科专门致信美国国务卿希拉里，措辞讽刺地谈到一个“已成为海盗代言人”的女人。奥格雷兹科在信中写道，巴拉林的行为“怂恿海盗们增加赎金金额”，他要求希拉里“务必使巴拉林女士不再参与整个谈判”。

在收到乌克兰外交部长的来信前，希拉里根本不知道巴拉林是何许人也。但白宫许多官员却对这个名字不陌生。在奥巴马总统开始执政以前，巴拉林就已经顺利拿到了五角大楼的合同，奉命在索马里境内搜集情报。为了拿到政府项目，巴拉林做了数不清的尝试，获得了不同程度的成功。五角大楼的合同不过是她众多项目中的一个。

从2006年开始，巴拉林就试图借助伊斯兰苏菲派的力量在索马里组建一支军队，用以对抗索马里的主要反政府武装组织青年党。虽然这一尝试离她的目标遥遥无期，但巴拉林并没因此止步。为了成为美军和情报部门不可或缺的合作伙伴，她创立了一系列的新公司来争取政府投标。为了掩人耳目，这些挂名公司多使用像“黑星”“大天使”“海湾安防集团”之类的名字。此外，巴拉林还买下了弗吉尼亚颇有历史的“平原酒店”，她将酒店重新装修，用钢筋墙壁和加密门锁把它包装成了一个保密会所。巴拉林的盘算是，中情局和五角大楼能够利用这个地方存储政府的秘密情报。但她的计划很快落空了，没有任何政府机构租用过她的酒店。

巴拉林聘请了一大批退休的美国军官和间谍，其中包括中情局前任官员罗斯·纽兰。在离开中情局后，纽兰成了巴拉林的顾问，帮助她与华盛顿国家安全机构的高官们建立联系。除了纽兰之外，为巴拉林工作的还有退役的陆军军士长佩里·戴维斯。戴维斯身材矮胖，曾作为绿色贝雷帽成员在东南亚地区服役多年。巴拉林之所以雇佣戴维斯，仅仅是因为在她看来，戴维斯在菲律宾和印尼孤岛上追捕武装分子的经验，可以在参加秘密反恐任务时，对培训美军士兵起到作用。但大多数时间，巴拉林的工作重心都在非洲。

2007年8月，巴拉林给中情局写了一封信，宣称自己已经担任“海湾安防集团”的总裁。这个总部设在阿联酋的公司，只有一个“唯一的目标”：追捕和猎杀“基地”组织成员，破坏其在“非洲之角”索马里半岛的基础设施和人员部署。

巴拉林在信中写道：

> 海湾安防集团由美国公民拥有并管理。该公司在美国以外的国家没有任何经济利益、不受任何外国政治团体影响。与此同时，该公司与索马里、肯尼亚、乌干达及整个非洲之角、包括“法院联盟”在内的部落长老和政治领导人、武装头目以及极端分子都有着密切的联系。该公司能够在不留指纹、毫无足迹，以及不留任何其他标识的情况下，成功完成各种任务，同时不必承担任何法律责任。

对于这样一份令人啼笑皆非的报告，中情局的副法律总顾问约翰·L.麦克弗森做了一个言简意赅的回复：“中情局对于你方的招标提案毫无兴趣，同时不授权你方代表中情局从事任何相关活动。特此退回你方提案。”麦克弗森还写到，巴拉林组建私人军队的提议，有可能违反《中立法案》。根据《中立法案》，普通公民无权在海外组建私人军队。

虽然巴拉林的提案内容本身荒诞无稽，但除此之外，这份提案的出现时机也颇为不妥。仅仅在一年前，中情局还雇佣埃里克·普林斯和恩里克·普拉多参与被外包给“黑水”公司的猎杀项目。然而在2006年年中，中情局突然叫停了“黑水”项目。中情局之所以突然转变，正是因为麦克弗森给巴拉林的回信引起了他们的关注。中情局担心，雇用普通公民执行“定点清除”计划会违反美国法律。因此，对于一份由某个从未参与过秘密行动的陌生女人提出的类似计划，中情局完全不予理会。

在被中情局拒绝后，巴拉林立即转向了五角大楼，提出为美军提供间谍服务的要求。这一次，她终于取得了进展。2008年春天，巴拉林和佩里·戴维斯来到五角大楼对面一栋不起眼的办公楼。在这栋办公楼的“反恐技术支持办公室”（CTTSO）总部，他们准备召开一次会议。反恐技术支持办公室虽然是个毫不起眼的小机构，但却有权决定是否为秘密反恐项目提供种子基金。巴拉林在五角大楼的一名线人帮她争取到了出席这次会议的机会。对眼前这位一只胳膊挎着古奇，另一只胳膊挎着路易·威登，衣着考究的陌生女人，反恐技术支持办公室内几乎没人认识。巴拉林介绍自己是“黑星”公司的负责人。

“我要解决索马里问题。”巴拉林直截了当地向众人宣布。

这次，巴拉林和戴维斯计划在索马里设立一个人道主义粮食项目，借由这个项目的掩护，在索马里秘密收集情报。他们打算用船将粮食运到索马里港口，然后装上卡车，送往她在索马里各地设立的救助站。根据他们的计划，到救助站申请食品的索马里人必须登记姓名并提供身份证明。这样一来，他们就能获知当地人的身份信息。巴拉林告诉美军官员，他们可以把这些信息输入五角大楼的情报数据库，由此绘制出索马里复杂的部落结构，并有可能协助美军追捕到青年党头目。

巴拉林说，她准备自己掏腰包投资这个项目，但希望得到五角大楼的许可及后续的资金援助。对于这个计划的运作细节，巴拉林和戴维斯并没有提及丝毫。尽管如此，他们还是成功地推销出这个计划。此次会议后不久，五角大楼为“黑星”调拨了19.2万美元作为启动资金。同时承诺，如果该计划确实有效的话，五角大楼将继续给予资金支持。就这样，巴拉林第一次得到了美国政府的许可，开始在非洲组织秘密武装行动。

巴拉林在索马里的情报收集行动之所以顺利获得批准，是多种因素相互作用的结果。其中，最主要的原因是美国在索马里没有任何可靠的情报来源。“9·11”袭击发生前，华盛顿某些官员就曾担心索马里会重蹈阿富汗的覆辙，沦为恐怖主义国家。“9·11”之后，中情局不但要在巴基斯坦的无人机战争中耗费人力，而且要支持在伊拉克和阿富汗的军事行动，因此几乎无力在索马里境内再开展间谍活动。此外，2006年中情局与索马里军阀之间的秘密战争，其惨痛的代价让中情局至今心有余悸。兰利的官员们对重回索马里避之唯恐不及。与此同时，中情局不确定索马里是否值得他们兴师动众。在布什执政期满的离职采访中，中情局局长迈克尔·海登曾称青年党不过是一群“笨蛋”。

然而，五角大楼却在此时开始在整个非洲全面升级美军的秘密行动：从非洲之角开始，横跨北非的阿拉伯各国，再到西部的尼日利亚等地。在2008年秋天建立的美国非洲司令部，是五角大楼第一个专门致力于非洲行动的军事指挥部。这标志着在多年的相对忽视之后，美国对非洲这个世界上地域第二大、人口第二多的大陆开始给予进一步的关注。然而，虽然五角大楼特意为此在德国的斯图加特修建了一座新的军事指挥所，但却没有任何情报机构能够辅助美军采取军事行动。

对于究竟支持索马里境内的哪个政权，美国政府一直没有明确的概念。奥巴马总统上台几个月后就宣布，将40吨的武器弹药送往索马里，援助该国四面楚歌的“过渡联邦政府”。这个政权虽然由联合国支持，但在索马里人看来，其腐败程度和无能的程度不相上下。到2009年，“过渡联邦政府”除了还固守首都摩加迪沙那几平方英里的土地以外，已经在索马里全线溃败。奥巴马总统的团队对此惊恐不已，他们担心青年党随时向摩加迪沙发动进攻，将过渡政府彻底赶出索马里。由于联合国刚刚颁布了禁令，严禁外国武器涌入索马里，因此美国政府必须取得联合国的批准才能把军火运进索马里。2009年6月，美军的第一批武器支援运抵索马里。但对于这批华盛顿特地购置的枪支弹药，索马里政府军并没让其发挥任何效用。相反，他们转身就在摩加迪沙的武器市场卖掉了这批武器。军火市场的价格因此瞬间暴跌，让青年党“意外地”找到了一个新的而且更为廉价的武器供应渠道。当年夏天结束时，在摩加迪沙的武器市场上，美制的M16突击步枪已经跌到了95美元。如果再花多5美元，就可以买到一架杀伤力更强的AK-47。

很显然，非洲之角的军事行动仍然处在杂乱无章的状态，美国试图利用代理势力和当地军阀，将战争控制在索马里本土。但尽管美国将索马里视为威胁之一，但还不至于到亲自出兵的程度。因此，就像克拉里奇能在巴基斯坦翻雨覆雨一样，美国政府再次为巴拉林这样能够提供索马里情报的人提供了崭露头角的机会。

“黑鹰”重返非洲之角

索马里逐渐成为各种秘密行动的避风港：从美国政府的秘密行动，到私人承包商们追捕海盗的大胆计划，以及为了抢占非洲东部尚未开发的能源储备、承包商们为石油公司开拓安全区所采取的行动。“黑水”公司的创始人埃里克·普林斯的计划便是其中之一。“黑水”的丑行被曝光后，普林斯离开美国前往阿联酋，计划在阿联酋开始新的篇章。按他的话说，在阿联酋，那些“野狗”，也就是审判律师和国会调查员，将很难找到他，也无法抢夺他的财产。普林斯的秘密项目之一，就是帮助阿联酋组建一支由哥伦比亚士兵组成的雇佣兵部队。阿联酋政府希望能够依靠这支部队来平定国内的动乱，甚至阻止伊朗的进攻。除此之外，普林斯还开始和南非的一支雇佣军合作，试图在索马里北部建立一股抗击海盗的力量。

非洲之角的海盗们越来越猖獗，他们肆意抢劫来往波斯湾的船只，这让阿联酋政府忧心忡忡。为了有效地打击海盗，阿联酋政府决定和普林斯一起实施新的战略：他们将不再在公海上与海盗们公开作战，而是派遣武装组织突袭海盗们在陆地上的窝点。作为一个从不惧怕非议的人，普林斯毫不避讳地和一家名为“撒拉逊国际”的私人保安公司开始了接洽。这家公司当时由拉菲拉斯·路汀管理，路汀在南非种族隔离时期曾在民事合作局任职。由于暗杀和恐吓黑人，民事合作局素来以心狠手辣而臭名远播。在种族隔离结束后，许多民事合作局的成员开始转战非洲各国，参与到各式各样的内战中去。在索马里这个世界上毫不起眼的地区，路汀和南非雇佣军开始了打击海盗的行动，这仅仅是他们最新冒险的开端而已。

除了私人公司，美军的联合特种作战司令部也开始通过更严厉的秘密打击行动来遏制索马里的武装力量。联合特种作战司令部的海军上将威廉·麦克雷文曾就也门问题提出过建议。现在，他又针对索马里问题为白宫带来了计划。仿照美军特遣部队在伊拉克铲除“基地”组织的先例，麦克雷文建议美军派遣一支骁勇善战的特种部队如海豹突击队，深入索马里腹地，到青年党占领的地区，以雷霆万钧之势抓获恐怖分子。然后将其关押审问，得到情报后，再将整个青年党一网打尽。

就发动一场秘密战争而言，相比于也门和巴基斯坦，索马里既是一个更利于作战的地方，也是一个充满挑战的地方。与巴基斯坦和也门不同的是，索马里没有真正意义上的中央政府，也没有任何当地情报机构能够为美国提供青年党的信息，因此美国无法和本土势力合作，只得在索马里孤军奋战。而另一方面，由于没有中央政府，美国在实施“定点清除”计划之前，无需为请求当地政府的许可而绞尽脑汁。在索马里，美国不用费尽心机讨好阿里·阿卜杜拉·萨利赫或者穆沙拉夫之类的人，也不需要为了发动战争而暗地向当地政府支付现金。正如一名参与了“非洲之角”行动的美军高级官员所说的那样，“索马里是一个真正意义上的自由火力区”。

然而，正如在对待也门问题时的态度一样，奥巴马政府不愿在索马里大张旗鼓地部署特种作战行动。电影《黑鹰坠落》里的真实情节仍然像阴云一样笼罩在白宫心头，这让美国在讨论任何有关索马里的反恐行动时都显得畏首畏尾。在这样的前提下，白宫最终拒绝了麦克雷文上将雄心勃勃的提议。白宫坚持认为，在索马里境内的任何军事行动，都必须经由总统亲自批准。奥巴马的律师甚至争辩道，既然青年党没有针对美国发动过任何恐怖袭击，那么美国就没必要将其视为敌人。青年党究竟是美国的威胁，还是仅仅是索马里当地武装分子的威胁？如果是后者，华盛顿根本不必插足此事。

但在奥巴马政府的某些官员看来，青年党根本不足为惧。青年党试图用严酷的律法管理索马里，例如砍掉偷盗者的双手、用石头砸死通奸者。他们的许多行为显得乖张古怪，甚至是荒唐可笑。为了招募新成员，青年党领导人常常会口不择言，让人啼笑皆非。例如，他们效仿《美国偶像》在索马里举办了一个才艺表演节目，他们还办了一个以 10 ~ 17 岁青少年为观众群的游戏节目。在这些节目中，参赛者需要回答“我们的领袖谢赫·缇马利克是在哪次战斗中牺牲的？”之类的问题。而一等奖的奖品竟是一支 AK-47 突击步枪。在得知美国现金悬赏能提供青年党头目行踪的人后，一名青年党高级头目以牙还牙，在一次星期五的祷告会结束后，向成千上万的索马里人宣布：对于能够提供美国高官“藏身之所”信息的人，青年党都将给予奖励。帮助青年党找到“白痴奥巴马”的人将得到 10 匹骆驼。而能够提供“老女人希拉里”住所信息的人，将得到 10 只母鸡和 10 只公鸡。

在几乎无法拘留恐怖分子，而又无意在索马里展开陆地战的情况下，美国认为直接除掉恐怖分子比关押他们更简单易行。2009 年 9 月，联合特种作战司令部意外得到了一则重要情报：萨利赫·阿里·萨利赫·纳卜汉的准确行踪。此人是东非肯尼亚“基地”组织的成员，该组织曾策划了 1998 年的美国大使馆袭击案。白宫认为，纳卜汉是“基地”组织和青年党之间的联络人。情报显示，纳卜汉将隐藏在一支卡车车队中，该车队正从摩加迪沙开往海滨小镇巴拉瓦。在城市和村镇之间穿梭往来数月之后，美国界定出了空袭区域。白宫、五角大楼、中情局以及联合特种作战司令部为此召开了一次视频会议，海军上将麦克雷文主持了此次会议。与会人员逐一讨论了各种作战方式的利弊。风险最小的办法是，从军舰上发射“战斧”式巡航导弹，或是使用军用飞机发射导弹。

第二种方式是海豹突击队乘坐 AH-6 武装直升机，对车队发动空袭，杀掉纳卜汉，然后现场收集 DNA 证据，以证实他的死亡。在第二种方式的基础上稍加修改，麦克雷文提出了最后一种方式：海豹突击队不用杀掉纳卜汉，而是将其生擒，把他抓进直升机，然后关到某处进行审问。奥巴马总统选择了被认为是风险最小的一个办法：用导弹袭击车队。

但是，事情的发展并不像计划的那样顺利。正在联合特种作战司令部为这一代号为“天体平衡”的行动作最后准备时，执行此次任务的导弹发射器出现了故障。时间在不断流逝，眼看就要错过猎杀纳卜汉的最好时机了，麦克雷文只得下令突击队实施第二方案：海军军舰已经停靠在索马里岸边，海豹突击队队员们正在待命，但他们突然登上了 AH-6 武装直升机向西飞去。在进入索马里领空后，直升机对纳卜汉的车队进行了猛烈的低空扫射，纳卜汉和 3 名青年党成员当场死亡。

这是美国在索马里开展的一次极为罕见的成功行动，但对参与了策划此次行动的某些人来说，整个行动都让人感到如鲠在喉。由于没有成功实施首选方案，美国被迫要在全世界最仇视美国的地区之一动用军队。当美军飞到索马里领空时，为什么没有生擒纳卜汉，而是杀了他？原因之一是，直接俘虏纳卜汉的风险比杀掉他大得多。然而，这并非唯一原因。在索马里，杀戮比逮捕更容易。正如一名参与了此次行动策划的官员总结的那样，“我们没有逮捕纳卜汉，是因为我们没有地方可以关押他”。

海盗代言人的圈钱大计

五角大楼聘请巴拉林和戴维斯的最初目的，就是发掘出能够除掉纳卜汉的重要情报。纳卜汉的死讯让巴拉林得意不已。在频频前往东非与索马里各股势力的领导人会面时，巴拉林都大肆吹嘘她和美国政府的亲密关系。每次出行，她都能带回几笔新业务。随着索马里成为全球海盗最为猖獗的地区，巴拉林意识到，担当赎金谈判人可以让她收获一笔数目可观的意外之财。巴拉林此前从五角大楼获得的合同，使她和那些与海盗组织有密切关系的部落建立了联系。当海盗们在“费娜”号船身挂出“阿米拉”的告示时，她已经做好了成为赎金谈判人的准备。巴拉林对外宣称，她参与谈判纯粹是出于人道主义精神。但私下里，她却告诉她的某些员工，随着美国对海盗打击力度的加大，从赎金中抽取提成可以让他们大赚一笔。“她妄想包揽所有的谈判，以此一夜暴富。”巴拉林昔日的同事比尔·戴宁格尔说道。在一次采访中，巴拉林告诉记者，她的目标是将索马里海盗当时占领的“17 艘船和船上的 450 名船员全部释放”。

戴宁格尔是许多不满巴拉林的前雇员之一。在巴拉林屡次食言、拒绝履行承诺后，这些雇员对巴拉林不再心存幻想，而是愤而辞职。一些美军退役官员在加入巴拉林的公司时，甚至自掏腰包入股这些皮包公司。当他们的投资石沉大海之后，他们自然感觉上当受骗。2008 年，五角大楼为信息收集项目支付了第一笔种子资金。此后，巴拉林努力试图从政府合约中获得稳定的资金来源。与此同时，为了缩减开支，她还和许多合作伙伴断绝了业务往来。

尽管如此，在位于华盛顿环城高速公路外的山顶豪宅里，巴拉林仍然维持着奢华的生活。为了巴结美军高层和华盛顿情报官员，巴拉林在弗吉尼亚租下了一栋砖瓦混合结构的大楼。大楼占地 110 英亩，同时兼具古董店。大楼所在的区域一度被用作养马场，后来华盛顿的城市圈不断扩大，这一地区就成了城市远郊。大楼的餐厅金碧辉煌，装饰着古董花瓶和狩猎版画，墙上贴满了里根总统和教皇约翰·保罗二世的照片，巴拉林就在这里接待美国官员和非洲首领。巴拉林常常一身珠光宝气，站在一张大型古董桌的首席主持会议，有时手里还把玩着一串佛珠。每隔一段时间，戴维斯就会起身，走到每位与会者的座位旁，一一为他们倒茶。巴拉林特别选择口味甘甜的肯尼亚红茶，混合了小豆蔻和丁香等香料，来招待她的贵宾们。

巴拉林继续频繁前往东非。依靠和苏菲教派的关系，巴拉林在索马里境内努力开拓人脉，结识三教九流的人士。在索马里的工作，用巴拉林的宣传语总结就是：她试图为那些已经溃烂了几十年的棘手问题提供“有机的解决方案”。在她看来，这些问题要么是出于外国政府执行无力，要么是因为游手好闲的联合国对索马里问题漠不关心。在接受《美国之音》电台采访时，巴拉林提到使用“软处理”的方法来规避武力手段：

> 索马里人已经经历了太多的武力冲突，他们见过了太多的私人雇佣军，他们也看够了流血事件，闻够了火药味，见够了子弹。所有这些丑陋的事物，让新一代的年轻人知道的除了武力和仇恨，别的什么都没有。那些深切关注索马里文化的人，为什么要让这个现象持续下去呢？这么做是不对的，绝对不对。

但巴拉林对自己所谓“有机解决方案”的定义，显然是非常弹性的。比如，在2009年，她曾试图帮助索马里一群职业杀手除掉在摩加迪沙聚会的5名青年党成员。她说，这些杀手们唯一需要的就是手枪消音器。

经一名美国政府前任官员核实，巴拉林曾坐在吉布提皇宫凯宾斯基酒店的套房里讲述了这个故事。在这个一贫如洗的弹丸之国，这是唯一的一家五星级酒店。这家酒店当时正在举行一场国际会议，为索马里风雨飘摇的过渡政府选举出下一届领导人。这次选举与其说是竞选，倒不如说是一次家庭聚会。在会议室和游泳池边协商后，与会代表们选举曾担任过“法院联盟”总指挥的谢里夫·谢赫·艾哈迈德为索马里过渡政府的领导人。

某个晚上，几名索马里人来到巴拉林的住处，带她去见索马里新上台的过渡政府的一名高级官员。在那里，索马里官员告诉巴拉林，他一直在和青年党的一名高级成员暗中联系，对方有意向过渡政府投降。这名青年党成员透露，青年党领导人即将举行一次集会，借助美国的帮助，他愿意利用这次机会将青年党头目一网打尽。

而他的要求很简单：让他的人马接受射击训练。另外，为了确保行动万无一失，他们还需要消音器。青年党叛徒还希望，一旦恐怖分子的头目们被杀，美国能够出钱资助他们的遗孀和子女。

回到美国后，巴拉林立即和佩里·戴维斯一起联系了几名和他们交好的五角大楼军事官员，向对方报告了此事。在她看来，这并不是一个艰难的决定。她后来带着愤怒回忆道，她当时是这样告诉对方的：

> 这真是天赐良机！赶快行动吧！

但五角大楼却对此犹豫不决。如果要联合特种作战司令部支援此次行动的话，那还不如由美国人自己单干。但巴拉林认为，由索马里人自己一举歼灭青年党头目，而不是派遣美国突击队或其他机构去干涉索马里，对于索马里本土的恐怖组织而言，将是更为致命的打击。

"这是一个有机的解决方案，"她说道，"无需派遣海豹突击队。我们要用索马里自己的方式处理这件事，这可不是什么令人愉快的事。"

几年之后，每每忆及此事，想到可能的结局，巴拉林仍然耿耿于怀。

"他们唯一需要的就是消音器。"她抱怨道。

巴拉林不满足于仅仅被动地接收情报。她的理想角色是成为苏菲派势力复兴的核心人物。她希望联结北非和东非所有苏菲派团体，将他们组织起来，一起打击瓦哈比教派。在占领了摩加迪沙的电台后，青年党武装分子不但禁止播放音乐，而且逼迫电台主持人在播报新闻时插入炮火、羊叫和鸡鸣的录音。巴拉林为索马里苏菲派的抵抗写了一首赞歌。

歌词是英文的，由巴西流行歌手演唱，在歌曲中高喊他们的战斗口号："苏菲永存，永不言败！"

放声歌唱，坚持立场！
从外国人手里，
收回我们的尊严我们的土地。
兄弟姐妹们，站起来！
放声歌唱，坚持立场！
全世界的弟兄们，跟我来，反抗到底。
兄弟姐妹们，站起来！

巴拉林认为，苏菲派的伟大复兴应该从索马里开始。因为在索马里，她已经与苏菲派准军事组织 ASWJ 有了广泛的接触，该组织已经控制了索马里中部的大片领土。然而，ASWJ 的历史颇为复杂。在 20 世纪 90 年代爆发的索马里内战中，该组织的结盟对象正是指挥索马里武装分子和美国陆军游骑兵及三角洲部队作战的流氓军阀，电影《黑鹰坠落》中的情节就是这段历史的重现。在青年党崛起之前，ASWJ 还没有在索马里的军阀混战中显山露水。青年党一路夺取索马里南部和中部的城镇，所到之处，满目疮痍。苏菲派的墓地和清真寺被瓦哈比派的武装分子摧毁殆尽。他们挖出死人的骨头，放在阳光下暴晒。墓地管理人员或被逮捕，或被禁止工作。青年党人声称，墓地的存在会让人过分纪念死者。而根据教义，偶像崇拜是被严格禁止的。南部港口城市基斯马尤的青年党发言人谢赫·哈桑·阿里阿古柏则告诉英国广播公司："我们绝不能把墓地变成圣祠。"

对坟墓的亵渎让一直按兵不动的 ASWJ 怒火中烧忍无可忍。他们由此进入作战状态，开始武装自己，与青年党抗衡。意识到苏菲派武装力量的潜力，巴拉林开始鼓动苏菲派领导人制定战略，以消灭青年党的优势。她与戴维斯多次和苏菲派酋长以及ASWJ军事领导人谈话。他们频繁前往索马里中部，和对方商谈军事行动，就像两名孤军奋战的战士。另一方面，巴拉林和戴维斯则向美国人吹嘘，ASWJ已经和他们站在一起，成为了他们的私人武装力量。巴拉林和戴维斯还声称，他们已经教会了苏菲派战士如何在战场外获得武器和弹药。

此后，经过几个月的僵持，衣衫褴褛的ASWJ战士挥舞着枪支打进了青年党在索马里中部的大本营。当回忆到此事时，巴拉林面露微笑。那天半夜，她收到了一条来自ASWJ指挥官的短信：

> 我们已经占领了大本营！

“阿拉伯之春”引发谍战灾难

在弗吉尼亚北部的砖瓦大楼里，巴拉林正坐在电视机前收看福克斯新闻台。电视里播报的是北非阿拉伯世界的动乱。在巴拉林看来，这次暴乱，根本不是什么充满希望的“阿拉伯之春”。相反，她看到的是一场正在上演的噩梦：激进的瓦哈比派教徒疯狂逃窜，从北非一路逃到了非洲大陆的西海岸。巴拉林一直以为，像埃及和利比亚这样的独裁政府，一定会极力阻止瓦哈比分子的撤退，成为青年党撤退途中的坚韧堡垒。然而，现在这些堡垒却摇摇欲坠。她确信，瓦哈比分子在沙特阿拉伯的支持者们将随着青年党转移到其撤退的地区，在当地投资修葺清真寺和宗教学校。这样一来，美国就会在打击激进分子的斗争中失去沙特这个唯一的合作伙伴。在她看来，穆阿迈尔·卡扎菲是个冷酷无情的暴徒，也是她的英雄里根总统的敌人。但在此时，这位利比亚领袖站到了正义的一方。

就像沙漠中的风暴横扫一切那样，民众暴乱逐渐蔓延到北非各国，几乎要颠覆阿拉伯世界维持了几十年的独裁统治。这也让中情局措手不及，白宫官员突然如梦初醒。

美国每年花费数十亿美元用于收集情报并预测世界灾难事件的发生，而这次大规模暴动的发生，却证明美国间谍机关的情报比即时事件慢了好几步。

正如奥巴马政府的一名高级官员评价的那样："中情局没有从突尼斯得到情报，没有从埃及得到情报，也没有从利比亚得到情报。中情局不仅没有从以上任何国家得到情报，而且对整个局势都毫不知情。"在阿拉伯世界骚乱后的数周内，中情局和美国其他间谍机构重新调派了成百上千名情报分析员来预测该事件的走向，试图重新掌控局势。

这是发生在媒体时代的第一次大规模革命暴动。有关骚乱的新闻很快就铺天盖地地出现在推特（Twitter）和脸书（Facebook）上，而且不断更新。

兰利的官员们从未经历过这样的阵势，虽然目睹过苏联的解体，但这些历史经验对于眼前的局势毫无借鉴意义。即便如此，中情局仍然必须向白宫和国务院提出建议，分析出噩运接下来将会降临到哪个阿拉伯独裁者头上。这让中情局一筹莫展。在一次高级官员会议上，针对网络上的信息爆炸，中情局局长帕内塔质问助手们："难道就没有人能够一口气搜集到所有这些消息吗？"很明显，对于年轻一代的交流方式，帕内塔感到困惑不已。

对于中情局而言，这个问题变得越来越棘手。作为一个间谍机构，中情局在反恐行动中的劣势因此暴露得更加明显。成立于 1947 年的中情局，其存在的前提是，在国际重大事件发生事时，总统和决策层能够提前得到预警，并保持动态跟踪。但无论是乔治·W. 布什，还是巴拉克·奥巴马，他们都将猎杀恐怖分子变成了中情局的重中之重，这让中情局这个间谍机构没有足够的人手去侦查情报。在暴乱发生时，中情局的间谍们本该在各个国家的街头巷尾收集情报，或者了解外国领导人应对暴乱的行动部署。但事实上，驻守在埃及和突尼斯这些国家的中情局官员却屈指可数。

为了搜集反恐信息，中情局不惜在中东和北非与一些流氓间谍机构结盟。此外，美国还曾和利比亚间谍一起追捕过和"基地"组织有关的嫌疑分子。他们抓住这些人，把他们关进了利比亚的阿布·萨利姆监狱。卡扎菲倒台后，叛军洗劫了利比亚情报总部。根据被发现的文件，美国和利比亚之间有着密切的情报关系。

与流氓间谍机构结盟的后果是，无论是利比亚还是埃及，他们都不会向美国官员暴露自己政府的不堪一击。他们时刻监视着异己派领导人的一举一动，这使得在开罗等地的中情局官员很难接触到反对派组织，也无法捕捉到北非各国国内的动荡局势。

中情局前局长迈克·海登在后来承认，中情局在阿拉伯世界和独裁政府合作的决定，削弱了中情局在这些国家收集政治和社会情报的能力。正如他所说的那样："一旦疏远穆巴拉克的间谍头子奥马尔·苏莱曼，失去这一得力的反恐合作伙伴，我们将不知道该如何在埃及搜集极端组织的情报。"

2011 年初这场突如其来的暴动，让中情局反恐中心的官员们猝不及防，寝食难安。这不只是因为他们目睹了自己曾经的亲密盟友突然狼狈下台。更让他们担心的是，包括埃及和利比亚 的激进组织，现在他们正在夺取政权。反恐中心担心，这一发生在阿拉伯世界的巨大变故，将成为"基地"组织及其分支机构死灰复燃的导火索。

而对于龟缩在巴基斯坦阿伯塔巴德一栋大楼顶层的"基地"组织领导人而言，北非的暴动无疑是一剂强心针。在生命的最后几个星期里，本·拉登欣喜若狂地写信给下属，声称 2011 年初的这几个月发生的阿拉伯起义，完美地实现了他在20世纪90年代创办“基地”组织时的愿景。而事实上，埃及和突尼斯政府的倒台，并非由“基地”组织所推翻的，而是依靠年轻一代的普通民众借助媒体技术，将一起暴动升级成了革命。

但本·拉登依然在这场骚乱中找到了希望，他激动不已地写信给自己的副手说，“这些天的连续革命，是一次伟大而光荣的事件”。国务卿希拉里对此忧心忡忡，唯恐“这一地区将落入极端分子手中”。

——★ 第14章 ★——

“外交官杀人事件”大白于天下

THE WAY OF THE KNIFE

The untold story of USA’s secret war

大费周章蹲守巴基斯坦7年，竟然只干掉3名有价值的恐怖分子！中情局满腹牢骚，大骂三军情报局泄密！又听闻“虔诚军”要袭击美国，这下中情局捞到了借口，无人机袭击迅速升级为单边行动，大批间谍打着外交官的旗号，如潮水般涌入巴基斯坦……

THE WAY OF THE KNIFE
The untold story of USA's secret war

又是美国人！又是黑水！又一个雷蒙德·戴维斯！

——巴基斯坦军事组织“虔诚军”创始人哈菲兹·穆罕默德·赛义德

在巴基斯坦拉合尔市郊一处不见天日的牢房里，美国特工雷蒙德·戴维斯被关押了几个星期。这座名为“果德勒克伯德”的监狱阴暗潮湿，时常会有犯人死于非命，因此而臭名昭著。

考虑到戴维斯的人身安全，美国从监狱处为他争取到了一项优待：将他单独关押在一处不见天日的牢房，而非与其他囚犯关押在一起。但这处牢房年久失修，警卫也没有配枪。

此外，据一名了解戴维斯狱中情形的美国官员所说，通过谈判，美国驻拉合尔领事馆还争取到了另一项安全保障：用几条狗来品尝雷蒙德·戴维斯的食物，以防下毒。

很多巴基斯坦的资深间谍都怀疑中情局在巴基斯坦安插了一小撮人马，进行一系列不法活动。在他们眼里，牢房里坐着的这个人或许就是这一怀疑的第一个铁证。

在后“9·11”时代里，戴维斯身份的暴露再次使中情局的负面形象更深入人心：中情局怎么能把这些最敏感的工作分包给外围的承包商呢？后者既没有相关经验，也没有应对能力，就在动荡不安的中东展开活动？

普通外交官能有如此神枪法?

雷蒙德·戴维斯是家里的第三个孩子，父亲是一位穷苦的砖匠，同时还是一位厨师。戴维斯在弗吉尼亚州大石沟镇草莓园村的一处小隔板房里长大。大石沟镇是一个人口约 6 000 人的小镇，坐落于弗吉尼亚州的煤矿区，其所得名的大石沟就是在鲍威尔河的冲刷下形成的。戴维斯自小生性害羞，少言寡语，但生得一副高大身材，因此成了当地高中的足球和摔跤明星。1993 年毕业后，戴维斯参军服役，成为一名陆军步兵。1994 年，他作为联合国维和人员派驻马其顿。1998 年，戴维斯服役期满，之后再次入伍，进入美国陆军第三特战部队，该部队被称为“绿色贝雷帽”，总部设在北卡罗来纳州的布拉格堡。2003 年，戴维斯从绿色贝雷帽退伍。接着，他与美国海军海豹突击队、陆军特战队的几百名队员一起，受雇于埃里克·普林斯的“黑水”公司。不久后，他赴伊拉克为中情局执行安保任务。

戴维斯究竟为“黑水”公司做了什么，我们不得而知。不过到 2006 年的时候，戴维斯已经离开“黑水”公司，与妻子一道在拉斯维加斯建立了一家私人保安公司。紧接着，他个人受雇于中情局，成了那里的“绿卡族”。这一称谓源自他们进入中情局兰利总部时需要出示的一种绿色身份识别卡。像戴维斯这样的受雇人员有很多，他们都属于中情局的全球反应人员，在战争地带担任保安一职。他们的任务是保护中情局的办案人员，评估会晤地点的安全，甚至与有关人员进行初步接洽，以确保办案人员不会遭到伏击。

而就在接下来的一年，在中情局位于班加西的驻地，中情局安全部门的几位官员遭到袭击。由于伊拉克和阿富汗的战事，中情局自身的安全人员捉襟见肘，因此不得不花费越来越多的金钱雇佣人员从事安保工作。2008 年，当戴维斯第一次派驻巴基斯坦，为中情局设在白沙瓦的基地服务时，算上各种福利和花销，他获得的年薪高达 20 万美元。

到 2011 年 2 月中旬，戴维斯已经在狱中待了几个星期，而且近期也没有被释放的迹象。在巴基斯坦，这起谋杀案导致人民反美情绪高涨。街头频频爆发抗议活动，报纸社论言辞激烈，呼吁巴基斯坦当局驳回华盛顿释放戴维斯的要求，并将其判处死刑。有证据显示，戴维斯杀害的两人当天进行了一系列的小偷小摸活动。然而，问题在于，一辆没有警用标志的美国越野车射杀了路过的第三人，并从现场逃逸。

更糟糕的是，戴维斯的关押地点拉合尔是纳瓦兹·谢里夫及其家族的地盘。这位前总统直言不讳地表示，他有意再次执掌巴基斯坦。对于身在 250 英里之外伊斯兰堡的现任总统阿西夫·阿里·扎尔达里及其政党来说，纳瓦兹·谢里夫可谓头号政敌。美国驻伊斯兰堡大使馆仰仗扎尔达里政府来释放戴维斯，可他们很快就意识到，在扎尔达里的死对头所在的城市，这位总统对那里的警局官员和法官几无影响力可言。

不过，戴维斯无法逃脱牢狱之灾的首要因素在于，对于巴基斯坦政府已经在怀疑的事情，奥巴马当局却没有知会他们。而且事发当天戴维斯所展现的射击水准已经清楚地表明，他不是那些只是负责传递文件的普通外交人员，他在巴基斯坦的工作和身份要神秘得多。此时正值中情局和三军情报局关系高度紧张的时刻，戴维斯事件不幸地触动了两者最敏感的神经。

2008 年 11 月，巴基斯坦的军事组织“虔诚军”派遣暗杀小分队包围印度孟买的豪华酒店，造成了持续 4 天之久的大混乱，死伤逾 500 人。从那时起，中情局的分析师就一直在警示，为了提升其在全球的影响力，“虔诚军”正计划在南亚以外的地区发动大规模袭击，他们的目标有可能是欧洲国家的首都，甚至是美国城市。于是，中情局调遣更多的特工秘密潜入巴基斯坦搜集有关“虔诚军”的情报，这一举动将中情局和三军情报局的利益直接对立起来。对三军情报局来说，美国特工潜伏在巴基斯坦的部落地区寻找“基地”组织成员是一回事，但中情局进入巴基斯坦城市刺探三军情报局所倚重的代理势力情报则是另一回事了。

20 世纪 80 年代，为了对抗苏联在阿富汗的势力，巴基斯坦间谍机构建立了“虔诚军”。随着战事逐渐平息，巴基斯坦时任总统穆罕默德·齐亚·哈克将“虔诚军”的武装分子派往克什米尔地区，以便制约那里的独立组织，防止这些组织从克什米尔地区独立出去。克什米尔是一处有争议的山区，印度和巴基斯坦都宣称对其拥有主权。多年来，三军情报局一直在扶植“虔诚军”，将其作为对抗印度的一支力量。“虔诚军”领导人公开活动，致使 2002 年时任总统穆沙拉夫对其的取缔沦为笑柄。在取缔之前，“虔诚军”鲁莽地袭击了位于新德里的印度议会大厦。“虔诚军”的核心区域位于拉合尔市郊的穆里德克，旁边就是著名的主干道。核心区域里有一所极端宗教学校、一个市场和一家医院，甚至还有一个渔场，修建经费均来自沙特阿拉伯等波斯湾国家富豪的捐助。不过，“虔诚军”自身也进行了成功的募款活动，还通过其联盟机构“达瓦慈善会”为贫民提供一系列社会服务，以充作其活动的幌子。

“虔诚军”的精神领袖哈菲兹·穆罕默德·赛义德一度被软禁。2009 年，当时赛义德 59 岁，拉合尔高等法院撤销了他所有的恐怖分子罪名，并将他释放。在保镖的保护下，身材敦实、长了一脸大胡子的赛义德经常利用星期五在露天区域对其信徒布道，斥责美国、印度和以色列的帝国主义行径。即便后来被美国悬赏 1 000 万美元通缉，赛义德还是自由地抛头露面，更巩固了他作为“巴基斯坦版罗宾汉”（Robin Hood，罗宾汉是英国民间传说中的侠盗式的英雄人物，相传他活跃在 1160 ~ 1247 年间的英国，人称汉丁顿伯爵。他武艺出众、机智勇敢、聪明，仇视官吏和教士，是一位劫富济贫、行侠仗义的绿林英雄。——译者注）的传奇地位。

到 2010 年下半年，当戴维斯与数名中情局官员、外聘人员进驻安全屋的时候，中情局派驻拉合尔的大多数工作人员都在搜集有关“虔诚军”的情报。为了掩护他们的行动，其中很多人都拥有假身份。但巴基斯坦的情报人员不知道美国人到底在干什么，他们只能漫天猜测。

为了把更多的间谍派往巴基斯坦，中情局动用了向美国人发放签证的秘密管道。美国国务院、中情局和五角大楼都有各自的管道来为他们的人员申请签证，而所有这些申请都会集中到亲美的巴基斯坦驻华盛顿大使侯赛因·哈卡尼的办公桌上。哈卡尼是波士顿大学的教授。他从伊斯兰堡处得到指示，宽松处理对美国人的签证申请。这是因为，至少从官方上来讲，他们大多与管理美国援巴的数百万美元有关。于是，到 2011 年初拉合尔枪杀案发生的时候，很多美国间谍都在以合法的假身份在巴基斯坦搜集情报。而对于这些人员的身份和活动地点，就连美国驻巴基斯坦大使馆都没有准确的记录。

外交豁免权不管用?

美国设在伊斯兰堡的大使馆可谓“堡垒中的堡垒”。建筑外面围着外墙，外墙顶部缠绕着锋利的铁丝网，并装有监视器。不仅如此，外墙的外侧还有一道围墙，把草木茂盛的大使馆区和城市其他区域分隔开来。代表美国政府的大使馆深藏在如此密集的钢筋水泥后面，看似夸张，但美国完全有理由这么做。1979 年，有虚假报道称，美国是占领麦加大清真寺的主谋。于是，愤怒的学生示威者火烧美国大使馆，把它烧成了灰烬。实际上，占领清真寺的是一个极端组织。在前往麦加朝圣的几十万朝圣者中，有一些人被他们劫持成了人质。在大使馆内部，外交和情报工作基本上是分开进行的。中情局的驻地位于大使馆的一侧，房间和通道都非常狭小，只能通过密码门进入。

戴维斯被拉合尔警方带走后，美国驻巴基斯坦大使馆内爆发了激烈的争吵。但其实在处理有关巴基斯坦的问题上，争吵的双方并没有什么经验。就在拉合尔枪杀案发生前两天，中情局驻伊斯兰堡站换了一位新站长。在这位新站长到来之前，这一职位已经走马灯似的换了好几任。在冷战期间，中情局曾把其最为足智多谋的精兵强将派往苏联。直到最近，他们才调派人手，继续同俄罗斯对外情报局周旋，而这位伊斯兰堡的新站长便是刚从俄罗斯调过来的。这位新站长思想僵化守旧，走马上任后，不是去跟手下的特工搞好关系，而是雇佣更多的巴基斯坦特工，让他们在三军情报局的眼皮子底下随意活动，同时进一步扩大针对三军情报局的电子监视，而且每打探到一点消息就毫不顾忌地传来传去。在中情局内部，这种强硬的做派早有闻名——莫斯科规则。现在，这位新站长驾轻就熟，把这一策略用在了巴基斯坦。

几乎在一夜之间，这种强硬的态度就导致他与美国驻巴基斯坦大使卡梅伦·芒特之间爆发冲突。芒特是一位有着浓厚书卷气的职业外交官，来自加利福尼亚州北部，是约翰斯·霍普金斯大学的历史学博士。他早先在美国国务院从事与欧洲相关的工作，而后数次被派往伊拉克任职。

到 2010 年下半年，他开始担任美国驻巴基斯坦大使。这一职位是美国国务院内公认的最重要、也最有难度的职位之一，而且芒特还承受着来自他前任安妮·帕特森的压力。帕特森是一位作风凌厉的外交官，在芒特接手大使一职之前，她已经在伊斯兰堡工作了 3 年。在这期间，她与布什、奥巴马的政府要员建立了非常紧密的联系。由于她坚定不移地支持在巴基斯坦部落地区动用无人机进行军事打击，因此中情局非常推崇她。

对于无人机项目，芒特有不同的看法，他对中情局在巴基斯坦作战的长远意义持怀疑态度。芒特到伊斯兰堡赴任之时，美国和巴基斯坦的关系正在迅速恶化。芒特认为，为了猎杀恐怖分子，美国动用无人机实施打击的频率过高，这损害了美巴之间的盟友关系。不过，芒特很快就发现，他在无人机项目上的观点并没有发挥什么影响。因为在奥巴马执政期间，每当论及巴基斯坦的战争与和平问题时，真正重要的其实是中情局的意见。

当戴维斯在狱中的时候，芒特坚持认为，美国应该立即前往巴基斯坦三军情报局总部与局长艾哈迈德·舒亚·帕夏中将进行商谈，承认戴维斯是中情局的工作人员，同时给予受害者家属以补偿，并允诺将戴维斯秘密带回美国，保证其不再踏上巴基斯坦的国土。不过，中情局拒绝了这一建议。之前，戴维斯一直在刺探的武装组织与三军情报局有着千丝万缕的联系，中情局不愿向巴方承认此事，它担心，向三军情报局求情反而会让戴维斯陷入绝境，甚至在奥巴马政府还没来得及向伊斯兰堡施压之前，戴维斯就会死在狱中。奥巴马当局认为，戴维斯目前是外交人员的身份，可以享有外交豁免权，这种权力甚至涵括当地刑法。因此，当局以此为由要求巴基斯坦释放戴维斯。戴维斯被拘当天，中情局驻伊斯兰堡站长走进了芒特的办公室，宣布他已经对此事做出了决定。他警告道，不要讨价还价。随即又加上一句：“巴基斯坦是敌人。”

这一策略意味着，在戴维斯究竟在巴基斯坦从事什么工作的问题上，美国当局从上到下都得撒谎。2011 年 2 月 15 日，拉合尔枪杀案已经过去了两个多星期，奥巴马总统在一次新闻发布会上首次谈到戴维斯。奥巴马说，依照外交豁免权这个“非常简单的原则”，“我们派驻巴基斯坦的外交人员”应当被立即释放。总统说：“我们在其他国家的外交人员，也不应受制于当地法律。”

严格说来，把戴维斯称作“外交人员”并不算是谎言，戴维斯进入巴基斯坦所持的护照就是外交护照。在通常情况下，这种护照能保护其持有者免受外国法律制裁。但在拉合尔枪杀案过后，巴基斯坦方面已经不大愿意围绕国际法的细节来讨论此案。在他们看来，戴维斯就是一名美国间谍，而美国方面既没有把他通报给三军情报局，中情局也死不承认戴维斯是他们的人。2月上旬，三军情报局局长帕夏中将在华盛顿会见了中情局局长莱昂·帕内塔，就这一事件进一步了解了情况。他几乎确信，戴维斯就是中情局的人。他向帕内塔建议，由巴美双方的间谍机构合力迅速解决此事。在帕内塔的办公室里，帕夏中将抛出了一个相当直接的问题。

“戴维斯是中情局的人吗？”帕夏问。

“不是，他绝对不是我们的人。”帕内塔回答。

帕内塔继续说，这件事情现在正由美国国务院处理，他做不了主。不过，帕夏确信帕内塔在撒谎。这时，两个人都按捺着心中怒火，以免向对方大发雷霆。随后，盛怒之下的帕夏离开了兰利总部，并决定将戴维斯的命运交到拉合尔的法官手中。他表示，美国已经丧失了迅速解决此争端的最佳时机。

大搞单边行动

中情局局长控制着安插在巴基斯坦的庞大的秘密情报网络，同时向三军情报局掩盖美国在巴进行的秘密战争，这一切都意味着，双方情报机构的关系已经非常疏远。

回首2002年,中情局还与阿萨德·穆尼尔在白沙瓦联手追捕本·拉登。即便在2006年，三军情报局仍允许阿特·凯勒和其他中情局特工在部落地区的巴基斯坦军事基地以外开展活动。可是如今，局势为何发展到了如此地步？

尽管从阿富汗战争伊始，美巴两国间谍机构之间的关系就已经开始紧张，但双方真正的决裂还是在2008年7月。当时，驻伊斯兰堡的中情局官员拜访巴基斯坦陆军参谋总长阿什法克·佩尔韦兹·基亚尼将军，并向其通报，布什总统已经签署了一项秘密指令，授权在无人机打击方面采用新的做法。今后，部署在部落地区的“捕食者”或“死神”无人机在进行导弹袭击前，中情局将不再通知巴基斯坦。中情局官员告诉基亚尼将军，从此以后，中情局在巴基斯坦开展的猎杀行动就是美国的单边行为。

针对巴基斯坦部落地区武装力量持续增长的问题，华盛顿经过数月的激烈辩论，最终做出了这一决定。中情局在这之前所做出的内部评估认为，在“9·11”袭击发生前几年，这一地区一直是“基地”组织的避难所。中情局一份标注日期为2007年5月1日的高度机密文件总结道：“2001年以来，由于武装分子已经在北瓦济里斯坦、南瓦济里斯坦、巴贾尔和其他部落地区建立起了行动基地，所以‘基地’组织正处在其危害最大的时期。”这一评估出来之后，华盛顿针对巴基斯坦问题开始了持续一年的讨论。

美国国务院的一些巴基斯坦专家警告，扩大中情局在巴基斯坦的行动可能会进一步激发巴街头的反美情绪，并将局面推向不可收拾的边缘。而中情局反恐中心则主张升级无人机打击行动，并且不再征求三军情报局的同意。他们表示，从2004年猎杀纳克·穆罕默德开始，中情局在巴基斯坦展开的无人机打击行动有25次，其中仅有3次成功猎杀中情局所列出的“高价值目标”。

由于为取得三军情报局的同意所造成的延误，以及打击目标似乎听到了风声而逃之夭夭，其他潜在的打击行动总是功亏一篑。中情局反恐中心怀疑，是三军情报局的S指挥部把消息泄露给武装分子，因为这一机构在历史上曾与“基地”组织有染。因此，他们一直在打探这方面的消息，但他们未能搜集到明确证据。

几年前，中情局的一些情报人员还在嘲笑反恐中心的特工不入流，把他们称作一群“摆弄玩具的小男孩”。可到了2008年，这个间谍机构的各个部门都已达成共识，认为应当强化无人机打击行动。从2005年下半年开始，中情局已经成功在部落地区建立了更多的信息渠道，用来刺探关于“基地”组织头目所在何处的确切消息。而且，国防承包商美国通用原子能公司已经开始赶制“捕食者”和“死神”无人机，保证中情局有足够的机器得以近乎全天候监视可疑的“基地”组织据点和训练场所。

在作为中情局情报分析部门的情报处内部，分析师认为，在巴基斯坦展开单边行动不会令巴基斯坦的世俗政府倒台，也不会强化宗教势力的统治。分析师总结道，阿西夫·阿里·扎尔达里所领导的位于伊斯兰堡的非军人政府有足够的力量来平息由无人机打击升级所导致的公众愤怒。此前，穆沙拉夫将军在反对的呼声中被迫下台后，扎尔达里当选总统。

此外，五角大楼的人事更迭也促使布什当局在巴基斯坦的问题上采取一种更为强势的做法。先前，尽管国防部长拉姆斯菲尔德极力推动向战区以外派遣特种行动部队的计划，但在派遣大量地面部队进入巴基斯坦展开行动一事上，他还是有所顾忌的，担心民众的反应可能会对穆沙拉夫总统造成负面影响。

不过，随着穆沙拉夫的辞职，拉姆斯菲尔德的继任者罗伯特·盖茨继而认为，此时的美国已经可以在巴基斯坦大展身手。20 世纪 80 年代，作为中情局局长，盖茨曾协助指挥中情局在阿富汗对苏联展开的秘密行动，并从中尝到了与巴基斯坦合作的甜头。

不过，他也眼红巴基斯坦对自身安全状况的掌控。他认识到，如果伊斯兰堡方面既没有兴趣，也没有能力去招惹部落地区的武装组织，他们就不会这样做。他首次作为国防部长访问阿富汗时，美国特种作战司令部的副司令罗伯特·哈沃德中将向其秘密报告了军方认为“基地”组织恐怖分子在部落地区的所有藏身之处。盖茨问道：“那么，你为什么不进去抓捕他们？”

于是，在 2008 年 7 月的一天，中情局局长迈克尔·海登和他的副手斯蒂芬·卡佩斯前往白宫，向布什总统和他的战时内阁递交了中情局计划在巴基斯坦山区开展单边作战的方案。没费多少力，垂头丧气的布什总统就认可了他们的方案。“我们得结束这场游戏了，”布什说，“这些龟孙子不停地杀害美国人，我已经受够了。”

于是，针对部落地区的猛烈的、旷日持久的无人机袭击开始了。奥巴马总统上任后，袭击行动仍然在继续。而且，随着中情局和三军情报局的不断交恶，兰利派驻伊斯兰堡情报站的几位站长在与巴基斯坦当地间谍建立信任一事上所花费的时间和精力已经远远比不上他们的数位前任了。

伊斯兰堡情报站前站长、本·拉登猎杀小组前负责人理查德·布利抱怨道：“在中情局，越来越多的人怨天咒地，脾气暴躁。”2008 年以来，中情局陆续从伊斯兰堡轮换了一批久经沙场的情报人员，而每一个后面离开的人都比先前离开的更加怨愤。其中一人的名字被巴基斯坦媒体获悉，其任期随即也匆匆结束。中情局怀疑是三军情报局走漏了风声，认为他们这样做是为了报复。因为 2008 年孟买袭击事件受害者在纽约提起的诉讼中，帕夏中将被列为被告。

另一位情报站前站长约翰·贝内特担任秘密情报人员多年，曾于中情局设在内罗毕的情报站指挥该局在索马里的行动，后来调去了南非站。抵达巴基斯坦后，与他的同僚们一样，这位后丘奇委员会 (Church Committee, 丘奇委员会是美国参议院情报特别委员会为研究政府情报活动的常用名称，是一个在 1975 年由民主党人弗兰克·丘奇主持的美国参议院委员会，它是美国国会参议院情报特别委员会的前身。——译者注) 时代的情报人员也对中情局的“定点清除”行动充满了的疑虑。

不过，随着日子一天天过去，贝内特逐渐改变了自己的看法，转而认为无人机是打击巴基斯坦境内“基地”组织的唯一可靠手段，尤其是在中情局和三军情报局之间的情报共享大幅度萎缩的情况下。当贝内特下令调查三军情报局有意刺激当地民众反对无人机行动一事时，这两家情报机构本就降到冰点的关系进一步转化成了对立。美国发现，一家被称作“无辜受害者运动”的宣传机构在三军情报局的资助下，在当地媒体中植入消息，夸大无人机袭击导致平民死亡的数字。在贝内特看来，这是三军情报局翻脸的又一个证据。2010 年离开伊斯兰堡时，贝内特已经对三军情报局牢骚满腹。后来，回想起自己在巴基斯坦任职和与三军情报局打交道的往事时，贝内特向同事表示，那是一段“不堪回首”的日子。

尽管许多行动看似将重启中情局和三军情报局的甜蜜时代，但最后却演变成抓破了彼此的脸皮。2010 年 1 月，一支由中情局官员和驻卡拉奇（巴基斯坦第一大城市）的特别行动部队组成的小组秘密侦察到一部移动电话的位置，那是卡拉奇西部某个贫民区中的一所房子。由于中情局不能在巴基斯坦的大城市开展单边行动，因此他们将这一情报通知三军情报局。随后，巴基斯坦的军队和警察突袭了这所房子。

可中情局不知道的是，这部移动电话的主人就是阿富汗塔利班的一名军事指挥官，同时也是穆拉·奥马尔的副手——毛拉·阿卜杜勒·加尼·巴拉达。直到房屋内的嫌疑人被捕并接受审讯，中情局才得知巴拉达也在其中。三军情报局把他关押在伊斯兰堡一个工业区的拘留所里，并拒绝让中情局的人接触他。“那个时候，情况变得非常复杂。”一位前中情局官员说。

整件事情是否仅仅是一个局？在这之前，流言已经在巴基斯坦蔓延，说巴拉达要和美国谈条件，要让塔利班坐到阿富汗的谈判桌前。那么整个拘留事件是三军情报局一手策划的吗？他们故意把消息透露给中情局，这样巴拉达无法自由活动，和平谈判就可以流产了？中情局被三军情报局耍了吗？几个月后，中情局在兰利的高级官员仍然无法回答这些问题。

神秘信使曝本·拉登行踪

中情局非常怀疑三军情报局还在和阿富汗的塔利班玩两面派手法，对于它们在情报方面的合作来说，这是一片挥之不去的阴影。然而，双方的一些联合行动又会收获意外的情报。2010年6月，距离世人听说雷蒙德·戴维斯的名字还有8个月。这时，两家情报机构扩大了一项侦察行动的合作——联合监听一批移动电话。机主是一些阿拉伯人，涉嫌给藏身在巴基斯坦的“基地”组织头目提供后勤支持。不过，这一“联合”是有限的，因为中情局没有告诉三军情报局，其中一部电话的机主是阿布·艾哈迈德·科威迪。几年前，被俘的“基地”特工已经向中情局指认科威迪为本·拉登的私人信使。但得知这一消息后，随后对他的追捕却数次走进死胡同。直到2010年，中情局才从一家外国情报服务商那里得知，他的真实姓名是易卜拉欣·赛义德·艾哈迈德。这个名字在伊斯兰世界毫不起眼，但美国国家安全局却利用这一信息定位到了他的电话号码，并把它交给中情局，由后者和他们的巴基斯坦情报搭档进行监听。

就是2010年的那个夏天，一通电话打到了科威迪已被监听的移动电话。电话是他的一个朋友从波斯湾地区的某个国家打来的，而美国人的耳朵就在一旁。

“我们很想念你，你去哪儿了？”朋友问。

科威迪的回答语焉不详，却让人充满兴趣。

“我回到我从前的朋友那里了。”他说。

这一暗语似乎非常重要，它表示，科威迪再次为“基地”组织服务，甚至很可能与本·拉登有直接联系。美国国家安全局使用地理位置定位技术，侦测到电话来自白沙瓦附近地区。如果科威迪正往返于部落地区，也就是美国人怀疑“基地”组织的大部分头目所藏身之处，那么这一点就显得很有意义。不过当时，中情局的一组分析师已经怀疑本·拉登藏身在其他地方，甚至包括巴基斯坦人口稠密的地区。这是一种直觉，仅仅通过简单的排除法就可以猜测到。因为中情局已经花费数年监视部落地区，却没有发现“基地”组织头目藏身在那里的任何蛛丝马迹。从一定程度上说，往其他地方寻找或许更有意义。

这一直觉最终证明是正确的。两个月后，一个为中情局工作的巴基斯坦人在白沙瓦发现了科威迪，后者正开着一辆后备箱门上固定着备胎的白色铃木越野车。这名巴基斯坦人尾随其后出了城，却发现科威迪并没有向西进入部落地区和山区，而是向东开了 120 英里，最后到达了伊斯兰堡北部一座安静的城市——阿伯塔巴德。这里有巴基斯坦的高级军事训练学院，还有顶级的高尔夫球场。巴基斯坦退休军官常会选择在这里打打球，打发时间，颐享天年。只见科威迪的白色铃木车开进了一幢大房子，四周围着近 12 英尺高的水泥院墙。高墙上方，建筑的第二层和第三层显露了出来。第三层是顶层，这一层的几扇窗户异常窄小，也不透光，看上去与众不同。此外，这幢大房子既没接电话线，也没接网线，里面的人像是竭力要与世隔绝。

在接下来的几个月里，帕内塔督促中情局反恐中心发挥想象力，猜测并确定这幢房屋里所藏身的人物究竟是谁。中心的几名工作人员回忆，先前他们没有“捕食者”无人机，只能考虑用热气球来监视本·拉登设在阿富汗的训练营。后来，反恐中心的官员把一只巨大的摄远镜头拿进了帕内塔的办公室，声称这是所能找到的最大的一个镜头了，他们建议把它放置在几英里之外的一座山上。中情局已经在那幢大房子的附近秘密修建了一所安全屋，但在安全屋却看不到房子里面，因此这只摄远镜头一直没有派上用场。接下来的几个星期里，间谍卫星在经过巴基斯坦上空时对这幢房屋拍摄了几千张图片，却仍然没有发现本·拉登藏身其中的确切证据。

中情局监视着，等待着，只要有一点确定的蛛丝马迹，这场持续10年的追捕也许就将画上句号。

2亿"血钱"换来"宽恕"

自从2001年，这名"基地"组织的首领就从阿富汗托拉博拉山区的老巢逃离，穿过阿巴边界进入巴基斯坦以来，关于他的消息一直非常少。目前科威迪的这一线索是最有希望捉拿到本·拉登的。而与此同时，中情局的一名秘密特工戴维斯却被关押在拉合尔的监狱里，面临着谋杀指控。巴基斯坦有民间团体组织了街头抗议示威活动，并威胁道，如果雷蒙德·戴维斯没有被判有罪并被处以绞刑，他们就会制造暴乱。美国驻拉合尔的领事馆人员定期去探视戴维斯，但奥巴马当局仍然拿戴维斯的身份问题与巴基斯坦周旋。在一番焦灼的秘密谈判过后，送命的却变成了另一个人。

2月6日，一位枪杀案死难者的妻子吞服了致死剂量的老鼠药，随后被紧急送往费萨拉巴德的医院进行洗胃。这位名叫舒玛利亚·法西姆的女子深信，美国和巴基斯坦将秘密达成协议，释放杀害她丈夫的凶手。这是她在病床上对几位医生说的。"杀害我丈夫的凶手已经得到监狱的特殊照顾，我确信，他们会因为国际上的压力而释放他。"她说，"这个人杀害了我的丈夫，我呼唤公正，我不管他是不是美国人，一定不能让他逃脱。"过后不久，她就死了。对于巴基斯坦那些把戴维斯事件变为公共事件的团体来说，她也随即成了英雄。

由戴维斯事件引发的怒火迅速升级，他们威胁要求中情局关闭在巴基斯坦的大部分基地，甚至要让美国设在阿伯塔巴德市的情报搜集机构停摆。然而，中情局寸步不让，反而派出高级官员前往伊斯兰堡，面告美国驻巴基斯坦大使芒特：坚持目前的策略。逼迫巴基斯坦释放戴维斯，如果不从，就威胁要给巴基斯坦一些颜色看看。

但这个时候，芒特已经认定中情局的策略糟透了。他给美国国务院发了电报，提出了一个新方案。这一方案在华盛顿的白宫、国务院和中情局之间进行了多次讨论，最后获得通过。随后，芒特面见三军情报局局长帕夏中将，以实情相告：戴维斯是中情局的特工，美国要他尽快离开巴基斯坦。

帕夏中将却还在为帕内塔曾对他撒谎而恼怒不已，不想轻易放过美国。他打算继续羁押戴维斯，并表示要根据自己的时间表考虑解决这一问题的最佳方案，这让美国继续焦灼不已。

一周多过后，帕夏中将为芒特带来了一个奇特的方案。这是一个纯粹巴基斯坦式的解决方案，按照巴基斯坦的习惯做法，这一事件将在结局难以预料的法律系统之外进行处理。根据伊斯兰教法，美国将为戴维斯的行为支付“血钱”，对受害者家属进行补偿。整个过程将秘密进行，中情局悄悄付完钱后，戴维斯将会被释放。

接力棒传到了三军情报局手里。帕夏中将命令三军情报局在拉合尔的特工约见1月拉合尔枪杀案中三位被害者的家人，协调解决方案。起初，一些被害者亲属拒不接受谈判，但三军情报局的交涉者并不放弃。经过数周的谈判，各方终于达成了2亿卢比的赔偿方案，约合234万美元，以此来“宽恕”身陷囹圄的戴维斯。

奥巴马当局只有少数人知道谈判的内容。随着谈判的久拖不决，时钟指向了拉合尔高等法院对戴维斯是否享有外交豁免权做出裁定的时间。中情局估计，这一裁定将对美国不利，他们担心这一宣判将成为巴基斯坦类似案件的一个先例。

对于这一切，雷蒙德·戴维斯浑然不知。3月16日，当天出庭的他还满以为法官会宣布，审讯将继续进行，并且公布下一次开庭的日期。他被带进法庭时，两只胳膊被拷在身前，接着又被锁进法官席一侧的铁笼内。帕夏中将坐在法庭后面。这位巴基斯坦的情报总司令掏出手机，紧张地给美国驻巴基斯坦大使芒特发送短信，告诉他法院里的最新情况。帕夏中将是巴基斯坦的权力巨头之一，然而，对于拉合尔法庭里瞬息万变的局势，三军情报局却无能为力。他不能完全肯定，事情会像他安排好的那样进行。

庭审的第一阶段并不出人意料。法官宣布，审讯将继续进行。他还表示，几天后，他会对戴维斯是否享有外交豁免权做出裁定。听到这一消息，巴基斯坦的记者开始在报道中大肆渲染这对美国人是多么沉重的打击，还预言戴维斯近期不会被释放。但随后，法官命令所有记者离开法庭。帕夏中将坐在后排，看着自己的秘密计划开始执行。

3 位被害者的 18 位亲属从侧门走进法庭。随后，法官宣布将民事法庭转换为宗教法庭。接着，被害者亲属轮流走近戴维斯，他们有的眼含热泪，有的失声痛哭，同时宣布自己宽恕戴维斯。帕夏中将再次给芒特发送短信息：事情解决了。现在，戴维斯是自由人了。神的法律战胜了人的法律。

整个过程从头到尾使用的都是乌尔都语。坐在铁笼里的戴维斯一头雾水，静静地看着这一切，不发一言。随后，三军情报局的几名特工飞快地把戴维斯从法庭的后门带了出去，然后把他推进一辆正在等待着的汽车，后者飞速地驶向了拉合尔机场。

这一过程是设计好的，目的是让戴维斯尽快离开巴基斯坦。然而，包括芒特在内的等候在机场的美国官员却开始担心，戴维斯毕竟枪杀了两个人，如果他认为自己是被带到别处秘密枪毙，就有可能试图逃跑，甚至试图杀害汽车里的三军情报局特工。果然，当汽车到达机场，停在即将把戴维斯带离巴基斯坦的飞机旁边时，这位中情局特工仍然惊魂未定。他告诉芒特，他当时以为三军情报局要把他带到树林里秘密解决掉。

飞机载着戴维斯，向西飞跃群山，进入阿富汗。随后，他被转交给驻喀布尔的中情局官员。从 1 月底至今，戴维斯第一次能把拉合尔枪杀案，随后被逮捕入狱的事情一吐为快，而不用担心巴基斯坦间谍在一旁监听。

回到美国的戴维斯希望过上安定的生活，但却未能摆脱再度被收监的命运。2011 年 10 月 1 日，戴维斯因为停车位一事而伤害他人，此时距离他离开巴基斯坦仅仅 7 个月。当天，戴维斯在科罗拉多州丹佛市郊的一家面包店前看到一个停车位，而同时看到这一停车位的还有一位 50 岁的牧师杰夫·梅斯，他的车里还有他的妻子和两个年轻的女儿。当梅斯抢先一步进入停车位后，戴维斯把他的车停在了梅斯的车后，同时冲着车窗外大声叫骂。随后，他下车走到梅斯面前，说他一直在等这个车位。

“放松，”梅斯说，“别再做蠢事了。”

这时，戴维斯一拳打在梅斯脸上，把他打倒在地上。梅斯后来证言道，当他从地上爬起来后，戴维斯仍旧没有停手。最后，戴维斯因三级伤害罪和行为不当而被逮捕。然而，梅斯的伤情超出了先前的预期，于是戴维斯的罪行进一步升级成了严重伤害罪。后来，牧师的妻子回忆当时的场景说，她还从没见过脾气如此暴烈的人。

戴维斯事件促使兰利从巴基斯坦召回了几十位秘密特工，以期缓和中情局与三军情报局的关系。拉合尔庭审结束后不久，美国驻巴基斯坦大使芒特发表了一份公开声明，称戴维斯“感激受害者家属的宽容”，并对整起事件及其“造成的痛苦”表示遗憾。

然而，此次秘密交易却在巴基斯坦激起了众怒，一场反美示威席卷了包括伊斯兰堡、卡拉奇和拉合尔等主要城市。示威者点燃了汽车轮胎，并与巴基斯坦防暴警察发生了冲突。他们的标语牌上写着：“我是雷蒙德·戴维斯，放我一马，我只是中情局的一个杀手。”

在巴基斯坦，戴维斯已经成了一个恶人，一个潜伏在这个危机四伏的国家的美国杀手。他是离奇阴谋论的主角，他的名字频繁地出现在反美集会当中。中情局收敛了在巴基斯坦的行动之后，一家巴基斯坦报纸竟然把数月以来恐怖袭击的减少归因于美国秘密特工的撤出。

一年后，在一个潮热的夜晚，就在距离伊斯兰堡的巴基斯坦议会大厦不足一英里的地方，“虔诚军”领袖哈菲兹·哈菲兹·赛义德站在卡车上，向成千上万名欢呼的支持者讲话。而在此之前，正是因为他，雷蒙德·戴维斯和其他美国特工才会被派驻拉合尔。美国悬赏1 000万美元捉拿赛义德，而他就站在大庭广众之下，呼喊“解放巴基斯坦，结束美国奴役”的口号，唤起群情激奋。赛义德组织了这次从拉合尔到伊斯兰堡的示威游行，以此来抗议美国对巴基斯坦内政的干涉。此时，集会的气氛已经达到了顶点。游行队伍抵达首都的前夜，6名巴基斯坦士兵被驾驶摩托车的几名枪手杀害。由于事发地就在游行者过夜地点附近，有推测称是赛义德发动了这次袭击。

然而，赛义德极力表示，当夜的袭击与他没有关系。他对众人说，凶手是一群秘密行动的外国杀手，目的在于搅乱巴基斯坦的时局，同时偷窃核武器。他大手一挥，说他知道那6名士兵是谁杀害的。

“是美国人！”他大声喊道，下面群情响应。

“是黑水公司！”欢呼声愈加热烈。

他把爆点留在最后。

“是又一个雷蒙德·戴维斯！”

★ 第 15 章 ★

大仇得报

THE WAY OF THE KNIFE

The untold story of USA's secret war

本·拉登被杀不过是一次押对了宝的赌博！在攻击之前，中情局根本没有验明其正身，就本着“宁错杀，不放过”的原则，草率地下达了指令。而他们眼中恐怖分子的定义更是令人震惊：在有军事行动的地点，凡是 15 岁以上男子皆是恐怖分子！

THE WAY OF THE KNIFE
The untold story of USA's secret war

我根本就不想当大使。

——中情局驻伊斯兰堡站站长

在接到美国上级的另一项新指令时，沙克尔·阿夫里迪医生已经为中情局工作了一年多。此时是2011年1月，雷蒙德·戴维斯刚刚在本月被捕。巴基斯坦外科医生沙克尔·阿夫里迪刚刚看完自己即将要执行的行动计划。为了让他和美国线人顺利接洽，中情局特意编订了一份冗长的行动手册。两名男子会在指定的见面地点等他，这个地点有时是壳牌加油站，有时则是拥挤的露天市场。他们会对他搜身，命令他躺到车后座，然后用毯子盖住他。碰头当天，他们会开车在伊斯兰堡纵横交错的街道上迂回前行。停下车后，他们会让阿夫里迪出来。此时一个代号叫"苏"的美国女人会在一辆丰田大型越野车里等着他们。

"苏"告诉阿夫里迪，她需要发起一场免疫运动，为巴基斯坦15～45岁的女性接种乙型肝炎疫苗。"苏"指示阿夫里迪，他应该首先在克什米尔的巴格和穆扎法拉巴德这两个城镇，以及开伯尔—普赫图赫瓦省地区开始接种行动，行动主要集中在阿伯塔巴德镇的郊区要塞。该行动为期6个月，分3个阶段进行。阿夫里迪快速计算着此次行动的成本，加上自己能从中获取的最大利润，他立即向中情局开出了价格。他告诉"苏"，他需要530万卢比，大约5.5万美元。

此时的阿夫里迪对付美国人早已游刃有余。他知道，中情局不会和他讨价还价，他们对阿夫里迪这样的线人可谓求贤若渴。阿夫里迪不但可以在巴基斯坦的城市、村庄自由往来，而且丝毫不会引起武装分子和巴基斯坦情报机构的怀疑。阿夫里迪简直是中情局完美的间谍人选，美国人会为此不惜重金。

再世华佗原为 CIA 间谍

自从 2009 年第一次与这个背景复杂的外科医生接洽之后，中情局一直与阿夫里迪保持着密切的联系。“苏”则是阿夫里迪的最新一任上司。此时的阿夫里迪已经年届五十，虽然不断被指控从医药营销商那收受回扣、采用不必要的手术收取治疗费，以及在黑市倒卖医院药品，但毫无疑问的是，来自平民阶层的阿夫里迪通过奋斗，现已成为巴基斯坦部落地区开伯尔特区的顶级医生。

几乎没有人怀疑阿夫里迪的奉献精神。长期以来，他一直在全世界最为贫困的地区工作，致力于改善当地的卫生状况。但与此同时，阿夫里迪也是一个名副其实的花花公子，他不但喜欢和女同事开黄腔，而且从来不遵守职业道德，为了金钱不择手段。阿夫里迪身上背负的种种指控，最终引起了大毒枭曼加尔·巴格的注意。巴格此前是一名巴士司机，后来成为开伯尔特区的军阀，并且开始贩卖毒品，他领导着一小股激进武装组织。巴格手下的武装分子定期从阿夫里迪那接受治疗。巴格把阿夫里迪叫到自己的住所，要求阿夫里迪为他的罪名支付 100 万卢比，即约 1 万美元的罚款。遭到拒绝后，巴格囚禁了阿夫里迪一个星期，直到后者支付罚金，才被释放。

根据后来向巴基斯坦调查人员交代的口供，2009 年 11 月，在白沙瓦参加医学研讨会时，一名男子走到阿夫里迪面前，自称是国际慈善机构“救助儿童会”在巴基斯坦的负责人。这名自称“迈克”的男子立即对阿夫里迪的工作表现出极大的兴趣。迈克邀请阿夫里迪前往伊斯兰堡共进晚餐，以作进一步深谈。对于阿夫里迪是否了解对方的用意，我们不得而知。但可以确定的是，当阿夫里迪在约定当天抵达伊斯兰堡时，他立即被送到了“迈克”位于城市繁华地段的高级住所。阿夫里迪交待，在那里，他被介绍给一个高大的金发女人。这个女人大约三四十岁，阿夫里迪后来形容她长着一副“英国人的模样”。这名自称“凯特”的女人，就是沙克尔·阿夫里迪医生的第一任中情局上司。

目前尚不清楚与阿夫里迪见面的“迈克”是否真的在“救助儿童会”工作，但“救助儿童会”一口否认曾为中情局提供过任何服务。美国政府也拒绝承认自己曾利用“救助儿童会”从事间谍活动，声称如果中情局利用国际慈善机构招纳线人，会把所有援助工作者推到极端危险的境地。然而，当一份有关阿夫里迪为中情局工作并和“迈克”会面的调查报告在巴基斯坦公之于众时，伊斯兰堡立即叫停了中情局在该国境内的所有活动。

然而，美国官员没有否认的是，在过去的10里，美国不断以援助的名义向巴基斯坦秘密输送中情局特工。这些人以援建人员、工程师及其他专业人士的身份在巴基斯坦全国自由活动。从2005、2006年开始，中情局的特工就像潮水一样涌入巴基斯坦。仅仅阿特·凯勒在部落地区任职期间，为了搜索本·拉登的蛛丝马迹，美国就派遣了大量间谍前往巴基斯坦，数目之大远远超出了巴基斯坦正常接受国际间谍的范畴。

20世纪70年代，在丘奇委员会揭露事件后，中情局采取了一项对策：不再招募美国记者、神职人员或和平组织志愿者作为机构的间谍；在那之前，上述人员都属于常规的招募范畴。中情局高级官员称，这些规定在后丘奇时期并非一成不变。1996年，中情局局长约翰·多伊奇曾在参议院情报委员会前作证称：在有可能遇到的“对国家造成极大威胁”

的案子中，中情局有必要背弃这一政策。在特殊环境下，多伊奇称："我相信放弃利用任何可能的信息来源都是不合理的。"中情局从来没有规定不能招募外国的记者和外国的援助人员，但是美国官员对使用人道主义工作者作为间谍的危险性心知肚明。尽管如此，在"9·11"事件后的数年内，在执行任务时，借着保护国土安全，作战行动必要等理由，中情局运用了各种手段，从秘密监狱的虐囚到无人机猎杀恐怖分子嫌疑人。而扩大间谍招募人员的范围，不过是中情局在持久战中要的又一个手段。

在和中情局那名高挑的金发女官员见面后的两年里，阿夫里迪将以巴基斯坦医生的身份发起一系列的公共卫生运动，用以收集部落地区的军事情报。疫苗接种是个不错的开始：他们能够从使用后的针头上采集DNA信息，与已经掌握的"基地"组织成员的DNA进行比对和分析。这段时间里，阿夫里迪总共在开伯尔特区发起了6次疫苗接种活动，从中情局处获得800万卢比的报酬。据阿夫里迪交代，每隔几个月，他就会换一个新的中情局线人，从"凯特"到"托尼"，再到"萨拉"，以及到最后2010年12月的"苏"。为了方便联络，中情局给了阿夫里迪一台笔记本电脑和一个安全发报机。每当美国线人需要联系他时，发报机就会发出"哔哔"的响声。

在阿伯塔巴德开始疫苗接种一个月后，"苏"要求阿夫里迪将他的活动集中在中上层阶级聚集的比拉尔镇，而相当于美国西点军校的巴基斯坦最高军事学府也在比拉尔镇附近。虽然根据计划，疫苗接种应该一个片区一个片区地缜密开展，但阿夫里迪的乙肝接种却显得敷衍了事。由于没有采购到足够的疫苗，阿夫里迪甚至无法确保目标范围内15～45岁的女性能够接受足够次数的注射。一些地方官员开始不愿意再配合阿夫里迪的医疗行动，他们甚至认为阿夫里迪是在从事非法活动。阿伯塔巴德的公共卫生官员沙赫娜·马雷曾说起，2011年3月，当身穿一袭黑色西装的阿夫里迪冲进她的办公室，滔滔不绝地告诉她他的免疫活动细节时，她着实吓了一跳。后来在上司的敦促下，马雷才勉强同意配合阿夫里迪的工作。

当然，对于究竟哪些人在阿伯塔巴德地区接受了疫苗接种，阿夫里迪的中情局上司毫不知情。在2011年春天以前，兰利总部反恐中心和中情局驻伊斯兰堡站的官员们把目光全部投向了比拉尔镇。更具体地说，他们的兴趣是位于帕坦街一座由高墙围起的院落。美国的间谍卫星已经花了几个月的时间监视这座院子。中情局从来没有告诉过阿夫里迪躲在院子里的可疑分子是谁，阿夫里迪也并不知道中情局为何在这座院子的附近建立了一所安全屋。

而事实上，中情局对于本·拉登及其随行人员是否真的住在这座院子里，也一样抱着投机心理。中情局的官员们希望进入房子能够帮助他们弄清楚真相。打着疫苗接种的幌子，中情局希望阿夫里迪派遣一名下属进入院子，获取美军士兵和间谍在近10年的疯狂搜索后仍一无所获的信息：本·拉登藏身之所的确凿证据。

然而，无论是阿夫里迪本人还是他的下属，都没有办法完成这项任务。在阿夫里迪为帕坦街居民接种疫苗的当天，住在这个神秘院子里的人是唯一拒绝接种乙肝疫苗的人。这些人很少走出院子，他们连垃圾都不给人收走，而是仔细烧掉。有人告诉阿夫里迪，院子里住着来自瓦济里斯坦地区的兄弟俩及其家人，他们深居简出，从来不和邻居有来往。在进一步调查后，阿夫里迪小组里的一名女性工作人员设法得到了住在房子里两“兄弟”之一的手机号码。她用阿夫里迪的电话拨打对方手机，一个男人接了电话，说他正离家在外，她可以晚上再打电话。

负责接种疫苗的行动小组从来没有进入过这个神秘院子，阿夫里迪担心，过度施压可能会引起对方怀疑。而医疗人员的身份一旦暴露，对方就会逃之夭夭。因此，在比拉尔镇完成工作后，阿夫里迪就带着他空空如也的医疗包前往伊斯兰堡。在那里，“苏”和那辆丰田大型越野车正在指定地点等着他。阿夫里迪把知道的一切都告诉了“苏”。他将医疗包交给了苏，而“苏”则给了他530万卢比的现金。

猎杀本·拉登幕后全揭秘

一个没有月光的夜晚，在阿富汗东部的某个临时基地里，4架美式直升机起飞，直奔东方。机上载着数十名全副武装的海豹突击队员，他们即将奔赴的战场位于一个美国从未宣战的国家。年轻的士兵们做好了与本·拉登的忠实党羽，甚至是巴基斯坦政府军血战到底的准备。过去10年里，美国在巴基斯坦境内实施的秘密行动大大损害了两个盟国之间的关系，以至于海豹突击队在计划空降到本·拉登藏身的院子时，已经做好了和巴基斯坦政府军在很多中产阶级聚居的小镇阿伯塔巴德开战的准备。

但直升机还没抵达目的地就出现意外事故。一架直升机被困在旋风涡里，飞机的尾部撞到了院子的围墙上，只得被迫硬着陆。这与1980年在伊朗营救美国人质前的飞机爆炸几乎如出一辙。然而，借助C-4炸药的威力，海豹突击队很快冲进了帕坦街的房子里，并迅速占领了楼梯。本·拉登的末日即将到来。爬上三楼楼梯后，美军士兵终于见到了这名“基地”组织头目。本·拉登此时正躲在房内偷偷向外窥视，一名突击队员射中了本·拉登的右侧脸颊。他仓皇逃回卧室，倒在地板上抽搐，身下溢出一滩血迹。海豹突击队员拍下了本·拉登死后的照片，他们将尸体装进裹尸袋，然后把尸体拖下楼，离开了院子。

在直升机抵达阿伯塔巴德40分钟后，史上最为昂贵、费尽周折的搜捕行动终于落下帷幕。海豹突击队销毁了被迫着陆的直升机，只留下了严重受损的飞机尾部，以免巴基斯坦人从中获取飞机的秘密导航设备。海豹突击队员们挤进没有受损的备用“黑鹰”和“奇努克”直升机里，他们载着本·拉登的尸体和散落在院子里的几十个电脑硬盘、手机，以及手指形状的存储器向西飞行，回到了阿富汗。

巴基斯坦人直到第二天才得知击毙本·拉登的消息细节。这条新闻发布时，阿萨德·穆尼尔正坐在客厅的电视机前，百思不得其解。他相信，这条消息的背后一定隐藏着更多的故事。这位前三军情报局巴基斯坦站站长，曾虔诚地说起"9·11"事件发生后的几个月和中情局一起合作的经历。在他看来，没有巴基斯坦政府军和间谍的帮助，中情局绝不会他的国家开展任何军事行动。"这怎么可能？"他回忆道，"中情局没有任何军队。"

但事实上，在那天晚上，中情局的确有军队支援。

早在实施行动前的几个月，当间谍卫星还在从太空监视帕坦街的院子，阿夫里迪医生和他的医疗小组还在试图进入院落时，美国军方和情报官员就向白宫提出了好几项进攻策略。风险最低的办法，是驾驶B-2隐形轰炸机躲过巴基斯坦的雷达监测，然后将本·拉登藏身的建筑直接炸毁。但这一策略很快就被排除了，奥巴马政府认为这无法提供本·拉登死亡的确凿证据。巴基斯坦当局也会因此介入此事，他们会在爆炸地区戒严，然后对废墟进行排查。这么一来，排查的结果将掌握在巴基斯坦手中，而美方只能被动地等待三军情报局的消息。

考虑到这些，美国总统奥巴马选择了另一项颇具风险的策略：派遣海豹突击队直入巴基斯坦腹地，杀掉本·拉登。除了行动本身的危险性，美国官员对派遣地面部队进入遥远的巴基斯坦忧心忡忡。在此之前，美军仅仅在巴基斯坦的部落地区开展过作战任务，而且部落地区离阿富汗边境只有几英里，一旦行动出现问题，美军能够迅速撤回阿富汗。

除此之外，还有一个让美国领导人头痛多年的问题：美国如何能在合理的借口下派兵进入一个美国从未宣战的国家？"9·11"袭击发生后，目睹中情局在全世界各处大动干戈而分外眼红的拉姆斯菲尔德就提出过这个问题。从那之后，白宫的律师和政客们开始不断模糊军队和间谍之间的工作界限。“9·11”袭击发生后的最初几年，五角大楼和中情局之间并没有出现激烈的竞争，而是在一个新的安排中相互妥协。在这个新安排中，参与战斗或是执行间谍任务的特种作战部队都做了“身份转换”：他们暂时成为中情局特工。

在这样的情况下，美国总统奥巴马做出了围剿本·拉登行动的最后决定，过去10年里，美国发动战争的新型方式让奥巴马比此前任何一届总统都有更多的选择。这将是一项美国的军事任务，由海豹突击队执行。然而，整个海豹突击队早已在这场战争中做了“身份转换”，他们被划归了中情局，为中情局执行秘密任务。于是，奥巴马总统下令中情局局长莱昂·帕内塔全权负责此次行动。

从“黑鹰”直升机在阿富汗贾拉拉巴德军事基地起飞，到海豹突击队员在帕坦街院子外架设梯子的紧张瞬间，再到直升机载着本·拉登尸体顺利离开巴基斯坦的最后时刻，帕内塔对行动的每个细节都做了全程转述，白宫战情室里坐满了奥巴马的政府官员，所有人都在全神贯注地聆听行动的进展。帕内塔密切指挥海豹突击队的围剿行动。这名来自加州自由民主党的国会议员，在抵达兰利总部前不久，才得知他工作的大部分内容是剿杀美国在世界各地的敌人。帕坦街的行动一步步开展，帕内塔将一只手放进衣服口袋里，把玩着一串佛珠。

终于，海豹突击队的所有成员都顺利登上了飞机，在没有和巴基斯坦空军发生正面冲突的情况下，他们顺利逃离了巴基斯坦领空。白宫战情室里令人窒息的紧张气氛一下子松懈下来。然而，此时的阿伯塔巴德却硝烟未尽。被毁的“黑鹰”直升机仍在燃烧，海豹突击队发动进攻的房子里，几具尸体仍然横陈在断壁残垣中。

必须有人把这件事通知巴基斯坦政府。

这个任务落到了参联会主席、海军上将迈克·马伦身上。在美国和巴基斯坦之间爆发的一次又一次冲突中，马伦都从中调解斡旋。作为一名好莱坞记者的儿子，马伦从小耳濡目染，深明培养人际关系的巨大价值。他一度和三军情报局的局长、后来升任陆军参谋长的卡亚尼将军过往甚密。

在伊斯兰堡，马伦是卡亚尼家中晚宴的座上宾。两人常常就巴基斯坦的安全问题会谈到深夜。在一个由印度、俄罗斯控制的地区，巴基斯坦的局势岌岌可危，卡亚尼总是在就餐时一根接一根地抽烟。在飞往伊斯兰堡的航班上，马伦读着1975年出版的《自由午夜》(*Freedom at Midnight*)，这是一本讲述印度脱离英国独立以及印巴分治的经典之作。马伦的一名随从注意到，从后面看，马伦和卡亚尼几乎长得一模一样：他们有着相似的身高，相似的发色，相似的略显褶皱的卡其布制服，以及相似的缓慢的走路姿势。唯一能够区分两人的，就是巴基斯坦将军的座位上，总能看见袅袅升起的烟圈。

在战情室外，马伦打电话给卡亚尼，告诉他刚刚发生的情况。

此时，卡亚尼已经知道了事情的大概。几小时前，他接到了助手的电话，对方告诉他，一架直升机在阿伯塔巴德坠毁。卡亚尼的第一个想法是印度对巴基斯坦发动了袭击，他立即下令自己的空军指挥官投入战斗状态，预备F-16战斗机抗击入侵。不过，对印度的担忧很快就烟消云散。到马伦打电话时，卡亚尼已经知道是美国闯进了巴基斯坦。

电话里气氛紧张，马伦告诉卡亚尼，美军已经在阿伯塔巴德炸毁一所院子，杀死了本·拉登。现场留有一架坠毁的美式直升机。马伦提到，在证实本·拉登死亡后，奥巴马政府就开始了激烈的讨论：奥巴马总统应该在当天晚上就发布声明，还是等到第二天再公布消息？此时的伊斯兰堡已近黎明，卡亚尼告诉马伦，如果仅仅为了解释在巴基斯坦中部出现的美国军用直升机残骸，奥巴马总统应该尽快发表声明。几分钟后，两人挂掉电话，结束了交谈。

15岁以上男子皆是恐怖分子?

作为巴基斯坦的军方负责人，卡亚尼在巴基斯坦的地位至高无上。此时，他正面对职业生涯中最为严重的危机。由于放任美国侵犯巴基斯坦的主权，几天之后，巴基斯坦的高层军官们将会对卡亚尼百般责难。但在行动当天与马伦的通话中，卡亚尼的语气却带着妥协的意味。因为本·拉登被打死的地方，离巴基斯坦最高军事院校不到一英里。卡亚尼认为，如果此时对马伦大发雷霆，很可能让美方怀疑巴基斯坦和恐怖分子沆瀣一气，由此导致美巴关系永久破裂。已经达到军事生涯顶峰的卡亚尼面对这种情况，感到进退维谷。卡亚尼有两种选择：要么背上窝藏本·拉登的罪名，要么因为没发现躲在自己国家的恐怖分子头目而背上无能的罪名。他选择了后者。

而事实上，从本·拉登被击毙时起，美国和巴基斯坦之间的友好关系就开始土崩瓦解，连仅剩的余温也消失殆尽。雷蒙德·戴维斯事件的上演，彻底破坏了莱昂·帕内塔和三军情报局局长帕夏将军之间的关系，奥巴马政府里原来致力于推动华盛顿和伊斯兰堡关系的少数官员，此时也已所剩无几。大使卡梅伦·芒特不断向华盛顿发信，谴责中情局利用无人机肆意虐杀的行为。芒特认为，中情局似乎是在真空状态下发动一场不计后果的战争。他们忘了，美国能使用无人机袭击的前提，是巴基斯坦与美国的盟友关系。马伦对此，也大体赞同。

中情局在还不能确定目标对象的时候，就从白宫获取了在巴基斯坦发射导弹的许可。在所谓的“授权袭击”下，中情局能够在任何可疑地点发动无人机轰炸。武装行动的标准被一降再降。

举例来说，如果一群达到“军事年龄”的年轻男子被监测到频繁出入某个可疑的军事营地，并被认为携带武器，他们就可以成为合法的攻击目标。美国官员承认，想要从数千英尺的高空判断一个人的年纪，的确有点困难。而在巴基斯坦部落地区，所谓达到“军事年龄”的男性，可能是15或16岁的少年。由于“武装分子”和合法目标有着如此宽泛的定义，奥巴马政府里类似约翰·布伦南之类的官员因此能够公开表示，美国在巴基斯坦的无人机轰炸没有造成任何平民伤亡。这不过是在玩逻辑游戏：在任何一个存在军事行动的地区，所有达到“军事年龄”男性都可以被看作武装分子。因此，除非有明确的证据表明死者的无辜，否则，所有在无人机袭击中丧生的人都可以被视作恐怖分子。

2011年3月17日，无人机轰炸的面目终于被彻底揭露。仅仅两天前，付了2亿“血钱”的雷蒙德·戴维斯从监狱无罪释放，精神抖擞地离开了巴基斯坦。3月17日当天，中情局的无人机袭击了北瓦济里斯坦的达塔勒村，当时村子里正在举行部落会议。这次袭击造成了数十人死亡。芒特大使和五角大楼的一些官员认为，这次袭击会让美巴关系雪上加霜。另一些美国官员则怀疑，此次袭击是中情局为了发泄戴维斯事件的怒火所致。在芒特看来，为了帮助平息戴维斯事件，三军情报局局长帕夏已经大为不满，而美军这次对达塔勒村的袭击更是赤裸裸的挑衅。然而更重要的是，芒特和其他人都认为，这次袭击根本就是误判，死去的数十人都是无辜的平民。

其他美国官员则坚持为中情局辩护，声称部落会议实际上是武装分子头目的集会，因此是一次合理的军事打击。但是，这场爆炸却在巴基斯坦国内引发了激烈的民愤。卡亚尼将军不得不发布了一次罕见的公开声明，称此次行动“完全无视人类生命”。在拉合尔、卡拉奇和白沙瓦的街头，巴基斯坦民众组织了大型抗议活动，使得这些城市的美国领事馆只得被迫暂时关闭。

芒特并不反对无人机计划，但他认为，中情局的行动过于粗鲁，让作为大使的他颜面扫地。由于移交戴维斯案件产生的摩擦，芒特与中情局驻伊斯兰堡站站长之间的关系已经颇为紧张。而现在，芒特要求对方在每次发动导弹袭击前都要通知他，并给他取消行动的权力，这让两人的关系越发恶化。在一次争吵不休的谈话中，芒特试图提醒对方，自己才是总指挥；对方却反驳他，中情局才是在巴基斯坦手握大权的人。

"你并不是驻巴大使！"芒特怒吼道。

"你说得没错，而且我根本就不想当大使。"中情局站长反诘道。

两人之间的战火很快就蔓延到了华盛顿。在本·拉登被击毙的一个月后，奥巴马总统的高级顾问们在国家安全委员会会议上公开就谁应该负责巴基斯坦局势争论不休。在2011年6月的这次会议上，芒特通过安全视频参加了会议。他提出，对于无人机袭击，他应该拥有一票否决权。他使用了一个足球术语，称自己应该有权出示"红牌"来叫停军事行动。

莱昂·帕内塔立即打断了芒特的发言。他告诉芒特，中情局有权在巴基斯坦做任何事。他们并不需要大使的任何批准。

"我并不是为你工作。"帕内塔当众反驳芒特。

国务卿希拉里·克林顿站在了芒特这一边。她转身对帕内塔说，如果他认为他能越过大使、在没有得到大使馆许可的情况下就发动袭击，那他就想错了。

"不，希拉里，"帕内塔针锋相对道，"你才是大错特错。"

这一激烈的反驳让众人瞠目结舌。一阵沉默后，国家安全顾问汤姆·多尼伦只得换个话题重新开始会议。此次会议后，多尼伦花了几个星期时间，终于让各执一词的双方达成了共识：对于特定的无人机袭击，芒特有权提出异议。但中情局也有权在遭到大使馆反对的情况下，直接上报白宫获取批准。芒特最多有出示"黄牌"的权力。在这次辩论中，奥巴马的中情局再一次旗开得胜。

随后的几个月里，芒特发现自己越来越遭到孤立。就连海军上将马伦，这个奥巴马政府里一度最为推崇维护美巴关系的人，也在本·拉登被击毙后开始对巴基斯坦持悲观态度。马伦怀疑，在巴基斯坦的军事高层或是三军情报局里，有人故意窝藏本·拉登；除此之外，马伦还获悉了一条惊人的情报。根据美国间谍拦截的电话信息显示，很可能是巴基斯坦间谍下令杀害了巴基斯坦记者沙赫扎德，后者死前一直在调查三军情报局和巴基斯坦激进组织之间的关系。在殴打致死后，沙赫扎德被扔进伊斯兰堡以南 80 英里的一个灌溉渠里。据美国间谍机构的分析，谋杀沙赫扎德的命令来自三军情报局的最高指挥官，也就是艾哈迈德·舒亚·帕夏将军本人。

抓到巴方间谍“涉恐”铁证

不久之后，美方得到一条线报，称有两辆可疑的拉化肥的卡车正沿着北约的补给线从巴基斯坦开往阿富汗境内。情报内容含糊其辞，只警告说，卡车很可能被用作炸弹袭击位于阿富汗的美军基地。阿富汗的美军官员立即致电身在巴基斯坦的卡亚尼将军。卡亚尼承诺，他们将在卡车达到阿富汗边境前将其拦截。

但巴基斯坦并没有应诺采取任何行动。卡车在北瓦济里斯坦停留了两个月，“哈卡尼网络”的武装分子在此期间把这两辆卡车武装成了自杀式炸弹，火药威力大到足以杀死数百人。美国情报人员无法确定卡车的具体位置，但上将马伦肯定地表示，考虑到三军情报局与“哈卡尼网络”的密切关系，巴基斯坦间谍完全有能力阻止对方的任何攻击。到 2011 年 9 月 9 日，卡车仍然朝着阿富汗方向行进。该地区的美军最高司令官约翰·艾伦将军敦促卡亚尼在卡车驶往伊斯兰堡的途中将其拦截。卡亚尼告诉艾伦，他会“打电话”给相关人员，以阻止任何即将发生的袭击。这一回复让艾伦震惊不已，这似乎表明，“哈卡尼网络”和巴基斯坦间谍之间有着颇为密切的关系。

然而，就在世贸中心和五角大楼遇袭 10 周年的前夕，一辆卡车停在了阿富汗东部瓦尔达克省美军基地的围墙外。卡车司机引爆了车上的炸药。爆炸撕裂了基地的围墙，造成70余名美国海军陆战队员受伤。四处飞溅的弹片还炸死了站在半英里外的一名8岁阿富汗女孩。

马伦对这次袭击大为光火，同时他也终于确信，卡亚尼并没有诚意断绝和“哈卡尼网络”之类激进组织的联系。早在多年前，其他美国高层官员早已持此观点。但马伦一直认为卡亚尼不同于其他巴基斯坦领导人，他相信在卡尼亚看来，和塔利班、“哈卡尼网络”，以及“虔诚军”组织合作都是自取灭亡。但瓦尔达克爆炸案的发生，却向马伦证明，巴基斯坦正在玩一场阳奉阴违的致命游戏。

爆炸发生数天后，“哈卡尼网络”再次发动了另一场更为卑鄙的袭击。这次袭击的目标是美国大使馆位于喀布尔的办公大楼。事发之后，作为参联会主席，马伦前往国会山发表最后的国会证词。虽然在此之前，国务院官员一直试图软化马伦的态度，但在参议院军事委员会议上，马伦的态度却显得异常强硬。

马伦告诉国会全体代表，巴基斯坦间谍正在操纵阿富汗的暴乱，从美国士兵的牺牲，到阿富汗平民的伤亡，巴基斯坦政府都难逃其咎。马伦告诉与会者：“‘哈卡尼网络’可谓巴基斯坦三军情报局名副其实的左膀右臂。”

虽然在过去10年中，美国与巴基斯坦的关系都一直动荡起伏，但直到此时，都没有如此高层的美国官员公开对巴基斯坦发出如此直接的谴责。与此同时，作为巴基斯坦在华盛顿为数不多的盟友之一，海军上将迈克·马伦的这一言论显得更为有力。巴基斯坦官员们对马伦的谴责吃惊不已，但没有任何人比马伦的老友、阿什法克·帕尔韦兹·卡亚尼将军更为意外。

两人的关系戛然而止。马伦发表证词后，两人再没有说过一句话。双方都感觉对方背叛了自己。

本·拉登被击毙的几天后，沙克尔·阿夫里迪医生接到他的中情局线人“苏”打来的紧急电话。在此期间，阿夫里迪仍然在巴基斯坦国内执行着秘密任务。在海豹突击队冲进阿伯塔巴德的院子后，阿夫里迪就失去了和中情局的联系。随着本·拉登被杀的消息被慢慢披露，阿夫里迪终于明白自己为什么会被安排在阿伯塔巴德，为什么中情局要他将工作重点放在比拉尔镇，为什么他们要花那么长时间研究帕坦街的那座院子。“苏”让阿夫里迪立即赶往伊斯兰堡，在他们常常见面的地点碰头。

见面后，“苏”告诉阿夫里迪，继续留在巴基斯坦，他会有安全危险。三军情报局已经开始逮捕帮助美国找到本·拉登的人，不用多久，阿夫里迪替中情局工作的事就会被查出来。她告诉阿夫里迪登上一辆向西行驶的巴士，穿过边界前往阿富汗。她交给阿夫里迪一个电话号码，告诉他在抵达喀布尔的巴士站后就拨打这个号码。在那里，他会得到进一步的指示。

但是阿夫里迪却并没有开始逃亡。在阿伯塔巴德爆炸案后，巴基斯坦安全部门在全国设下了天罗地网。阿夫里迪猜想，既然自己对中情局利用他搜捕本·拉登的行为毫不知情，那么留在自己的国家会更为安全。这绝对是严重的失算。5月底，三军情报局逮捕了阿夫里迪，并将其关入大牢。

美国中情局和巴基斯坦三军情报局，经历了多年的纷纷扰扰和尔虞我诈。一名中情局外聘人员在拉合尔杀死两名巴基斯坦人的事件，为世人拉开了美国在巴基斯坦发动秘密战争的幕帘。沙克尔·阿夫里迪医生的入狱标志着美国和巴基斯坦关系的急转直下。三军情报局抓到的是中情局的一名重要线人，这名线人在追捕世界头号恐怖分子的过程中发挥了效用。三军情报局立即把他关在了白沙瓦的监狱里。

没有任何一个国家会对自己国家里为外国间谍工作的公民心慈手软。然而奇怪的是，阿夫里迪并没有被控叛国罪或间谍罪，他甚至没有依照巴基斯坦法律接受指控。相反，站在白沙瓦的法庭上，根据巴基斯坦部落地区遵循的英国殖民时代法案，阿夫里迪被控违反了《边界犯罪条例》。法庭认定，由于和恐怖组织勾结，阿夫里迪合谋参与了一场"颠覆国家的战争"。恐怖组织的头目曼加尔·巴格此前是名巴士司机，后来成为大毒枭，曾在2008年绑架过阿夫里迪。但法庭指控阿夫里迪的罪名却是，阿夫里迪此前曾为巴格的武装分子提供过医疗服务。加之被法庭形容为出于"对巴格的爱戴"，阿夫里迪医生被判33年监禁。

判决结果宣布后，曼加尔·巴格所领导的恐怖组织立刻公开发表声明，完全否认和阿夫里迪"这样一个无耻之徒"有任何联系。声明中称，由于长期对病人索价过高，阿夫里迪并不是该组织的盟友。

★ 第16章 ★

天空中的焰火

THE WAY OF THE KNIFE

The untold story of USA's secret war

当人们对杀戮习以为常，甚至乐在其中时，才是世间最可悲的场面。本·拉登已死，但CIA的无人机却仍在也门、巴基斯坦等地肆虐，而这种行为居然还得到69%的美国人同意！到此为止，还有谁能阻止CIA的残酷杀戮？美国还未停止的战争到底是反恐还是制造悲剧？

一切皆在退步。

——中情局资深律师乔治·詹姆森

2011 年夏末的一个清晨，在即将入主中情局的前几日，戴维·彼得雷乌斯将军拜访了他的前任——布什政府第三位，也是最后一位中情局局长迈克尔·海登。彼得雷乌斯和海登是同时代的人，都在军队中逐渐成长，但互相间并不熟悉，他们选择了不同的人生道路。海登在成为中情局局长之前的几年里，一直担任军队的情报专家，并负责某个极其机密的国家安全部门。而彼得雷乌斯则一直在作战部队服役，曾指挥了伊拉克和阿富汗战争，并成为美军中央司令部司令。进入部队时间不长，他就成了同时代人中最受瞩目的将军。

CIA 变质为缩小版“五角大楼”

两人在海登家中共进早餐。席间的气氛热烈而愉快。关于如何协调中情局各部门的工作，海登向彼得雷乌斯提出了自己的建议。在他看来，情报官员和分析员们虽然对工作十分投入，但并不好管理，他们不尊重上级，有时甚至会抗命而为。随着早餐时间过半，话题变得愈加严肃起来，海登对彼得雷乌斯提出了一个警告。

> 中情局再不是以前那个中情局了，而且这种改变很可能会是永久性的。中情局很可能会变成一个机密的、缩小版的“五角大楼”。

海登说：“现在的中情局比以往任何时候更像战情局。”他所说的战情局是指二战时期，由威廉·多诺万领导的一支秘密暗杀小组，专门从事暗杀和训练外国代理军队的任务。经过10年的秘密战争，搜索和暗杀目标人物已经让中情局不堪重负。再这样下去的话，中情局或许再也无力承担其本身的主要任务——情报活动。

“中情局不是战情局，”海登继续道，“它是美国覆盖全球的情报机关。你应该恪守这个原则，多做些反恐之外的事情。”

当然，对于中情局的这种转变，海登自己也“功不可没”。2011年9月11日之后，中情局就因为办事不力和做事畏手畏脚而备受指责，在之后继任的4任局长的领导之下，中情局开始增加了暗杀任务。这是继越南战争之后，中情局首次执行如此多的暗杀任务。本·拉登被击毙之后的几个月里，“基地”组织的多位头目在巴基斯坦被相继清除，其中包括“基地”组织的二号人物阿提耶·阿布德·拉赫曼，他是本·拉登藏身于阿伯塔巴德时期代其发布命令的重要人物。这一切都是在奥巴马总统的监督下完成的。一些华盛顿政客甚至觉得奥巴马和电影《教父》（*The Godfather*）结尾时的迈克尔·柯里昂颇为相似，他们都是经过精心策划，命令手下通过武力，一举铲除所有敌人。

20世纪70年代，随着中情局秘密暗杀外国领导人的内幕逐渐曝光，福特总统下令禁止暗杀行为，以免继任者重蹈覆辙。但“9·11”恐怖袭击之后的10年里，白宫的律师们一直在努力证明，中情局和联合特种作战司令部在非战争区域内所执行的“定点清除”行动并没有违反福特总统的禁令。

哈罗德·科赫正是这些律师中的一员，身为耶鲁大学法学院院长的他一直是美国全球反恐战争的激烈反对者，他曾强烈批评中情局使用包括水刑在内的非法酷刑审讯犯人。但成为国防部首席律师之后，他却发现自己每天都要花上几个小时去审阅机密情报的卷宗，然后决定一个目标人物的生死。在一次演讲中，他曾为奥巴马政府的“定点清除”行动做过措辞强硬的辩护。他声称，在战争时期，当嫌疑人被美国列入清除名单后，政府就无需按章办事。

然而，在回忆时，科赫提到一点：当美国全国上下正在为这些人是否该被清除激辩时，他花了大量时间研读这些年轻人的资料，当时的他备感压力。“身为耶鲁大学法学院的院长，我要花很多时间去看年轻人的简历，以此决定谁会被录取，他们都是些20出头的学生。”他说道，“现在，我要花同样的时间来研究恐怖分子的简历，他们和我的学生年龄相仿。我要研究他们是如何被招募的，他们的第一次任务和第二次任务。通常情况下，我很熟悉他们的背景，了解他们就像了解我的学生一样。”

美国人也上“定点清除”名单？

在无人机“定点清除”计划进行得如火如荼之时，奥巴马突然对国家安全部门做了重大调整。这导致在“9·11”事件10周年纪念日即将到来之际，军队士兵和情报人员的工作混淆不清，难以区分。在局长帕内塔的带领下，中情局更像是某个要将五角大楼取而代之的军事组织。而曾在2009年颁布秘密命令，将军队的情报行动扩展到中东地区的四星将军彼得雷乌斯，如今即将要成为中情局的新一任领导人。

虽然彼得雷乌斯最终因为和自己传记作者的婚外情丑闻被迫辞职，但在其执掌中情局的14个月里，他加速了海登一直担心的转变。他敦促白宫扩大开支，增加中情局无人机的数量，将更多准军事人员派往利比亚和非洲国家搜集情报，并与“阿拉伯之春”革命运动中掌权的部落建立联系。接管中情局几星期之内，彼得雷乌斯就下令进行了一项以往中情局局长从未曾执行过的行动：定点清除一名美国公民。

彼得雷乌斯上任之时，在白宫反恐顾问约翰·布伦南的办公室里，激进的传教士安瓦尔·奥拉基刚成为美国清除名单上的头号人物。奥拉基长了一张圆脸，上面长满浓密的黑色大胡子，戴着一副眼镜。随着本·拉登被击毙，以及对“基地”组织其他头目展开的一系列无人机“定点清除”行动，大大打击了“基地”组织在巴基斯坦境内的势力，此时华盛顿的反恐人员开始将目光投向阿拉伯半岛的“基地”组织分支，也就是要找到并清除奥拉基。

奥拉基成为美国敌人的经历颇有些不寻常。1971年，奥拉基出生于新墨西哥州。他在美国度过了他的童年时期，他的父亲纳塞尔是个颇有名气的也门人，当时正在新墨西哥州立大学主修农业经济学，之后他成为也门总统萨利赫的农业部长。7年之后，纳塞尔举家迁回也门。自那之后，奥拉基一直在也门生活，直到20世纪90年代，他又重新回到美国就读大学。

在科罗拉多大学，奥拉基通过竞选成为该校的学生会主席，但他却对禁欲和戒酒感到不满。毕业后，他留在科罗拉多州，但让他父亲感到失望的是，奥拉基在柯林斯堡的某个清真寺开始了他的传道生涯。父亲希望儿子能够从事更加赚钱的职业，但几年之后，奥拉基来到圣地亚哥，成为当地郊区一所清真寺的教长。

奥拉基的思想更加保守，他号召信徒要过洁净的生活，但有时候他自己的私生活却与此相悖。奥拉基曾多次因为召妓而被圣地亚哥警察逮捕。1999年，联邦调查局甚至开始调查他与圣地亚哥激进分子之间的关系，一部分原因是他在为某个小型宗教基金会工作。当时的他和两名后来参与了“9·11”恐怖袭击的劫机者哈立德·阿米达和纳瓦夫·哈兹米有过交往，这两人都曾在他的清真寺祈祷，并参加教职人员聚会。

但联邦调查局的调查却一无所获，“9·11”恐怖袭击发生时，奥拉基已经定居于北弗吉尼亚，并在华盛顿特区郊区某所大清真寺中传道。他在自己的布道中加入了流行文化和美国历史，在向美国报纸的读者们解释了伊斯兰基本教义之后，他很快就成了媒体关注的明星。在参加了《华盛顿邮报》关于斋月的在线讨论和五角大楼的祈祷者早餐之后，人们甚至觉得他是温和而克制的。在一次布道中，他曾这样说道：“我们来此是为了有所建树，而不是为了破坏。”他将自己和在美国的其他教长比喻为“美国和全球10亿穆斯林之间的桥梁”。

但不久之后，他的世界观却突然发生了巨大转变。2002年，在美国警察对伊斯兰宗教机构进行突击检查之后，奥拉基开始公开猛烈抨击布什政府的反恐战争成了反伊斯兰的战争。随后不久，他就去了伦敦。那些参加过他充满怒火的布道会和通过CD收听他课程的年轻人变成了他的拥趸，奥拉基将课程做成CD成套出售。尽管当时他名声在外，但依然无力维持其在英国的生活。2004年，奥拉基终于选择返回也门。在那里，他通过在线聊天室和YouTube对全世界进行布道。

尽管用英语布道限制了他在伊斯兰世界的影响，但他抨击美国暴力的言辞依然让一小撮信徒开始付诸行动。2009年圣诞节当天，在底特律一架即将降落的飞机上，尼日利亚籍学生乌玛尔·法鲁克·阿卜杜勒穆塔拉布试图引爆藏在内衣中的炸弹。

几个月前，乌玛尔曾写过一篇文章，解释了他为何要进行引爆炸弹，并将文章寄给了奥拉基。当美国调查人员逐渐理清此次圣诞袭击为何遭遇惨败之时，他们对奥拉基在阿拉伯半岛“基地”组织中所扮演的角色有了更深的了解。这名曾将自己比喻为“美国和全球10亿穆斯林之间的桥梁”的38岁美国人，不仅在网络中扮演着鼓舞人心的先知角色，更在互联网上散布着仇恨。更糟糕的是，奥拉基不只是散布言论那么简单，还付诸行动，帮助恐怖组织策划了一系列针对美国的恐怖袭击。

约翰·布伦南是奥巴马总统的反恐顾问，他与沙特情报机关官员交往甚密，美国在也门的多数情报战也由坐镇白宫的他一手负责。他坚信奥拉基是阿拉伯半岛“基地”组织的战略制定者。“基地”组织在全球开展恐怖活动之时，其分支则一直在针对沙特本地目标展开袭击。随着本·拉登及其手下在巴基斯坦受到重挫，阿拉伯半岛的“基地”组织分支开始蠢蠢欲动，试图趁机发展，因而成了美国眼中的主要敌人。在布伦南看来，这一切背后的推手即是奥拉基本人。

也门沦为无人机杀戮场

毫无疑问，也门内部的各种纷争并非如布伦南所想的那样简单，但他却在国家安全会议上强迫奥巴马做出了一个非比寻常的决定：签署对奥拉基的秘密格杀令，无需逮捕，也无需审判。问题是，奥拉基是一名美国公民。哈罗德·科赫和政府的其他律师们开始审阅初步的情报，了解奥拉基在也门军事组织中所做过的事情，在乌玛尔炸机行动失败后的几周里，美国司法部就在一份机密备忘录中授权奥巴马政府除掉这名背叛美国的教长。备忘录中说道，鉴于奥拉基对美国开战及其在阿拉伯半岛“基地”组织中的领导地位，他不再享有美国宪法所赋予的正当权利。

但当时美国并不知道奥拉基，甚至是阿拉伯半岛“基地”组织中任何高级人物的行踪。联合特种作战司令部刚刚启动在也门的情报搜集工作，奥巴马政府几乎完全依靠也门总统阿里·阿卜杜拉·萨利赫和沙特情报机关在也门安插的情报人员来获得情报。2010 年 5 月，美国的一次蹩脚袭击导致也门一位副市长意外丧生，萨利赫因此对美国在也门的行动采取了更严格的限制，这导致情报工作渐渐陷入停顿状态。

然而，这位也门最有权力的人却渐渐失去了国家的控制权。几十年来，萨利赫善于利用国内各种摩擦，通过各方互相制约来维系自己的地位，布什总统政府某位官员曾将萨利赫的这种做法比喻为“在蛇池中跳舞”。但到了2011年初，席卷整个阿拉伯世界的街头革命终于波及也门，一个几乎无法守护自己国土的政府自然也无力控制首都的秩序。在6月针对总统府邸的一次袭击中，多发火箭弹击中了萨利赫总统藏身的房间，总统被击倒在地，颅内出血，火箭弹所引发的大火导致其身体烧伤面积高大40%。萨利赫总统的保镖将受伤的总统抬上飞机，紧急飞往沙特进行救治，经过几个小时的手术，萨利赫终于逃离鬼门关，但他的总统生涯也彻底结束，他再也无法控制美国在也门的任何行动了。

2010年5月，自副市长贾博·沙布瓦尼意外丧生之后，中情局在也门的空中打击被暂停。从那时候起的一年里，中情局和联合特种作战司令部在也门建立了情报和电子监听网络。越来越多的分析员被派往位于米德堡的国家安全局监听也门的电话，入侵计算机网络拦截邮件。中情局还在沙特南面的沙漠建立了一个无人机秘密基地，将此作为猎杀也门“基地”组织成员的中心。沙特允许中情局建立此基地基于一个前提条件，即不能暴露沙特是该基地的赞助者。鉴于美国无人机行动保密的难度，这听起来像是个不切实际的要求。但不管怎样，一位参与决定建立这个基地的美国官员说道：“沙特人就是不想让别人知道他们参与了这次行动。”

在中情局的沙特无人机基地建成之前，联合特种作战司令部独自在也门开展了行动。2011年5月，五角大楼开始派武装无人机驶过也门上空，这些无人机均从埃塞俄比亚和位于吉布提市的莱蒙尼尔军营出发。条件艰苦的莱蒙尼尔军营曾是前法国海外军团的驻地，自2002年起，由一小组美国海军陆战队和特种部队驻守。从此，也门浩瀚的沙漠地区上空就经常能听到无人机飞过时的嗡嗡声，恐怖分子和杀人机器之间的这场猫捉老鼠的游戏自此拉开了序幕。

一位也门记者曾在阿拉伯半岛“基地”组织中生活过两个星期，他提起过“基地”组织成员面对来自空中打击时的情景。如果天空中飞过的是也门的喷气战斗机，他们会留在原地不动，这些恐怖分子告诉记者，“也门的飞机经常打不中目标”。但当空中传来美国无人机的嗡嗡声时，地上则是另外一番景象。他们会关掉手机，跳上卡车，然后迅速开车，因为无人机“打不中移动的目标”。“基地”组织的成员发现了无人机的弱点，因为飞机是通过卫星进行控制的。无人机的驾驶员远在几千英里之外，驾驶员在屏幕上看到的图像与无人机所看到的图像会有几秒钟的延迟。多年以来，这个延迟问题让中情局和五角大楼负责定位目标的人员颇感头疼，他们很难决定无人机在发射导弹时的目标所在地，这也是为什么无人机有时会出现错失目标或造成平民伤亡的原因。

2011 年 5 月，美国海豹突击队在巴基斯坦击毙了本・拉登。几日之后，奥拉基因为坐在一辆移动中的卡车上而捡回一条性命。一名为美国工作的也门情报人员提供了一条情报，称奥拉基此刻正坐在沙巴省的一辆卡车内，联合特种作战司令部立刻派无人机和鹞式战机赶往情报中所说的区域。但美军发射的第一枚导弹并没击中奥拉基所坐的卡车，升腾的烟雾遮挡了飞机的视线，奥拉基趁机跳上另外一辆卡车，向相反方向开去。而美国无人机则继续紧跟着第一辆卡车，一枚导弹击中了卡车，车内两名“基地”组织成员当场毙命。奥拉基则躲在某个洞穴里逃过一劫。根据也门学者格雷戈里・乔纳森的说法，奥拉基后来告诉自己的伙伴们，这次事件“让他更加坚信，人只有完成自己的使命之后才会死去”。

在美国，奥巴马总统和约翰・布伦南为联合特种作战司令部屡次失手，始终没能除掉奥拉基和其他“基地”组织头目感到越来越失望。自奥巴马将美国情报战扩展到也门的一年半中，还没有成功清除一名“基地”组织的高级头目，反而常常出现由于错误情报导致大量无辜平民伤亡，这些平民的死亡人数甚至高于恐怖分子的数量。相比巡航导弹，飞过也门领空的武装无人机显然是个更好的选择，但吉布提政府不再允许美国在未经其同意之下就执行任何军事打击行动。联合特种作战司令部对这个限制感到相当恼火。

但中情局却完全没有类似限制。2011 年 9 月，中情局在沙特沙漠内建造的无人机基地终于完工，可以投入使用了。时任中情局局长戴维·彼得雷乌斯下令将中情局的“捕食者”和“死神”无人机从巴基斯坦调到了沙特。中情局不但部署了卫星和数据库网络以便无人机可以和远在美国的驾驶员进行通讯，还采用了其他科学技术手段为无人机作战开创了一片新天地。

69% 的美国人支持暗杀

除了位于也门边境的无人机，中情局手中还有另外一张好牌：阿拉伯半岛“基地”组织内的线人开始定期向中情局提供奥拉基的动向。而另外一名线人也已经向中情局提供了关于“基地”组织结构的大量情报，还定期在组织内部互联网宣传期刊《启迪》（*Inspire*）发布之前，让美国情报人员提前一览期刊的内容。“基地”组织利用这本英文期刊提升组织形象，招募美国和英国境内可能的极端分子，以便在美英境内发动袭击。得克萨斯州胡德堡一所人员众多的军队设施里，随军精神医生尼达尔·哈桑少校杀死了 13 人，他是《启迪》杂志的读者之一。另外还有住在康涅狄格州的初级金融分析师费萨尔·沙赫札德，7 个月后他曾试图在时代广场中心引爆一辆装满炸药的货车。《启迪》杂志中有篇文章的题目是《如何在妈妈的厨房里制作炸弹》，文章的作者正是杂志的出版人巴基斯坦裔美国人萨米尔·汗。

每次读完《启迪》杂志之后，奥巴马政府的官员们就会争论是否应该不等杂志上线就将其破坏，或者在文中插入一些信息让“基地”组织出丑，从而让他们内部产生怀疑，以为有沙特或美国人打入了他们高层。但最终他们放弃了这些念头，一方面他们担心“基地”组织内部的线人会被发现，继而处决；另外由于《启迪》是可以在美国网络上阅读的杂志，中情局如果修改文章，则有可能违反禁止中情局针对美国人展开宣传攻势的法律。随着互联网时代的来临，美国人可以坐在自己的笔记本电脑前，读着成千上万英里之外的人所写的新闻或信息，而正是因为这条法律，中情局几乎完全放弃了在网上展开宣传活动的计划。而这种真空却让五角大楼中像迈克尔·弗朗这样的人，趁机在互联网上开展为数字时代量身定做的信息战。

鉴于中情局在巴基斯坦“定点清除”行动中的出色表现，白宫将猎杀奥拉基的任务从五角大楼转交给了中情局负责。9月30日，一队美国无人机从沙特基地起飞，进入也门境内，尾随着一队穿越焦夫省的车队。根据目击者的描述，当车队的人停下吃早餐时发现了无人机，他们飞奔跑回自己的车里。但此时无人机已经锁定了目标，对车队进行了精心策划的猛烈袭击。两架“捕食者”无人机首先发射激光锁定目标，这是为了改进导弹攻击精确性而制定的战术，一架“死神”无人机发射了多枚导弹，直接命中目标。车队里的人无一幸免，其中正包括美国公民奥拉基，一位宣传家和萨米尔·汗，后者是《启迪》杂志的主要负责人。

当奥拉基16岁的儿子阿卜杜勒-拉赫曼·奥拉基得知父亲遇袭之后，这个骨瘦如柴的孩子决定放弃寻找父亲。他的父亲在他心中早就已经死了。两周前，这位丹佛出生的男孩从位于也门首都萨那家中厨房的窗户中溜了出去。

他的父亲在美国和英国因为极富煽动性的布道而名声大噪之后，举家搬到了也门，当时他的年纪还很小。自那以后的几年里，他的父亲成了奥巴马政府的头号通缉犯。出于安全原因，父亲离开萨那去了也门偏远的省区，而阿卜杜勒-拉赫曼则和进入青春期的少年一样，过着平常人的生活。他上了高中，喜爱体育和音乐，定期更新自己的Facebook页面。

2011年9月中旬，他决定不管父亲身在哪里，都要去寻找父亲。在他溜出自己家之前，他给亲戚们留下了一张纸条。

"抱歉，我走了，"他写道，"我要去找我的父亲。"

他来到沙巴省，据传奥拉基就藏身在也门的这片区域里。2011年5月，奥拉基正是在这里，逃过了鬼门关，在美国的战机和无人机眼皮底下捡回了一条命。但阿卜杜勒-拉赫曼并不知道他的父亲已经从这里离开，到了焦夫省的北部地区。他四处游荡，不知道下一步该怎么办。当他听说父亲死于导弹袭击之后，他给位于萨那的家打了电话，说他准备回家。

但他并没立刻回家，10月14日，此时距离中情局的无人机杀死他的父亲已有两周。当天，阿卜杜勒-拉赫曼正和朋友们坐在沙巴省阿赞县的一个露天餐厅，远处突然传来熟悉的嗡嗡声，起初还很模糊，但渐渐清晰起来。几秒钟之内，天空中出现了多枚导弹，击中了餐厅外停着的一队汽车。片刻之后，十几具尸体躺在一片废墟之中。其中一名正是刚刚年满16岁的阿卜杜勒-拉赫曼。在他的死讯公布几个小时之后，这名少年的Facebook页面上就写满了人们对他的悼念之词。

尽管美国官员从未在公开场合讨论过此次行动，但他们私底下承认，阿卜杜勒-拉赫曼是被误杀的。这名少年根本不在任何目标名单上，那次无人机袭击的目标是阿拉伯半岛"基地"组织的一个埃及籍头目易卜拉欣·班纳。美国当时得到情报，班纳正在那个餐厅用餐，结果情报出现了差错。巴纳根本不在无人机所袭击的地区，而阿卜杜勒-拉赫曼则在错误的时间出现在了错误的地点。

然而，奥拉基是被中情局的无人机所杀，而此次袭击阿卜杜勒-拉赫曼的则是五角大楼联合特种作战司令部的无人机，即便在中情局加入也门“定点清除”行动之后，联合特种作战司令部也没有中止他们的行动。中情局和五角大楼将这个世界上最贫穷最偏远的国家变成了他们的无人机计划的杀戮场。

中情局制定了一份目标名单，联合特种作战司令部也制定了一份名单。双方在也门几乎同时在执行着相同的任务。10 年前，拉姆斯菲尔德首次试图对中情局这项奇特的新型战争加以控制；10 年后的如今，军队士兵和情报人员在秘密任务中所从事的工作已然很难区分。

在其儿子和孙子遇难的两个月后，纳塞尔·奥拉基博士在 YouTube 上发布了一段纪念他们的视频。在这段近 7 分钟的视频里，纳塞尔从容不迫地用清晰的英语说道，虔诚的人们应该发扬他儿子的精神，将他的精神传递给那些还没有被他的布道所打动的人。他令人心寒地发誓道，他儿子的“血绝不会白流”，但说话到此戛然而止。

在纳塞尔口中，美国是一个“疯了的国家”，它躲在世界上最阴暗的角落里，被暗杀手段的刺激冲昏了头脑，而美国人却对这种行为习以为常了。他说道，他儿子和孙子的被杀在美国几乎没有掀起一丝波澜。他的话并不夸张。奥拉基被杀当天，美国总统奥巴马只是在其演讲中轻描淡写地提了一句，将其称为“在打败‘基地’组织及其附属组织的广泛斗争中一次重大的胜利”。而到了第二天，这位激进的布道者——一位被司法部机密备忘录宣判死亡的美国公民，他的死却没能在网络夜间新闻中获得半点关注。两周之后，那个高个子少年阿卜杜勒 - 拉赫曼之死则更加没有人去关注了。

而无人机计划依然是个秘密，至少官方对此闭口不谈。在面对公布中情局和联合特种作战司令部无人机计划，以及为行动提供支持的机密法律文书的要求时，奥巴马政府不得不上法庭做辩护。2012 年 9 月末，在美国公民自由联盟要求中情局交出“定点清除”计划文件的案件中，3 名法官组成的审判组坐在华盛顿联邦法庭绿色大理石墙前，听着双方的激辩。一名中情局代理律师甚至拒不承认中情局和无人机计划有关，在法庭对质时，质疑律师说法的法官提到了前任中情局局长莱昂·帕内塔曾公开讲过的一段话。帕内塔曾对驻扎在意大利那不勒斯的一群美国士兵开玩笑说："尽管我现在身为国防部长，但现在的中情局局长要比当时的我拥有更多武器，'捕食者'无人机可真不赖。"

在法庭审理过程中，愤怒的梅里克·加兰法官指出中情局的说法过于荒唐，尽管奥巴马总统和白宫反恐顾问约翰·布伦南都曾公开提到过无人机，但中情局就是死不承认。"如果中情局是那个皇帝，"他对中情局的律师说道，"即使皇帝的上司都已经说了皇帝没有穿衣服，而你还想我们承认皇帝身上穿着衣服。"

但无论如何，其实无人机在暗地里一直都被合法化了，从而确保中情局和五角大楼能够继续肩并肩作战，为了秘密战争而争取更多的资源。有时，双方同时展开无人机行动，它们之间是竞争的关系，正如在也门那样。但有些时候，它们各有各的分工，互不干涉，正如中情局在巴基斯坦，而五角大楼则将无人机带到了利比亚。

2004年7月，"9·11"事件调查委员会认为中情局应该放弃准军事职能。委员会认为，中情局和五角大楼同时开展情报战没有任何意义。"无论是从财力还是人力上来说，"委员会的最终报告中这样写道，"美国无力承担执行秘密军事行动，秘密掌管防区外的导弹，秘密培训外国军队或准军事组织的两个机构。"

然而，布什政府并没采纳委员会的意见，反而在老路上渐行渐远。现在，中情局和五角大楼都各自守护着各自的秘密设施——沙特的无人机基地和前法国海外军团在吉布提市的驻地以及其他位于远方的驻地，它们都不愿意放弃手中的权力，并将大量资金用来扩充无人机战队，而政客们则将"定点清除"行动推崇为美国战争的未来方式。与此同时，五角大楼继续扩充情报人员规模，为非洲、中东和亚洲的秘密军事行动训练了数百名士兵作为卧底情报人员，以收集情报。“一切皆在退步。”一位曾在中情局工作了33年的律师乔治·詹姆森说道，“现在，情报部门开始参于战争，而军队则开始培养情报人员了。”

在2012年势均力敌的总统竞选期间，奥巴马总统经常貌似不经意地提起“定点清除”行动，将其作为代表自己强硬的标志，同时也会提到总统布什在“9·11”袭击事件发生之后的自吹自擂。曾有一次，一名记者问他如何看待共和党竞选人抨击他的外交政策等同于绥靖政策。奥巴马反击道：“你可以去问问当我在执行绥靖政策时，被击毙的本·拉登和30名‘基地’头目中被击毙的22名头目，或者你可以问问剩下的那些人，他们对此有何评价。”

尽管在2012年的总统竞选中，奥巴马和米特·罗姆尼州长各有各的执政理念，但在“定点清除”行动上，双方却不谋而合。罗姆尼声称如果他当选总统，他会继续推行由奥巴马扩大的无人机计划。由于担心此事成真，奥巴马政府在竞选最后的几周内，紧急制定对策，因为他们在无人机战争上的优势不复存在了。为了将“定点清除”合法化所付出的努力正好说明了秘密战争的价值。而对“谁可以被清除，在哪里、何时被清除”的质疑则还没有得到解答。2012年11月6日，奥巴马最终获得连任，要求回答这些质疑的压力也烟消云散了。试图将这场秘密战争曝光于天下的努力最终功亏一篑。

奥巴马总统第一任期的最后一段时间里，美国这个被漫长、血腥、代价惨重的伊拉克和阿富汗战争所拖累的国家，看似不应该对政府推进的秘密战争感兴趣。但事实却恰恰相反，根据斯坦福大学教授埃米·泽加特所做的民意调查显示，美国人在对待反恐行动上变得越来越激进，69%的受访者都表示支持美国政府暗杀恐怖分子的行为。

“定点清除”行动让中情局成了奥巴马政府中不可或缺的一个部门，甚至同时还改善了中情局在其他方面的形象。根据同一份调查显示，

69% 的受访者相信美国情报机关掌握着伊朗和朝鲜境内的准确情报。与 2005 年中情局因为错估伊拉克的武器状况时所进行的调查相比，此次调查结果信任度整整上升了 20%。有趣的是，2012 年的调查是在朝鲜领导金正日去世几个月之后进行的，而中情局是在几日之后的朝鲜电视上发布了死讯之后，才得知金正日已经死去的事实。

中情局这种转变的利与弊逐渐显现出来。公众目睹了中情局在“阿拉伯之春”革命头几周中的拙略表现之后，中情局又重新调配了几十名情报官员和分析员研究中东和北非的局势。而奥巴马政府再一次向中情局求助，要求他们扮演军人的角色，而不是情报人员。随着利比亚革命演变成公开的内战，准军事官员和外聘人员抵达利比亚，与当地的反政府组织建立了联系，确保成吨重的机关枪和防空武器抵达利比亚，并通过秘密渠道交到反政府组织首领手中。奥巴马总统坚持不动用地面部队来推翻利比亚掌权者的统治，而是依赖他一贯信任的解决办法：无人机、情报官员和通过训练有素的外聘人员将利比亚反政府武装变为自己的代理武装。但中情局对这些反政府武装组织知之甚少，一些接受了美国政府资助的反政府组织最后却背叛了美国。

很少人注意到中情局这个神秘的机构到底发生了多大的改变。这一代中情局的人员和罗斯·纽兰那一代的中情局人员一样，一直在和战争打交道，但罗斯·纽兰在刚加入中情局时，他所接受的训练是一个情报部门应该不惜代价避免杀人。曾令杜鲁门总统担心造假，以及法兰克·丘奇认为经常要为犯错负责的情报人员们，现在比以往任何时候更加关注如何搜寻和除掉目标。

2012 年 9 月 11 日晚上刚过 10 点，中情局驻利比亚一个小型基地接到美国领事馆打来的紧急电话，该领事馆位于班加西市另一区内。班加西市位于利比亚东部，是地中海港口城市，自从穆阿迈尔·卡扎菲下台之后，美国政府在班加西设立了领事馆以作为“滩头堡”。领事馆正受到攻击，电话另一头的国务院官员说袭击者已经破坏了领事馆的围墙，正从院子的各个门里涌进来。利比亚此刻控制在各种从反政府武装中脱离出来的军事组织手中，而中情局基地的人员在班加西的工作就是防止卡扎菲的军火库落入这些人手中。他们接到电话后，拿起武器，乘坐着两辆车向领事馆赶去。当他们赶到现场，领事馆内已经火光冲天，美国驻利比亚大使克里斯托弗·史蒂文斯被困在领事馆内。史蒂文斯已经因为浓烟而感到窒息了，但中情局的人却无法靠近他。几分钟后，中情局的人就被袭击者的机枪和火箭弹压制。此时，一架执行其他任务的无人机出现在领事馆上空，但这是一架没有配备弹药的"捕食者"无人机，它唯一能做的就是将交火的画面传给位于德国的美国非洲司令部总部。

战斗一直持续到第二天清晨，刚过凌晨 5 点，中情局的增援部队降落到班加西市，和位于院子屋顶上的中情局人员会合。此刻袭击者正对领事馆展开新一轮攻击。这次他们使用了迫击炮，有几发炮弹击中了领事馆的房顶。当班加西终于迎来旭日时，已有 4 名美国人丧生，其中包括美国驻利比亚大使史蒂文斯和两名中情局保安人员。遇袭之后的几天内，美国所有官员都撤出了班加西市。中情局在利比亚最主要的情报基地就此关闭。

杀人是 CIA 该做的事吗?

这次袭击实际上切断了中情局的情报来源，让中情局彻底变成了瞎子。毫不夸张地说，这次袭击蒙蔽了中情局驻利比亚基地的工作人员。数十年来，随着机构逐渐将重心转移到准军事行动上，各个级别的现任和前任间谍都有一个同样的担忧：因为各种各样的原因，中情局在其他许多地区也被蒙蔽了。中情局封闭的社会已经被彻底地改变，现在这一辈的官员已经对战争生活习以为常。仅在之前的罗斯·纽兰那一辈人中，他们受训时接受到的教导是，间谍机构应该不惜一切代价避免杀戮。而许多在“9·11”事件之后加入中情局的官员，只经历过对人的围捕和猎杀。新的中情局官员经历的更多是战争前线上的血脉贲张，而非温和、耐心的情报收集工作和间谍活动，后者可以说是单调乏味的，正如一位前中情局高级官员所说的那样：“你怎么让那些已经见过城市霓虹的人安心待在乡下农场呢？”

在谈到在巴基斯坦无人机如何重挫“基地”组织，令本·拉登的追随者越来越少，不得不在也门、北非、索马里和其他无政府地区东躲西藏时，中情局的高官都难掩骄傲之情。尽管有人认为这样说有夸大之嫌，但很多人都认为无人机计划是中情局历史上最见成效的秘密行动。

2011年，一些当初参与制定无人机计划，为“9·11”事件之后中情局能够对付那些亡命之徒而欣欣然的人，现在都处于一种矛盾之中。罗斯·纽兰依然对无人机表示赞赏，因为在美国在消灭恐怖分子时，无人机可以避免采取地毯式轰炸或是不顾一切后果对着巴基斯坦偏远山村发射炮弹，但他认为中情局几年前就该放弃“捕食者”和“死神”无人机。在他看来，遥控无人机在遥控千里之外取人性命的诱惑就好像“猫薄荷”（猫薄荷，为荆芥属中的一类植物，由于能刺激猫的费洛蒙受器，使猫产生一些特殊的行为，如神志不清地在地上打滚、团团转，甚至流口水等等，因而被称为猫薄荷。——译者注），无人机让中情局在巴基斯坦变成了令人讨厌的人，而情报机构的本分应该是在巴基斯坦培养关系以搜集情报。纽兰说道：“‘捕食者’最终会对中情局造成伤害，杀人不是情报机关该做的工作。”

理查德·布利对无人机的问世是个更重要的角色。身为中情局亚历克站（反恐中心搜索本·拉登小组）站长，在“9·11”事件发生几年前，布利就是对中情局受限感到不满的少数反恐狂热者之一。他和他的上司科弗·布莱克一起为中情局争取到了杀死本·拉登及其党羽的授权。

2001 年夏天，他站在加利福尼亚的莫哈维沙漠里，瞧着“捕食者”无人机发射导弹摧毁了本·拉登位于坎大哈附近的训练营的仿真模型。几周之后，他痛苦地瞧着“9·11”恐怖袭击夺走了上千人的性命，他不知道他和他的同事是否应该早点下手，从而避免这场悲剧的发生。在他的桌上一直留有一块训练营仿真模型被摧毁后的碎片。

布利已经离开了中情局，在退休的这几年里，他一直在质疑中情局“定点清除”计划是否明智。随着权限的开放，中情局可以在情报人员并不完全确定目标的情况下，向偏远的山村发射导弹，这就是所谓的“授权攻击”。布利对此感到不满。美国原本应该谨慎使用的武器，现在则成了在战时完全不受限制的武器。

“起初，出于良知，我们要在发动攻击前，确定目标的身份。”布利道，“现在，我们只是将目标地点的所有人都消灭掉。”而且，使用这种杀人武器完全没有遭到任何人的质疑。“无人机的每次行动都是一次处决，”布利说道，“当我们宣判某人死刑时，应该对公众负责任，对整件事进行公开的讨论。”

他停了一下，道：“而且是大家应该完全理解的讨论。”离开拉斯维加斯大约 35 英里，将郊区灰泥墙的房子甩在身后，眼前出现一丛丛低矮的灌木和带有尖刺的约书亚树，高速公路蜿蜒向西，一直消失在一条山谷之中。远方突然出现一片低矮的米黄色建筑，建筑上方的小飞机则像一只虫子一般，缓慢慵懒地在空中划着圆圈。飞机飞过高速公路右侧的一堆小山，转而向左，降落在修建于沙漠中的一条跑道上。

从这里驱车行驶 3 分钟后，即可到达内华达州的印第安斯普林斯镇，小镇海拔 3 123 英尺，镇内所见多是大篷车旅店和移动房车，还有两个加油站和一个“莫阿姨交易站”。邮局上方的宣传板上是最近的连锁餐厅广告：“丹尼餐厅、赛百味和六号汽车旅馆——前方一小时车程。”2001 年 2 月，“捕食者”首次发射导弹之后，柯特·霍斯和他的小组曾在这里的一家小赌场举办过一次庆祝早餐，现在这个小赌场依然屹立在小镇边上。但赌场和印第安斯普林斯镇的其他建筑一样，几乎是空荡荡的。由于新建了一条经过镇子的公路，旅行者从拉斯维加斯到死亡谷再也不需要在这个镇子逗留了。

高速公路对面的迅猛发展没能让这个逐渐败落的镇子有丝毫起色，绵延几英里的围栏和岗哨后站着全副武装的士兵，任何好奇者都无法一窥究竟。5 年前，印第安斯普林斯空军援军基地改名为克里奇空军基地。这所早期“捕食者”测试飞行员们眼中破烂不堪，四处漏风的基地，现在因为新的战争形式而逐渐成为美国海外“定点清除”行动的指挥中心。坐落在 2 300 英亩的沙漠之中，克里奇空军基地现在每日业务非常繁忙，空军甚至希望通过从当地企业手中购买土地来扩大基地，这很可能会让印第安斯普林斯镇看起来更像是一座“鬼镇”。

参与无人机计划的部队人员和平民雇员依然按班乘坐排得整整齐齐的沙色的长拖车来往于拉斯维加斯郊区和空军基地之间。他们有时在克里奇空军基地进行无人机训练任务，操纵“捕食者”和“死神”无人机在基地附近飞行，通过跟踪独自行驶在公路上的汽车或卡车磨炼技巧。但大多数时候，这些驾驶员会驾驶无人机在千里之外的阿富汗、巴基斯坦、也门和北非广阔的沙漠上参加战斗。2012 年 9 月，美国驻利比亚大使馆遇袭之后的几个星期里，班加西市的天空中到处都能听到美国无人机的嗡嗡声，它们正在搜索发动袭击的凶手。

在空军基地周边，褪色的红色水泥路障上骄傲地写着一行字：

克拉里奇空军基地：猎人之家。

人"的特质，并对"婴儿潮"所代表的一切都心存厌恶。

2012年6月我驱车前去拜访克拉里奇，路上一直为自己将会受到什么样的待遇而忐忑不安。之前我写过不少有关克拉里奇的文章，他大部分都不喜欢。我把车停靠在社区内的意大利餐厅旁后，克拉里奇热情地跟我打招呼，他已经预订了位子，似乎准备好享受午后美好时光，当时餐厅里只有他一个客人。他看上去跟普通的退休老人无异：身上穿着橙红色衬衫，最上面的两颗扣子敞着，能看到脖子上的金链子，脚上穿着露出白袜子的运动鞋，比住在圣地亚哥时晒黑了些。他告诉我自己已经适应了新环境，但抱怨说他的宠物猫不高兴："这里的人都养狗，养那种小型犬。"

有点讽刺的是，克拉里奇现在住的地方距离他蔑视的中情局只有几英里，但他似乎并不想念加利福尼亚州，也没有因为搬回东海岸而懊恼。

他说："这里是生意开始的地方。"

他说的"生意"是指私人情报业务。他说得没错。几乎只用了10年左右的时间，华盛顿远郊的这个退休社区就发展成了高楼林立的办公园区。美国的国防和情报公司曾遍布南加利福尼亚和中西部地区，如今逐渐回迁到华盛顿地区。这些公司决定离所谓的"客户"：五角大楼、中情局、国家安全局以及其他情报部门更近一些。大大小小的政府承包商像包围小镇的军队一样，在美国首都周围形成一个密不透风的包围圈。

私人军队和私人情报业务开始蓬勃发展。到2012年，美国在全球战场上的投入已经超出了秘密军队的负荷能力。中情局和其他情报部门将一些最重要的任务外包给私人承包商，聘请他们完成间谍任务、分析情报，并雇佣这些人协助中情局进行无人机操控：他们安坐在内华达州的地面控制站内，指挥远在阿富汗和巴基斯坦秘密基地内的无人机装载导弹和炸弹。

中情局前法律总顾问杰弗里·史密斯，如今是华盛顿著名律师事务所的合伙人，为那些与政府签订了军事或情报服务合同的公司提供服务。他告诉我，美国政府将情报部门中相当数量的基础性工作外包给了私人承包商，这些承包商的创办人多为中情局和特种作战部队退休人员。与联邦雇员相比，他们更能胜任此类任务。美国“黑水”公司的创始人埃里克·普林斯卖掉“黑水”后，到阿拉伯联合大公国另起炉灶，但像K2和黑鸟科技（Blackbird Technologies）这样的公司迅速接替了它的位置，它们的表现远比常上新闻头条的“黑水”好。美国的参战方式已经从在战区外坦克纵队之间的交锋转移到了地下，“家庭作坊式”的私人情报公司也已经成了新型军事情报网不可或缺的一部分。

杰弗里·史密斯时而会恼怒于外界将私人承包商描绘成冷酷无情的反派角色，但他也很清楚任务需求与公司利润冲突时，会引发的潜在麻烦。“承包商到底会忠于哪一方是无法回避的重点，”他说，“他们会忠于国家吗？或者他们会忠于职业道德的底线吗？”

到2012年年中，米歇尔·巴拉林将竭尽全力争取续签一份确保她在非洲业务的政府长期合同，她从非洲大陆北部的混乱局势中看到了机会。激进分子接管马里共和国北部的广袤沙漠后，华盛顿重新开始努力获取这个过去长期被忽视的国家的情报，巴拉林告诉我，她正在与马里东部的图阿雷格叛军接触，并正在制定将强硬派驱逐出境的行动计划。

关于信息来源的解释

记叙一场正在进行的，至少官方尚未公开的秘密战争面临着巨大的挑战。本书是成百上千次在美国国内外进行的采访结晶，时间跨度从我作为《纽约时报》国家安全事务记者到因创作本书离开报社。我竭尽全力说服被采访者公开署名，而那些愿意署名者的姓名在内文中已经有所记录。另外，我还进行了一些“幕后”采访，为了获取美国军事和情报方面的机密内容，作为交换条件允许信息提供者使用化名。尽管知道鱼与熊掌不可兼得，我还是坚信为了确保信息的可靠度，应该公开署名。

使用化名的信息来源总是存在一定的风险，作为一名国家安全事务记者，我清楚地知道哪些信息提供者更可靠。在创作本书时，我更多地依赖了那些有过多年往来，真实可信的信息源。尽管不能使用他们的真实姓名，我还是尽可能多地提供他们的信息。同样地，对于那些特别敏感的内容，我也没有采用脚注的形式。在这样的情况下，我才能清楚地表明信息的不同来源。另外，在复述多人之间的对话时，只有在对信息源非常确信的情况下，我才会使用引号。

与此同时，我还尽可能多地引用公开资料和解密的政府档案。在这方面我获得了一些组织的帮助，它们分别是：美国乔治·华盛顿大学国家安全档案馆和世界恐怖分子学会。国家安全档案馆不遗余力地通过《信息自由法案》将政府档案解密，对于他们的努力我充满感激。而世界恐怖分子学会，是监视巴基斯坦、索马里、也门等国家激进分子言论的最佳平台，我大量地引用了他们发表过的文章。本书中摘录的美国政府档案，大部分是由维基解密首次公布。维基解密这一提倡信息自由化的组织，已经成为所有想更好地了解美国政府内部工作的新闻人和历史学家的宝库。

在创作一本书的过程里，我需要做几百个决定，尤其在写第一本书的时候，很难判断这些绝对是否正确。然而，值得庆幸的是，我做的第一个决定——请亚当·阿哈默德担任我的调查助理被证明是相当明智的。我们第一次见面是在芝加哥的一家咖啡馆，当时亚当即将完成在芝加哥的硕士学业。当时，我就看出他个性爽朗，好奇心强并且乐于奉献。事实证明，我的判断十分正确，他甚至比我想象的还要优秀。全书的创作过程都与他的付出密不可分。他研究调查了各种文献档案，撰写背景资料，整理尾注，有几次还负责寻找乌尔都语的译者，翻译我们都看不懂的乌尔都语档案资料。后来，我在伍德罗·威尔逊国际学者中心学习期间遇到了杰西卡·舒尔贝格，她为整个创作项目提供的研究支持不亚于亚当。杰西卡热衷于非洲的一切，而她在挖掘索马里和北非信息上表现出的能力更是让人心生敬畏。她思路清晰，拥有超出同龄人的智慧。我不仅重视亚当和杰西卡在本书创作中提供的帮助，还有大家彼此间的友谊。无论他们的未来职业规划如何，我相信定是前途无限，一片光明。

既然提到伍德罗·威尔逊国际学者中心，我不得不说能在这家华盛顿最棒的研究机构学习 15 个月是我无上的幸运。这里为我提供了专业的指导、受益匪浅的同事以及由一支训练有素的团队管理的卷帙浩繁的图书馆。首先要感谢简·哈尔曼和迈克尔·范杜森，是他们给了我作为公共政策学者在此学习的机会，并且开设了如此了不起的项目。其次，还要特别感谢罗伯特·利特瓦克，是他用幽默风趣的方式给予我启发，并舒缓了创造初稿的过程中遭受的种种煎熬。

作为《纽约时报》的一名记者，我感到十分荣幸。我很感谢报社允许我暂时放下记者的工作，全身心地投入到本书的创作中。这要特别感谢《纽约时报》的执行主编吉尔·爱博松、迪安·巴奎特，以及大卫·莱昂纳德。在迪安还是我在华盛顿办事处的老板时，他就鼓励我研究秘密战争中不为人知的领域，创作有别于他人的作品。我曾经在《纽约时报》上报道的一些事件，在本书中得到了更深入细致的分析。我的朋友兼同事海伦妮·库珀、斯科特·谢恩和埃里克·施密特，给予了我极大的鼓励和指导。在我专注创作本书期间，斯科特和埃里克还承担了许多本职工作之外的差事。对此，我感激不尽。除了他们三位之外，还得感谢华盛顿办事处国家安全小组的其他同事，他们不仅是非常优秀的记者，还是一群热情开朗的伙伴。其中尤其感谢彼得·贝克、伊丽莎白·布米勒、迈克尔·戈登、比尔·汉密尔顿、马克·兰德勒、埃里克·利希特布劳、埃里克·利普顿、斯蒂夫·迈尔斯、吉姆·赖森、大卫·桑格、查理·萨维奇和汤姆·夏克尔。能与他们共事，并成为《纽约时报》华盛顿办事处的一员，我感到十分幸运。同时还要感谢报社的两位前老板菲尔·陶布曼和道格拉斯·杰尔，他们具有丰富的情报新闻报道经验，在我进行情报报道之初，提供了许多帮助。

斯科特·莫耶斯是一位独具眼光的文学类图书版权经理人，没有他的赏识，就没有创作本书的可能。我在为《纽约时报》撰写新闻文章的时候，他就督促我进一步深挖那些报道主题。之后，斯科特成了企鹅出版社的出版商，我很幸运能与他合作，并由他担任本书的责任编辑。他总揽全局，鼓励我尽可能多地挖掘美国战争演变的本质以及其带来的影响。我感激他给我充足的时间确保书中报道的准确性，以及他在编辑过程中展现出的扎实功底。他证明了一位优秀的编辑即使在有限的时间内，也能高质量地完成任务。还要感谢企鹅出版社总编安·戈多夫，是他让该书有了质的飞跃，并保证了本书能在最佳时间上市，获得了公众极大的关注。感谢企鹅出版社的玛莉·安德森，在协调确保本书各项工作能如期完成的过程中，耐心地指导了我这个新作家。每每听到电话那头她镇定自若的声音，我都会感到放心。

丽贝卡·科比特是《纽约时报》的编辑兼我的好友，多亏她的耐心、理解和协助才有了本书的顺利出版。她多次审阅本书手稿，督促我更深入地发掘报道中的细节，更清楚地表达自己的创作构想。她对细节的敏锐感知力，让书中人物的刻画更加生动形象。我们在底线酒吧共度的午餐时光，彼此对书的探讨比食物更诱人。

安德鲁·怀利，我的版权代理人，从我起草本书大纲之初，就是我的知己密友。由他来代理我的作品，我十分感激。他是真正的专业人士，在我为选择哪一家出版商而伤透脑筋时，给了我明智的建议，让我放手一搏。他说："人生苦短，不要顾虑太多。"我想他是对的。

德克兰·沃尔什是《纽约时报》驻伊斯兰堡办事处的同事，热心地为在巴基斯坦调查的我提供了食宿。他不仅是一位优秀的记者，而且对这座世界上最复杂的城市了如指掌，为预测其局势发展提供了有利的判断。感谢驻伊斯兰堡办事处的所有人，是你们的帮助让我的巴基斯坦之行如此卓有成效。

对报道国家安全事务的同行，我也充满了感激之情。他们的工作为本书的创造提供了有用的线索。尤其要感谢的有《华盛顿邮报》的记者：格雷格·米勒、乔比·沃里克、彼得·芬恩、朱莉·泰特和达娜·普里斯特；美联社记者：亚当·戈德曼、马特·阿普佐和金伯利·多齐尔；以及《华尔街日报》的记者：西沃恩·戈尔曼、朱利安·巴恩斯和亚当·恩图斯。我们之间可能存在着很大的分歧，甚至为了竞争晚10点的新闻节目而相互诅咒，但最终都站在同一战线。

我对家人的亏欠可能难以弥补。首先是我的父母约瑟夫·马泽蒂和珍妮·马泽蒂，是他们教导我要谦虚好学，但在此之上更为重要的是光明磊落；希望他们能为我成为其中一员而感到骄傲。其次，我的妹妹埃莉斯和凯特，是我的两位闺中密友。她们和各自的丈夫，苏迪普和克里斯，是我在经营生活和家庭方面的榜样。

为本书倾情付出的还有我的妻子林赛。从我们在纽约河滨公园散步时，第一次讨论出书的可能性，她就一直是我忠实的支持者。她反复阅读和编辑初稿，提出建议，忍受我的失眠症，并且在我灰心丧气的时刻不断给予鼓励。没有她的支持和陪伴，我肯定没法完成本书。我非常爱她。

此外，还要感谢我的儿子马克斯。他出生在本书创作的早期，并且完全改变了我的生活方式。等不到他长到足够看懂本书的年纪，我就迫不及待地想要出版了。我珍惜他出生头几个月，我们共度的清晨时光，以及创作晚期挫败不安的日子里，我回到家后看见他绽放的可爱微笑。生活充满了痛苦和烦恼，但有马克斯，这个世界就多了一份美好。

马克·马泽蒂
2012年12月写于华盛顿特区

短信查询正版图书及中奖办法

A．电话查询

1．揭开防伪标签获取密码，用手机或座机拨打 4006708315；

2．听到语音提示后，输入标识物上的 18 位密码；

3．语言提示：您所购买的产品是深圳市中资海派文化传播有限公司出品的正版图书。

B．手机短信查询方法（移动收费 0.2 元 / 次，联通收费 0.3 元 / 次）

1．揭开防伪标签，露出标签下 18 位密码，输入标识物上的 18 位密码，确认发送；

2．发送至 13825050315，得到版权信息。

C．互联网查询方法

1．揭开防伪标签，露出标签下 18 位密码；

2．登录 www.801315.com；

3．进入"查询服务""防伪标查询"；

4．输入 18 位密码，得到版权信息。

中奖者请将 18 位密码以及中奖人姓名、身份证号码、电话、收件人地址和邮编 E-mail 至 szmiss@126.com，或传真至 0755-25970309。

一等奖：168.00 元人民币(现金)；
二等奖：图书一册；
三等奖：本公司图书 6 折优惠邮购资格。
再次谢谢您惠顾本公司产品。本活动解释权归本公司所有。

读者服务信箱

感谢的话

谢谢您购买本书！顺便提醒您如何使用 ihappy 书系：

◆ 全书先看一遍，对全书的内容留下概念 。
◆ 再看第二遍，用寻宝的方式，选择您关心的章节仔细地阅读，将"法宝"谨记于心。
◆ 将书中的方法与您现有的工作、生活作比较，再融合您的经验，理出您最适用的方法。
◆ 新方法的导入使用要有决心，事先做好计划及准备。
◆ 经常查阅本书，并与您的生活、工作相结合，自然有机会成为一个"成功者"。

<table>
<tr><td rowspan="8">优惠订购</td><td colspan="2">订阅人</td><td></td><td>部门</td><td></td><td>单位名称</td><td></td></tr>
<tr><td colspan="2">地址</td><td colspan="5"></td></tr>
<tr><td colspan="2">电话</td><td colspan="3"></td><td>传真</td><td></td></tr>
<tr><td colspan="2">电子邮箱</td><td>公司网址</td><td></td><td></td><td>邮编</td><td></td></tr>
<tr><td>订购书目</td><td colspan="6"></td></tr>
<tr><td rowspan="2">付款方式</td><td>邮局汇款</td><td colspan="5">中资海派商务管理（深圳）有限公司
中国深圳银湖路中国脑库 A 栋四楼　　邮编：518029</td></tr>
<tr><td>银行电汇或转账</td><td colspan="5">户　名：中资海派商务管理(深圳)有限公司
开户行：招行深圳科苑支行
账　号：81 5781 4257 1000 1
交行太平洋卡户名：桂林　　卡号：6014 2836 3110 4770 8</td></tr>
<tr><td>附注</td><td colspan="6">1. 请将订阅单连同汇款单影印件传真或邮寄，以凭办理。
2. 订阅单请用正楷填写清楚，以便以最快方式送达。
3. 咨询热线：0755-25970306转158、168　传　真：0755-25970309
E-mail: szmiss@126.com</td></tr>
</table>

→利用本订购单订购一律享受 9 折特价优惠。
→团购 30 本以上 8.5折优惠。